ZHISHI CHANQUAN
JINGDIAN PANLI

知识产权经典判例7
（著作权卷）

北京市高级人民法院知识产权庭◎编

知识产权出版社
全国百佳图书出版单位

内容提要

　　本书汇编了北京法院2009年审结的数千件各类知识产权案件中的典型案例，分为专利，著作权，商标、反不正当竞争三卷出版，全面反映了北京法院知识产权审判的新成果和新进展。

　　本书对从事知识产权案件审判的法官、行政执法人员、从事知识产权代理事务的律师和代理人、知识产权领域的学者及在校学生具有很强的参考价值。

责任编辑：彭小华　　　　　**责任校对**：董志英

特约编辑：孟　卿　　　　　**责任出版**：卢运霞

执行编辑：李学军

图书在版编目（CIP）数据

　　知识产权经典判例7（著作权卷）/ 北京市高级人民法院知识产权庭编. —北京：知识产权出版社，2013.1
　　ISBN 978 – 7 – 5130 – 1567 – 7
　　Ⅰ.①知…　Ⅱ.①北…　Ⅲ.①知识产权 – 审判 – 案例 – 中国②著作权 – 审判 – 案例 – 中国　Ⅳ.①D923.405
　　中国版本图书馆 CIP 数据核字（2012）第 234810 号

知识产权经典判例7（著作权卷）

北京市高级人民法院知识产权庭　编

出版发行：	知识产权出版社			
社　　址：北京市海淀区马甸南村 1 号		邮　　编：100088		
网　　址：http://www.ipph.cn		邮　　箱：bjb@cnipr.com		
发行电话：010 – 82000860 转 8101/8102		传　　真：010 – 82005070/82000893		
责编电话：010 – 82000860 转 8115		责编邮箱：pengxiaohua@cnipr.com		
印　　刷：北京雁林吉兆印刷有限公司		经　　销：新华书店及相关销售网点		
开　　本：720mm×960mm　1/16		印　　张：14.75		
版　　次：2013 年 1 月第 1 版		印　　次：2013 年 1 月第 1 次印刷		
字　　数：270 千字		定　　价：42.00 元		

ISBN 978 – 7 – 5130 – 1567 – 7/D · 1576（4415）

知识产权经典判例 7

主　　编：吉罗洪

副主编：陈锦川

编　　委：陈　锐　　肖　龙　　张雪松　　崔学锋
　　　　　张晓津　　高　虹　　张　卫　　曹志刚
　　　　　宋鱼水　　王晓艳　　曾　进　　孙　敬
　　　　　林子英　　闫　肃　　李丕赋

编　　辑：刘继祥　　张　冰　　莎日娜　　刘　辉
　　　　　李燕蓉　　岑宏宇　　谢甄珂　　任忠萍
　　　　　焦　彦　　潘　伟　　刘晓军　　钟　鸣
　　　　　马　军　　石必胜　　周　波　　陶　钧
　　　　　袁相军　　刘庆辉　　孔庆兵　　亓　蕾
　　　　　戴怡婷

编写说明

2003 年起，北京市高级人民法院从每年全市法院知识产权庭审理的各类知识产权案件中精选部分新类型、疑难复杂和具有广泛社会影响的案件，汇编成《知识产权经典判例》出版发行，至今已经出版六部，受到读者，尤其是知识产权界的广泛关注。

随着国家知识产权战略的实施及知识经济的发展，北京市各级法院每年审理的知识产权案件数量大幅攀升，2009 年，全市法院受理的各类一审知识产权案件达 6 262 件，审结 6 115 件，均创历史新高，并且新类型、疑难案件不断涌现。为更全面收录北京市法院审理的知识产权案件，准确反映北京市法院审理知识产权案件中的新情况、新问题，北京市高级人民法院决定从 2009 年起，将过去每年出版一本《知识产权经典判例》，改为按照案件类型出版《知识产权经典判例》年度系列丛书。

《知识产权经典判例 7》分为专利，著作权，商标、反不正当竞争三卷，是从北京市法院 2009 年审结的数千件各类知识产权案件中精选出来的，其中专利卷收录了 27 篇涉及发明、实用新型及外观设计的专利授权确权行政案件及专利民事案件；著作权卷收录了 34 篇涉及传统类型的著作权及网络传播作品的著作权案件；商标、反不正当竞争卷收录了 53 篇涉及疑难热点问题的商标授权确权行政案件、商标侵权案件及反不正当竞争、各类合同案件。这些案件均具有一定典型性和代表性。

本书是从事知识产权案件审判的法官、行政执法人员、从事知识产权代理事务的律师、从事知识产权法学研究的学者及在校学生了解北京市法院知识产权审判最新情况的专业书籍，并由于内容精练严谨，要旨明晰，对企业建立和实施知识产权战略亦具有重要借鉴作用。

目　　录

1.《许晴》照片著作权侵权纠纷案

——闻晓阳诉北京阿里巴巴信息技术有限公司

原告（被上诉人）：闻晓阳
被告（上诉人）：北京阿里巴巴信息技术有限公司
案由：侵犯著作权纠纷

一审案号：北京市朝阳区人民法院（2008）朝民初字第 13556 号
一审合议庭成员：谢甄珂、杨静田、杨惊晖
一审结案日期：2008 年 10 月 15 日
二审案号：北京市第二中级人民法院（2009）二中民终字第 00010 号
二审合议庭成员：冯刚、葛红、张剑
二审结案日期：2009 年 2 月 20 日

判决要旨

搜索服务提供者在提供图片搜索服务过程中形成的缩略图，如果只是为了实现图片搜索的目的，且能够显示原图片所在网站，不会使网络用户产生被搜索图片来源于搜索服务提供者网站的误认，搜索服务提供者不知道也不应当知道被搜索图片构成侵权的，不构成对图片著作权人信息网络传播权的侵犯。

起诉与答辩

原告闻晓阳诉称：我为大陆明星许晴拍摄了照片，我对我拍摄的照片享有著作权。我发现阿里巴巴公司未经许可，在其经营的网址 http://www.yahoo.com.cn 和 cn.yahoo.com 的网站上通过深层链接的方式复制并传播了我拍摄的享有著作权的一张许晴照片，既未为我署名，也未向我支付报酬，严重侵犯了我对涉案照片享有的署名权、复制权和信息网络传播权，并给我造成了巨大的经济损失。故我诉求：要求阿里巴巴公司：停止通过网络传播我享有著作权的涉案摄影作品；在其经营的网站主页和《法制日报》上发表声明，向我公开赔礼道歉；赔偿我经济损失 3 000 元及公证费 1 000 元、律师费 1 000 元。

被告北京阿里巴巴信息技术有限公司（以下简称阿里巴巴公司）辩称：闻晓阳并不能证明其是涉案摄影作品的著作权人。我公司并未对涉案图片进行

复制、存储，也未对涉案图片进行编辑和改变图片的权利管理电子信息。我公司提供的网络服务是搜索引擎服务，即利用蜘蛛程序从互联网上自动搜索到含有图片信息的网页，并从中提取出图片文件的统一资源定位符，并自动生成一个缩略图，收录到图片索引数据库中，当用户输入搜索指令后，系统自动检索数据库中与指令相匹配的缩略图和原图片的统一资源定位符，并将缩略图显示于结果页面中，在详情页面中引用原图片的统一资源定位符。涉案图片并不存放在我公司服务器中，而是存放在第三方网站上，网络用户只能从第三方网站上下载该图片。上述缩略图是由程序自动生成的，并临时存储在我公司的服务器上，目的仅仅是为了显示搜索结果，并非复制，也不能传播。这种以缩略图的方式显示搜索结果也是图片搜索行业的通用方式；如无缩略图的显示，就完全失去了图片搜索的意义。闻晓阳在得知通过我公司搜索引擎可以搜索到涉案图片后并未通知我公司。在接到起诉状后，我公司及时删除了与涉案图片的链接，尽到了合理注意义务，不存在主观过错，且闻晓阳未证明存储涉案图片的第三方网站侵权。

综上所述，我公司并未复制和传播涉案图片，不存在侵权行为，闻晓阳要求我公司赔偿损失和赔礼道歉没有依据，请求驳回闻晓阳的诉讼请求。

一审查明事实

原审法院查明：闻晓阳为许晴拍摄了照片。在诉讼中，闻晓阳向法庭提交了涉案照片的胶卷底片。

雅虎中国网站（网址 http://www.yahoo.com.cn）的经营者为阿里巴巴公司。2006 年 5 月 11 日，闻晓阳登录该网站。从该网站首页开始，依次点击"图片"、"魅力女星"、"大陆女星"、"许晴"，得到载有许晴照片缩略图的结果页面，在该页面最上方显示有"雅虎图片搜索 – 许晴"字样。在显示该结果页面的同时，在该页面上方的搜索栏中自动添加了"许晴"二字。在该结果页面中，点击下方写有"许晴写真〔点击查看原……730 ＊ 929 – 318K（添加到相册）http://www.pcnow.com.cn〕"文字的缩略图，得到载有该缩略图对应的大图的详情页面，在该详情页面中标注了来源网址：http://www.pcnow.com.cn/photoAlbum/2814/128207.shtml、大小 318K、尺寸 730 ＊ 929pixels 等内容。上述过程，由北京市国信公证处进行了公证，并出具了公证书。

涉案照片的原图存储在网址 http://www.pcnow.com.cn 的第三方网站上。

在接到起诉状后，阿里巴巴公司即断开了与第三方网站上的涉案图片的链接。

闻晓阳为本案支付了公证费 1 000 元、律师费 1 000 元。

一审审理结果

原审法院认为：在没有相反证据的情况下，根据闻晓阳提交的胶卷底片，可以确认闻晓阳是涉案许晴照片的著作权人，其对涉案照片享有的著作权受法律保护，任何人未经许可不得使用该照片。

尽管闻晓阳不是通过在搜索栏中输入"许晴"二字进行搜索涉案图片的，而是通过依次点击雅虎中国网站上编辑好的"图片"、"魅力女星"、"大陆女星"、"许晴"等找到涉案图片的，但在闻晓阳点击后显示结果页面的同时，在雅虎中国网站的搜索栏中自动添加了"许晴"二字。这表明，尽管阿里巴巴公司事先设置了查找涉案图片的路径，但是这并不是对涉案照片本身进行复制和编辑，涉案照片仍是通过搜索的方式得到的。这种通过事先编辑的路径查找涉案照片的后台工作原理与通过搜索栏方式搜索照片的工作原理是一样的，都是搜索引擎在互联网上对第三方网站上的内容进行搜索的结果。而且，闻晓阳提交的公证书也明确显示涉案照片的原图实际存储在第三方网站上，并不存储在雅虎中国网站上。因此，阿里巴巴公司本质上提供的是搜索引擎的搜索服务，而不是闻晓阳诉称的通过深层链接方式的复制涉案照片。对于在搜索图片过程中所形成的涉案照片的缩略图，本院认为，阿里巴巴公司网站上产生缩略图的目的不在于复制、编辑照片，而在于向网络用户提供搜索。涉案反映的缩略图的方式符合图片搜索目的，也最方便网络用户选择搜索结果。故图片搜索所形成的涉案缩略图仅仅是搜索结果的一种表现方式，并未改变其是搜索引擎搜索技术的本质。

我国《信息网络传播权保护条例》规定，网络服务提供者为服务对象提供搜索或者链接服务，在接到权利人的通知后，依法断开与侵权作品、表演、录音录像制品的链接的，不承担赔偿责任。本案中，闻晓阳并未举证证明其事先按照《信息网络传播权保护条例》的要求向阿里巴巴公司发出了通知。闻晓阳也未举证证明涉案第三方网站上的图片是否侵权，且未举证证明阿里巴巴公司明知或者应知涉案第三方网站上的图片侵权。在阿里巴巴公司接到通知后，断开了与涉案图片的链接。

综上所述，阿里巴巴公司提供的搜索服务并未侵犯闻晓阳对涉案图片享有的著作权，对闻晓阳的诉讼请求本院不予支持。

现依照《信息网络传播权保护条例》第 23 条之规定，判决如下：

驳回闻晓阳的诉讼请求。

闻晓阳不服原审判决，提起上诉，请求二审法院撤销原审判决，判决支持其停止侵权、赔偿闻晓阳经济损失 3 000 元及合理诉讼费用 2 000 元的诉讼请求。其主要上诉理由是：阿里巴巴公司提供搜索服务的过程中，对相关照片信息经过了搜集整理分类，按照不同标准制作了相应的分类信息，并提供了照片的深层链接，使用户可以按照阿里巴巴公司编排的索引选中所需要的照片信息，并直接在其网页上得到相应的大图；阿里巴巴公司提供的不是简单的搜索服务，应当知道被链照片内容存在侵权的可能，其对此负有更大的注意义务；其目的是增加自己网站的访问量，获得广告收益；故阿里巴巴公司提供涉案搜索链接服务时，应知其所链接的照片侵权，上诉人无须向其发出通知；其原审中并未主张阿里巴巴公司系通过深层链接的方式复制传播上诉人涉案照片，而是主张阿里巴巴公司系通过搜索链接、分类信息、缩略图以及点击缩略图得到大图的行为，侵犯了上诉人对涉案照片所享有的著作权。具体而言，缩略图侵犯了上诉人对涉案照片所享有的复制权，缩略图以及点击缩略图得到大图的行为侵犯了上诉人对涉案照片所享有的信息网络传播权。

阿里巴巴公司服从原审判决。

二审查明事实

二审法院查明：闻晓阳主张其从未授权任何网站传播其涉案照片。2008年11月19日，闻晓阳登录网址 http：//image．cn．yahoo．com 的网站，在"明星串烧－照片列表－雅虎照片搜索"页面"搜索"栏中输入"许晴"，进入"许晴－雅虎照片搜索"页面，依次打开相关页面，点击"许晴照片 04 600 * 756－78K"照片，该照片与涉案照片相同，其上方标注来源网址 http：// www．kkpic．com。上述过程由北京市国信公证处进行了公证。

另查明，闻晓阳在原审庭审过程中，明确主张阿里巴巴公司的涉案行为系通过深层链接的方式复制和传播涉案作品。

二审法院查明的其他事实，与原审法院查明的事实相同。

二审审理结果

二审法院认为：根据闻晓阳提交的胶卷底片，本院确认闻晓阳为涉案照片的著作权人，其对涉案照片所享有的著作权受我国法律保护。

依据相关法律规定，网络服务提供者为服务对象提供搜索或者链接服务，在接到权利人的通知书后，断开与侵权的作品、表演、录音录像制品的链接的，不承担赔偿责任；但是，明知或者应知所链接的作品、表演、录音录像制品侵权的，应当承担共同侵权责任。

通过比对，经公证下载的被上诉人网站链接的涉案照片与上诉人主张权利的涉案照片相同。闻晓阳明确表明其并未授权网站传播其涉案照片，阿里巴巴公司亦未证明相关网站传播涉案照片取得了闻晓阳的授权。故涉案相关第三方网站上载并传播涉案照片并未经上诉人许可，其行为构成了对上诉人对涉案照片所享有的信息网络传播权的侵犯。

阿里巴巴公司作为搜索链接服务提供商，仅应在收到权利人合乎法律要求的通知后不断链或者明知、应知被链内容侵权的情况下才应当承担相应的法律后果。本案中，闻晓阳并未举证证明其向阿里巴巴公司发出了符合相关法律要求的通知，亦未举出充分证据证明阿里巴巴公司明知或者应知涉案被链第三方网站上的照片侵权。故，本院认为，在阿里巴巴公司接到通知后，断开了与涉案照片的链接的情况下，闻晓阳关于阿里巴巴公司应当赔偿其损失的主张，本院不予支持。

在雅虎中文网站照片搜索网页上，无论通过在搜索框中输入关键字的方式或者通过该网页提供的分类信息的方式对涉案照片进行搜索，得到的搜索结果均仅为涉案照片不同 URL 地址的链接。用户点击相关缩略图得到的大图，是通过将客户端链接第三方网站，在第三方网站实现的。闻晓阳亦认可涉案照片的大图实际存储在第三方网站上，并不存储在雅虎中国网站上。因此，阿里巴巴公司提供的服务性质是搜索链接服务。

虽然阿里巴巴公司网站在提供搜索链接服务的过程中，提供了不同的分类信息，出现了缩略图，并采用了直接显示被链内容的链接技术，且其提供上述服务具有一定的营利目的，但是，分类信息仅是为方便用户选择搜索结果的便捷方法，闻晓阳目前证据无法证明分类信息系对搜索结果经过了人工整理；在搜索照片过程中所形成的涉案照片的缩略图，是为实现照片搜索的特定目的，方便网络用户选择搜索结果的具体方式，不是对涉案照片的复制，闻晓阳目前证据也不能证明阿里巴巴公司网站上存储有缩略图库；涉案照片的缩略图和大图页面中也显示了涉案照片的来源，不会使网络用户产生涉案照片来源于阿里巴巴公司网站的误认。因此，阿里巴巴公司的上述行为不能改变其提供的服务属于搜索链接服务的性质，亦不能证明其对涉案照片的搜索结果是否侵权属于"应知"，故闻晓阳提出阿里巴巴公司提供搜索服务的过程中，对相关照片信息经过了搜集整理分类，按照不同标准制作了相应的分类信息，制作了缩略图库，提供了照片的深层链接，使用户可以直接在其网页上得到相应的大图，并取得广告收益；这种搜索链接服务的模式决定阿里巴巴公司对其被链内容是否侵权负有更大的审查义务，对其被链内容侵权属于"应知"；阿里巴巴公司缩略图的行为侵犯了闻晓阳的复制权、缩略图及点击缩略图得到大图的行为侵犯了闻晓阳的信息网络传播权的主张，依据不足，本院不予支持。

本院审理期间，上诉人闻晓阳还主张被上诉人阿里巴巴公司网站照片搜索网页上还有链接的其他第三方网站也登载了涉案照片，并要求被上诉人停止侵权，鉴于上述被控侵权行为不属于本案的审理范围，故本院对此不予处理。

综上所述，上诉人闻晓阳的上诉理由不成立。原审法院认定事实清楚，适用法律正确，依法予以维持。本院依据《中华人民共和国民事诉讼法》第153条第1款第（1）项之规定，判决如下：

驳回上诉，维持原判。

一、二审案件受理费各50元，均由闻晓阳负担。

2.《奋斗》著作权侵权纠纷案

——宁波成功多媒体通信有限公司诉普信通（北京）科技有限公司

原告（被上诉人）：宁波成功多媒体通信有限公司
被告（上诉人）：普信通（北京）科技有限公司
案由：侵犯著作权纠纷

一审案号：北京市东城区人民法院（2008）东民初字第 07342 号
一审合议庭成员：裴桂华、亓蕾、关德余
一审结案日期：2008 年 11 月 19 日
二审案号：北京市第二中级人民法院（2009）二中民终字第 6 号
二审合议庭成员：冯刚、葛红、张剑
二审结案日期：2009 年 2 月 20 日

判决要旨

被告作为向用户提供上传视频文件存储空间的专业网站，有专业人员及专业程序对用户上传文件审查，但被告对用户上传视频文件的著作权权属情况并未尽到与其经营规模、经营管理模式相匹配的合理注意义务，可以推定该网络服务提供者存在主观过错。

起诉与答辩

原告宁波成功多媒体通信有限公司（以下简称成功多媒体公司）诉称：原告系电视剧《奋斗》（以下简称涉案电视剧）的信息网络传播权权利人。被告未经原告许可，且未支付报酬，以营利为目的，在其所有的网站爆米花网（网址 http：//www. pomoho. com）上向公众提供涉案电视剧的在线播放服务。原告认为被告行为严重侵犯了其合法权益，并造成重大经济损失，故诉至法院，请求判令被告：（1）立即停止对原告所享有的涉案电视剧信息网络传播权的侵害，即停止提供涉案电视剧的在线播放服务；（2）赔偿原告经济损失 10 万元；（3）承担本案诉讼费用。

被告普信通（北京）科技有限公司〔以下简称普信通公司〕辩称：（1）爆米花网系向用户提供存储空间服务的网站。注册用户在上传文件过程中，网站明确在用户协议中要求不得将侵犯任何人著作权的内容上传。同时，爆米花网通过技术手段、人工审查、行业监控库对接等多种方式防止侵犯著作权的作品上传。被告在网站存储文件数量巨大的情况下，对网友上传的涉案电视剧的著作权权属情况已尽到了合理注意义务。（2）涉案电视剧播放时显示的网站标识及广告信息为被告使用的视频文件播放器所预置，并非针对某一作品而特设，故被告并未改变上传作品。（3）涉案电视剧在多个电视台、网站播放，爆米花网短期内上传涉案电视剧给原告造成的损失微乎其微。

综上所述，被告普信通公司不同意原告的诉讼请求。

一审查明事实

原审法院查明：北京鑫宝源影视投资有限公司为涉案电视剧的制片单位。2007年3月21日，北京市广播电视局为涉案电视剧颁发了国产电视剧发行许可证，许可证号为（京）剧审字〔2007〕第009号。该许可证载明：剧目名称《奋斗》，长度32集，制作单位北京鑫宝源影视投资有限公司，制作许可证编号甲第147号。2007年6月29日，北京鑫宝源影视投资有限公司将涉案电视剧在中国大陆地区的独家信息网络传播权授予原告，其中包含转授权及打击网络盗版的权利，授权期限为2007年6月22日至2010年6月21日。

爆米花网（网址http：//www. pomoho. com）为被告经营的网站。2008年6月17日，原告发现该网站提供涉案电视剧的在线播放服务，并通过浙江省杭州市钱塘公证处进行了证据保全。保全主要内容有：（1）登录http：//www. pomoho. com网站首页，点击首页底部"关于爆米花"后，再点击"合作伙伴"，页面内容显示：爆米花网与内容服务提供商开展合作模式为广告收入共享，内容服务商须以光盘等介质形式提交合作内容的原文件，同时提交版权证明文件、授权书证明、授权内容列表。内容服务提供商须保证拥有合作资源的版权证明文件，内容资源为音视频内容文件。同时爆米花网为注册用户提供视频上传、录制和存储服务。（2）点击首页底部"关于爆米花"后，再点击"用户指南"，页面内容显示：为确保用户上传视频的视频内容不包含非法、色情或反动等内容，爆米花网有专门审核人员对所有视频进行审核。用户上传视频可获得积分，积分可以兑换礼品、购买高级功能、个性化功能及兑换v币及现金。（3）点击网站首页右下方"精彩推荐"栏目下的"电视剧排行"项进入相应页面，点击"大陆"项下的"更多"，第4名和第71名电视剧名称均为涉案电视剧。点击第4名项下的视频文件（原告仅对部分视频文件进行了点播），开始播放第 21 集前有内蒙古卫视现场节目的广告，播放过程中屏幕左上方有"爆米花"、"http：//www. pomoho. com"标识，右上方有"免费影城 4536"等字样，屏幕下方有滚动广告。点播播放第 32 集，开始前有百威啤酒的广告。点击第 71 名项下的视频文件（原告仅对部分视频文件进行了点播），开始播放第 3 集前有网络游戏广告，播放过程中屏幕左上方有"pomo-ho"、"http：//www. pomoho. com"标识，屏幕右上方有"爆米花网"、"http：//www. pomoho. com"标识，屏幕下方有滚动广告。（4）在网站首页搜索栏中输入"奋斗"，选择专题，出现搜索结果中有"火热青春励志剧《奋斗》"的视频文件，并显示创建者为"爆米花 vj"，人气 8696，更新日期 2007年 10 月 12 日。点击播放该项下的视频文件（原告仅对部分视频文件进行了点播），开始播放第 24 集前有内蒙古卫视现场节目的广告，页面上端有广告，播放过程中屏幕左上方有"爆米花"、"http：//www. pomoho. com"标识，屏幕下方有滚动广告。（5）原告通过上述途径点播涉案电视剧视频文件所对应的网络路径完全不同。

庭审中，原告认可在被告网站上显示创建者的涉案电视剧视频文件为网友上传，其余视频文件为被告上传。被告对此不予认可，称所有视频文件均由网友上传。被告称涉案电视剧已于 2008 年 9 月 11 日在网站上删除，原告对此不予认可。

一审审理结果

原审法院认为：电影作品和以类似摄制电影的方法创作的作品的著作权由制片者享有，著作权人有权将全部或部分财产权利授予他人。根据涉案电视剧发行许可证，北京鑫宝源影视投资有限公司为该剧的制片单位，即为涉案电视剧的著作权人。原告自北京鑫宝源影视投资有限公司获得大陆地区独家信息网络传播权授权，有权对侵犯其授权的行为提起诉讼。

任何组织或个人未经权利人许可，不得通过信息网络擅自向公众传播他人作品，否则应承担相应的侵权责任。被告普信通公司作为爆米花网的经营者，应对网站内的侵权行为承担法律责任。本案中，原告认为除显示创建者名称的视频文件，其余视频文件均非网友上传而系被告上传，被告对此予以否认。由于被告并未提供网友上传的相关证据，故本院确认该批视频文件系被告上传并存储于服务器上。被告未经许可，提供涉案电视剧在线播放服务，侵犯了原告享有的信息网络传播专有权，应当承担停止侵权、赔偿损失的责任。

原告认可在爆米花网站首页输入涉案电视剧名称搜索获得的涉案电视剧视频文件系由网友上传，被告对此不予否认，本院确认该批视频文件系由网友上传。爆米花网作为向用户提供上传视频文件存储空间的专业网站，有专业人员及专业程序对用户上传文件审查；但被告对用户上传视频文件的著作权权属情况并未尽到与其经营规模、经营管理模式相匹配的合理注意义务，故应承担停止侵权、赔偿损失的责任。

关于侵权赔偿数额，原告并未提供证明自己损失数额的证据，双方均未提供证据证明被告的获利情况，本院综合考虑涉案电视剧的知名度、上映时间、被告网站的经营规模、被告网站播放涉案电视剧的时间、影响范围及被告主观过错程度等因素，依照法定赔偿标准酌定。

综上所述，依据《中华人民共和国著作权法》第 10 条第 1 款第（12）项、第 2 款，第 15 条第 1 款，第 47 条第（1）项，第 48 条第 2 款和《最高人民法院〈关于审理著作权民事纠纷案件适用法律若干问题的解释〉》第 25 条第 1 款、第 2 款之规定，判决如下：

（1）自本判决生效之日起，被告普信通（北京）科技有限公司停止在爆米花网（网址 http：//www. pomoho. com）上播放涉案电视剧《奋斗》；

（2）自本判决生效之日起 10 日内，被告普信通（北京）科技有限公司赔偿原告宁波成功多媒体通信有限公司经济损失 3 万元；

（3）驳回原告宁波成功多媒体通信有限公司其他诉讼请求。

普信通公司不服原审判决，提起上诉，请求二审法院撤销原审判决，改判驳回宁波成功多媒体通信有限公司的诉讼请求。

成功多媒体公司服从原审判决。

二审查明事实

二审法院查明的事实与原审法院查明的事实相同。

二审审理结果

在二审审理中，经法院主持调解，双方当事人自愿达成如下调解协议：

（1）普信通（北京）科技有限公司未经宁波成功多媒体通信有限公司许可，在其网站（域名为：pomoho. com）上提供宁波成功多媒体通信有限公司享有信息网络传播权的电视连续剧《奋斗》、《西安事变》、《天字一号》、《荣归》、《婚后五年》、《大祠堂》、《屋顶上的绿宝石》的播放服务，特此表示歉意；

（2）普信通（北京）科技有限公司向宁波成功多媒体通信有限公司支付 6 万元，于 2009 年 2 月 20 日支付 1 万元，于 2009 年 3 月 20 日支付 5 万元，如逾期则按照每日 1‰的标准向宁波成功多媒体通信有限公司支付违约金；

（3）普信通（北京）科技有限公司自 2009 年 2 月 20 日起，立即停止在其网站上提供电视连续剧《奋斗》、《天字一号》、《婚后五年》和《屋顶上的绿宝石》的播放服务；

（4）宁波成功多媒体通信有限公司授权普信通（北京）科技有限公司在其网站上提供电视连续剧《西安事变》、《荣归》、《大祠堂》的播放服务，授权期截至 2009 年 6 月 30 日；

（5）宁波成功多媒体通信有限公司保证其对电视连续剧《奋斗》、《西安事变》、《天字一号》、《荣归》、《婚后五年》、《大祠堂》、《屋顶上的绿宝石》享有信息网络传播权，如因权利存在瑕疵而给普信通（北京）科技有限公司造成损失，均由宁波成功多媒体通信有限公司赔偿；

（6）宁波成功多媒体通信有限公司对于普信通（北京）科技有限公司涉及在其网站上提供宁波成功多媒体通信有限公司享有信息网络传播权的电视连续剧《奋斗》、《西安事变》、《天字一号》、《荣归》、《婚后五年》、《大祠堂》、《屋顶上的绿宝石》的播放服务的纠纷，不再主张任何权利；

（7）双方就本案纠纷别无其他争议；

（8）一审案件受理费 2 300 元，由宁波成功多媒体通信有限公司负担 1 000 元，由普信通（北京）科技有限公司负担 1 300 元；二审案件受理费 550 元，减半收取 275 元，由普信通（北京）科技有限公司负担。

3. 《民族团结、同舟共济》蜡染作品 著作权侵权纠纷案

——洪福远诉青林海

原告（被上诉人）： 洪福远

被告（上诉人）： 青林海

案由： 侵犯著作权纠纷

一审案号： 北京市东城区人民法院（2008）东民初字第 9645 号

一审合议庭成员： 才雪冬、张爽、亓蕾

一审结案日期： 2008 年 12 月 19 日

二审案号： 北京市第二中级人民法院（2009）二中民终字第 5780 号

二审合议庭成员： 冯刚、张剑、葛红

二审结案日期： 2009 年 3 月 20 日

判决要旨

以线条、色彩等要素组合而成的基础图案属于美术作品的基本内容。不论将该图案以何种方式复制于何种载体之上，均属于使用该美术作品的行为。在无相反证明的前提下，著作权登记证书中载明的权利人即为著作权人，有权对未经许可使用该作品的行为提出主张。将与著作权人作品内容相同的作品参加比赛的行为，易导致相关公众误认为该作品系由其创作，构成侵权，应当承担相应的民事责任。

起诉与答辩

原告洪福远诉称：原告于 1990 年创作完成蜡染作品《民族团结、同舟共济》（以下简称涉案作品），并发表在 2000 年第 9 期《科学中国人》杂志上。该蜡染作品的设计图于 2007 年 6 月在贵州省版权局登记。2007 年被告以原告的作品参加中国家用纺织品工业协会（以下简称家纺协会）举办的叠石桥杯·第二届中国民族家用纺织品设计大赛（以下简称纺织品设计大赛），并获得"弘扬中华民族文化奖"。中国纺织出版社出版的《东方情缘》一书收录了该幅作品，并

在作品上方标明：《风雨同舟、民族团结》，参赛者：青林海。被告的行为侵犯了原告的署名权、修改权、复制权、发行权、展览权和获得报酬权，故诉请法院判令被告：（1）在中国家用纺织品工业协会网站连续3个月以及《法制日报》、《中国文化报》中缝以外版面刊登赔礼道歉声明；（2）赔偿经济损失2万元，精神损失6万元，合理支出2万元；（3）承担本案诉讼费。

被告青林海辩称：涉案作品是被告从其他渠道购买的，并以苗艺民族文化交流中心的名义参赛。原告在《科学中国人》上发表的作品，无法证明是蜡染作品，而涉案参赛作品是以蜡染的方式参赛，虽然参赛作品的基础图案和原告的作品相同，但两者的表现方式存在不同。对于中国纺织出版社出版《东方情缘》一书之事，之前被告并不知情。

综上所述，被告不同意原告诉讼请求。

一审查明事实

原审法院查明：原告曾荣获全国文联评选的"中国十大民间艺术家"称号。其创作完成的《民族团结、同舟共济》蜡染产品设计图于2007年6月在贵州省版权局进行了著作权登记。

2007年，家纺协会与南通市人民政府共同举办纺织品设计大赛。该大赛简章要求："报名时须填写报名表邮寄或传真。以单位名义或个人名义参赛不限。在职参赛者请所在单位盖章，无单位的报名者请附本人身份证复印件。参赛产品（作品）应是原创作品。参赛的产品实物，大赛组委会享有宣传推介权。"

2007年8月，被告向纺织品设计大赛组委会提交了一份报名表。被告在该表中填写的参赛者名称为"苗艺"，参赛者所在单位"贵州/北京苗艺民族文化艺术交流中心"，单位地址"北京市海淀区西三旗沁春家园7号楼2－101室"，在"作者签字"栏签名"苗艺"，在"单位盖章"栏盖有"北京苗艺民族文化艺术交流中心"公章。被告认可其在"作者历届设计大赛获奖情况"栏中填写的"中国文联民间艺术山花奖"、"联合国教科文组织民间艺术精品大赛金奖"、"中国工艺美术学会'中华杯'一等奖"系其个人所获奖项。该报名表贴有被告照片。在提交报名表的同时，被告向大赛组委会提交了一件与涉案作品图案相同的蜡染作品及照片。经评比，被告在此次大赛中获得"弘扬中华民族文化奖"，大赛组委会向其颁发了获奖证书，但该作品未进行展览。

2007年12月，中国纺织出版社受纺织品设计大赛组委会委托公开出版"叠石桥杯·第二届中国民族家用纺织品设计大赛获奖作品集"，书名为《东方情缘》。该书中载明被告提交的参赛作品，名称为《风雨同舟、民族团结》，参赛者：青林海（贵州苗艺民族文化艺术交流中心）。

另查明，原告为本次诉讼支出律师费1万元，差旅费8 998元。

一审审理结果

原审法院认为：以线条、色彩及其他要素构成，具有审美意义的作品属于美术作品。因此，以线条、色彩等要素组合而成的基础图案属于美术作品的基本内容，不论将该图案以何种方式复制于何种载体之上，均属于使用该美术作品的行为。除法定情形外，使用他人美术作品应当经过许可并支付报酬。

在无相反证据的前提下，著作权登记证书中载明的权利人即为著作权人，有权对未经许可使用该作品的行为提出主张。原告提交的著作权登记证书即已能够证明其为涉案作品的著作权人，被告对此予以否认但未提供相反证据，故本院确认原告对涉案作品享有著作权。除法定情形外，任何人使用该作品都应当经过原告许可并支付报酬。

纺织品设计大赛简章明确要求参赛者提交的作品应为原创作品，被告作为参赛者应对此有所了解。被告填写的报名表中的照片、曾获奖项等均表明其是以个人名义参赛，《东方情缘》一书中亦标明参赛者为被告，故被告关于其是以"北京苗艺民族文化艺术交流中心"而非个人名义参赛之主张，本院不予采信。此外，被告关于参赛作品并非本人制作，系从其他渠道购买的主张证据不足，本院亦不予采信。被告以个人名义提交与原告作品内容相同的作品参加比赛的行为，易导致相关公众误认为该作品系由被告创作的结果，侵犯了原告的署名权、修改权、复制权和获得报酬权，应当承担相应的民事责任。但是，因原告未能举证证明被告提交的参赛作品曾经公开展示，故其关于被告的行为侵犯其展览权的主张不能成立。

被告以他人作品参赛并获得荣誉的行为，对原告的著作人身权构成较严重的侵犯，仅采用公开赔礼道歉的方式不足以弥补原告所受精神损害，故原告要求被告支付精神损害抚慰金的诉讼请求，应予支持；但其要求数额过高，本院将根据被告主观过错程度等对具体数额酌情确定。原告未举证证明被告在纺织品设计大赛中获得过奖金，故其以被告获得奖金为依据计算赔偿数额不当，本院将根据被告主观过错程度、原告知名度、作品创作难度等酌情确定赔偿数额。原告因诉讼支出的合理费用，本院亦酌予考虑。

综上所述，依据《中华人民共和国著作权法》第10条第1款第（2）、（3）、（5）、（6）、（8）项及第3款，第46条第（3）项、第48条第2款以及《最高人民法院〈关于审理著作权民事纠纷案件适用法律若干问题的解释〉》

第 7 条第 1 款、第 25 条第 1 ~ 2 款、第 26 条第 1 款,《最高人民法院〈关于确定民事侵权精神损害赔偿责任若干问题的解释〉》第 8 条第 2 款之规定,判决如下:

(1) 被告青林海自本判决生效后 15 日内,在《法制日报》上就未经许可使用原告洪福远《民族团结、同舟共济》蜡染产品设计图作品的行为公开致歉(致歉内容需经本院审核,逾期不执行,本院将在一家全国性报刊上公布本判决主要内容,所需费用由被告青林海负担)。

(2) 被告青林海自本判决生效之日起 15 日内,赔偿原告洪福远经济损失、精神损失及合理支出 2 万元。

(3) 驳回原告洪福远其他诉讼请求。

青林海不服原审判决,提起上诉,请求二审法院撤销原审判决,驳回洪福远全部诉讼请求,本案全部诉讼费由洪福远承担。其主要上诉理由是:(1) 参赛的蜡染作品实物是青林海购买收藏的,不是洪福远的作品;而且参赛的主体是北京苗艺民族文化艺术交流中心,不是青林海。原审法院认定青林海以他人作品参赛并获得荣誉侵犯洪福远的署名权、修改权、复制权和获得报酬权是错误的。(2) 青林海只是参赛作品的购买者、持有者,不是制作者,使用该作品参赛没有过错,也没有证据证明洪福远受到精神方面的损害且造成严重后果,原审法院依据《最高人民法院〈关于确定民事侵权精神损害赔偿责任若干问题的解释〉》判决上诉人支付精神损害抚慰金无事实依据,适用法律也是错误的。

洪福远服从原审判决。

二审查明事实

二审法院查明:洪福远创作的蜡染作品《民族团结、同舟共济》曾发表于 2000 年第 9 期《科学中国人》杂志上。

2007 年 8 月,青林海向纺织品设计大赛组委会提交的报名表上记载的手机号码和地址系青林海个人手机号码和在京家庭住址。

在二审审理期间,青林海对于洪福远系蜡染作品《民族团结、同舟共济》的著作权人以及涉案参赛作品上使用的内容和图案与洪福远作品《民族团结、同舟共济》的内容和图案相同的事实予以确认。

二审法院查明的其他事实,与原审法院查明的事实相同。

二审审理结果

二审法院认为:被上诉人洪福远系涉案蜡染作品《民族团结、同舟共济》

的著作权人，其对涉案作品享有的著作权受法律保护。

根据本院查明的事实，涉案参赛作品上使用的内容和图案与洪福远作品《民族团结、同舟共济》的内容和图案相同，且其表现形式均为蜡染。上诉人青林海虽提出涉案参赛作品的尺寸、色泽和冰纹与洪福远作品《民族团结、同舟共济》的尺寸、色泽和冰纹不同，但其认可涉案参赛作品上使用的内容和图案与《民族团结、同舟共济》相同。本院认为，涉案参赛作品与《民族团结、同舟共济》虽然在尺寸、色泽和冰纹等方面存在不同，但二者在内容、图案、布局、整体效果等方面基本相同，故涉案参赛作品应属于对原作《民族团结、同舟共济》的复制。

青林海还提出其只是涉案参赛作品的购买者、持有者，不是制作者和参赛主体，但由于青林海未提交充分证据证明涉案参赛作品的合法来源，且由青林海填写的参赛报名表中的照片、手机号码、住址、曾获奖项等均为青林海的个人信息，《东方情缘》一书中亦标明参赛者为青林海，因此可以认定青林海系以个人名义参赛。上诉人青林海未经著作权人许可以其个人名义使用与《民族团结、同舟共济》内容相同的作品参加设计比赛的行为，侵犯了《民族团结、同舟共济》著作权人洪福远的署名权、复制权及获得报酬权，应承担赔礼道歉、赔偿损失的法律责任。

因此，青林海提出的参赛的蜡染作品实物系其购买收藏不是洪福远的作品以及参赛主体不是青林海本人，参赛不侵犯洪福远的署名权、复制权和获得报酬权，青林海不应承担侵权责任的上诉主张本院不予采信。

关于侵犯修改权一节，由于洪福远在原审庭审中明确其主张青林海侵犯其修改权的行为是修改了作品的名称，本院认为，洪福远所主张的修改作品名称的行为并不属于著作权法规定的侵犯修改权的行为，原审法院认定青林海侵犯洪福远依法享有的修改权不当，本院予以纠正。同时，本院对原审法院确定的赔偿数额及支持的诉讼合理支出酌情予以调整。

鉴于青林海的涉案行为侵犯了洪福远享有的著作人身权，给洪福远的精神造成了一定的损害，洪福远主张应向其支付精神损害抚慰金的请求理由正当，原审法院根据青林海的主观过错程度等因素酌情支持精神损害抚慰金并无不当，本院予以确认。据此，本院对青林海提出的关于原审法院判决其支付精神损害抚慰金无事实依据、适用法律错误的上诉主张不予采信。

综上所述，上诉人青林海所提上诉理由部分成立，原审判决认定事实部分不清，适用法律部分有误，本院予以纠正。本院依据《中华人民共和国民事诉讼法》第 153 条第 1 款第（2）项，《中华人民共和国著作权法》第 10 条第 1 款第（2）项、第（5）项及第 2 款、第 46 条第（3）项、第 48 条第 2 款，

《最高人民法院〈关于审理著作权民事纠纷案件适用法律若干问题的解释〉》第7条第1款，第25条第1～2款，第26条第1款，《最高人民法院〈关于确定民事侵权精神损害赔偿责任若干问题的解释〉》第8条第2款之规定，判决如下：

（1）撤销北京市东城区人民法院（2008）东民初字第9645号民事判决；

（2）青林海自本判决生效之日起30日内，在《法制日报》刊登向洪福远赔礼道歉的声明（致歉内容需经本院审核，逾期不执行，本院将在一家全国发行的报纸上公布本判决的主要内容，相关费用由青林海负担）；

（3）青林海自本判决生效之日起10日内，赔偿洪福远经济损失2 000元及合理诉讼费用14 000元；

（4）青林海自本判决生效之日起10日内，向洪福远支付精神损害抚慰金2 000元；

（5）驳回洪福远的其他诉讼请求。

一审案件受理费2 300元，由洪福远负担500元，由青林海负担1 800元；二审案件受理费300元，由青林海负担。

4.《北京姑娘》等小说著作权侵权纠纷案

——北京书生网络技术有限公司诉北京零时达科技有限公司

原告（被上诉人）：北京书生网络技术有限公司
被告（上诉人）：北京零时达科技有限公司
案由：侵犯著作权纠纷

一审案号：北京市海淀区人民法院（2008）海民初字第 24700 号
一审独任法官：石必胜
一审结案日期：2008 年 11 月 11 日
二审案号：北京市第一中级人民法院（2009）一中民终字第 4524 号
二审合议庭成员：刘海旗、芮松艳、佟姝
二审结案日期：2009 年 6 月 8 日

判决要旨

目前的网络环境下，用户上传的内容很多均非用户原创，且未经过权利人授权，同时具有较高知名度的非网络作家通常不会将其作品免费上传到网上供用户在线浏览或下载。网站应知晓上述情形，故此类网站有义务采取技术手段对于具有较高知名度的非网络作家的作品的上传予以限制。

起诉与答辩

原告北京书生网络技术有限公司（以下简称书生公司）诉称：2006 年 7 月，书生公司发现北京零时达科技有限公司（以下简称零时达公司）未经许可，擅自将书生公司拥有著作权的《北京姑娘》、《支离破碎》、《晃晃悠悠》、《心碎你好》4 部作品上传到零时达公司的小说网（http：//www. xiaoshuo.com），供人下载、在线浏览，侵犯了书生公司的著作权，请求法院判令零时达公司停止侵权、赔偿经济损失62 000元及合理支出6 000元（公证费1 000元、律师费5 000元）。

被告零时达公司辩称：书生公司 2006 年 7 月知道自己的权利受侵害，但却于 2008 年 8 月 4 日才提起诉讼，超过了法定的诉讼时效；书生公司对涉案

作品不享有著作权；零时达公司经营的小说网只是为用户上传作品提供存储空间，不构成侵权；零时达公司已在小说网删除了涉案作品；书生公司主张赔偿和诉讼费用的请求不应得到支持。

一审查明事实

原审法院查明：《心碎你好》于 2003 年 10 月出版，字数 170 千字，定价 16 元；《北京姑娘》、《支离破碎》、《晃晃悠悠》均于 2004 年 1 月出版，字数分别是 160 千字、150 千字、140 千字，定价均为 18 元。上述作品作者为石康，由华夏出版社出版。

2005 年 10 月 26 日，石康与书生公司就数字版作品合作事宜达成协议：石康同意将其拥有著作权的在本协议有效期内及之前发表的作品的数字形式的各项权利（包括但不限于信息网络传播权、复制权、发行权）的专有使用权和再许可权授权给乙方，期限不少于 10 年。该协议后附"著作权人登记表"：上半部分注明作者石康及性别、身份证号、通信地址、邮编、电话等信息；下半部分注明著作权人作品目录包括《北京姑娘》、《支离破碎》、《晃晃悠悠》、《心碎你好》在内的 8 部作品，这些作品均有电子文件。上述登记表后附有石康的身份证复印件。

2007 年 8 月 20 日，石康作出"相关权利特别声明"，就其向书生公司所作授权属于独占性使用权（包括但不限于信息网络传播权、复制权、发行权）；书生公司可以自己的名义对其授权范围内的作品的数字形式的各项权利的侵权行为主张权利，包括提起诉讼。书生公司与第三方就授权作品发生著作权纠纷，其认可书生公司拥有合作作品的上述独占性使用权。

2006 年 7 月 5 日，书生公司申请北京市公证处对小说网（http：//www. xiaoshuo.com）使用其享有著作权的图书内容进行公证。所制作的（2006）京证经字第 19071 号公证书显示：进入 http：//www.xiaoshuo.com 网站首页，页面上端横向排列有"网络文学"、"现代文学"、"古典文学"等栏目，页面中间显示"推荐书房"、"最近一分钟，我们在阅读"、"最新连载图书"等栏目；点击该页面右侧的"阅读器"弹出"文件下载"对话框，提出需保存"xsetup.exe"文件并安装；返回小说网首页，在页面内的"我要搜"空栏中输入"石康"，选择按照"作者"，点击"搜索"，在显示的页面中点击《北京姑娘》，在打开的页面中点击"网通下载"，确认下载后可将"北京姑娘.ebx"文件保存到本地盘；以相同的方式下载保存《支离破碎》、《晃晃悠悠》、《心碎你好》作品。该公证书的附件四系对网站充值过程的公证，以在网站登记的书房号进行登录，网站提示用户尚存点数，同时明示下载作品所需相应点数。充值方式包括 168 声讯热线充值和网上银行充值等多种方式，季卡价格为 50 元，可增加 300 点及 20 兆空间。参与公证过程的书生公司员工孟梅在网上银行充值界面的提示下，通过中国建设银行账户向充值账户交付 50 元，该网站界面显示为"您此次给书房增加 300 点，空间增加 20 兆，花费金额为 50 元人民币，是否继续充值？"本公证书还对其他作者的多部作品在小说网提供下载的情况给予了公证，共花费公证费 15 000 元。书生公司以公证处每次收费最低 1 000 元标准在本案中主张公证费 1 000 元。

零时达公司认可小说网由其经营，并在庭审中称该网站只是为用户上传作品提供存储空间，没有获利；将作品格式修改成 ebx 是便于用户使用阅读器阅读，不是对作品本质内容的修改；用户到小说网注册就会得到阅读点数及 20 兆存储空间，下载阅读会花费点数，用完后可通过电信或网通购买。

零时达公司称其在接到本案起诉状后删除了涉案作品，并于 2008 年 10 月 7 日向北京市方圆公证处提出申请，对小说网不存在石康的《北京姑娘》、《支离破碎》、《晃晃悠悠》、《心碎你好》作品的情况进行公证。书生公司对此情况予以认可。

另查明，书生公司就涉案 4 部作品与北京市汉鼎联合律师事务所签订法律事务委托合同，约定书生公司支付律师费 5 000 元。

一审审理结果

原审法院认为：如无相反证明，在作品上署名的石康是《北京姑娘》、《支离破碎》、《晃晃悠悠》、《心碎你好》4 部作品的作者。其与书生公司签订协议，将上述作品数字形式的著作权的专有使用权和再许可权授予书生公司，并授权书生公司可自行制止侵权和代理维权。上述约定未违反法律规定，应属有效。书生公司依上述协议享有涉案 4 部作品著作权的专有使用权和再许可授权，他人如使用作品，应取得书生公司的许可并支付报酬。

零时达公司辩称其只是为用户上传作品提供存储空间，不改变作品内容，没有获利行为，并已在接到起诉状后删除了涉案作品，符合相关法规规定的免责条件。但从本案的相关证据看，小说网设置了详细的栏目分类，编辑了推荐图书及阅读排行，将用户上传内容转换格式再供用户下载，并提供专用软件。上述对于文字作品的使用方式及对整个网站使用内容全面积极的掌控，不同于传统意义上 BBS 使用方式。虽然小说网用户可以通过注册、上传、登录等方式获取点数进行图书的下载，但从书生公司公证的内容看，小说网设置了多种付费方式，书生公司亦通过银行转账的方式实际付费购买了点数，证实小说网当时处于营利性经营状态。本院认定，小说网不属于相关法规规定的仅提供信息存储空间的网络服务提供者，且直接通过收费方式获取利益，不适用接到权利人通知后进行删除即可免除赔偿责任的规定。零时达公司的上述辩称本院不予采纳。

涉案 4 部作品分别于 2003 年、2004 年公开出版，共 600 余千字，作为网站经营者的零时达公司对网站上传大量完整的公开发表的作品应当进行权利审查，其未尽到网站经营者的合理审查义务，侵犯了书生公司享有的著作权，应当承担侵权责任。

关于诉讼时效问题，因零时达公司称其于接到本案起诉状后才删除了涉案 4 部作品，侵权行为持续至本案起诉后，故书生公司有权要求零时达公司停止侵权并赔偿损失。对零时达公司关于诉讼时效的辩称，本院不予采信。

现双方均认可涉案作品已经从小说网删除，书生公司所诉停止侵权的请求内容已经实现，本院对该项主张不再支持。书生公司未能提交有效证据证明其实际损失或零时达公司的获利情况，本院将综合参考相关稿酬支付标准、零时达公司的使用情况及持续时间等因素酌情确定。公证费、律师费等诉讼支出，合理部分，本院予以支持。

综上所述，依据《中华人民共和国著作权法》第 47 条第（1）项、第 48 条第 2 款之规定，判决如下：

（1）零时达公司赔偿书生公司经济损失及合理支出共计 1.4 万元；

（2）驳回书生公司的其他诉讼请求。

零时达公司不服原审判决，提起上诉，请求二审法院撤销原审判决，驳回书生公司的诉讼请求。其主要理由是：（1）书生公司提交的证据 4 中的"书生数字作品合作协议"开头的"甲方"处为空白，"相关权利特别声明"开头的时间处为空白，其在形式上不符合通常情况下合同的形式要求，故不能证明书生公司可以依此取得涉案作品的著作权，原审法院依据证据 4 认定书生公司享有著作权属于认定有误。（2）书生公司提起本案诉讼已超过诉讼时效。书生公司公证的被控侵权行为时间为 2006 年 7 月 5 日，该时间至其起诉时间已超过 2 年。此外，根据《最高人民法院关于审理著作权民事纠纷案件适用法律若干问题的解释》第 28 条的规定，对于权利人超过 2 年起诉的，只有在侵权行为在起诉时仍在持续的情况下，才应认定未过诉讼时效。在本案中，零时达公司在 2006 年 8 月 24 日已删除涉案作品，而且根据零时达公司在二审程序中提交的新证据，零时达公司网站上至迟在 2007 年 7 月 23 日已不存在涉案作品。也就是说，被控侵权行为并未持续到起诉时，因此，根据上述法律规定，本案已过诉讼时效。原审法院认定本案未过诉讼时效属认定错误。（3）零时达公司为信息存储空间提供者，应适用《中华人民共和国信息网络传播权保护条例》（以下简称《信息网络传播权保护条例》）第22条的规定。鉴于零时达公司的行为符合该条例第22条的免责规定，因此，不应当承担赔偿责任。原审法院认定零时达公司应承担责任的主张属于认定错误。（4）鉴于零时达公司于2006年8月24日已删除涉案作品，登载涉案作品的时间很短，因此，即便零时达公司行为构成侵权，原审法院在考虑侵权行为持续的时间的情况下，认定零时达公司赔偿书生公司经济损失及合理支出1.4万元，赔偿数额亦过高。

书生公司服从原审判决。

二审查明事实

二审法院认定原审法院查明的事实，另查明：书生公司提交的"书生数字作品合作协议"中，在协议开头的"甲方"处为空白，但在协议结尾有甲方石康的签名。在"相关权利特别声明"中，在协议开头的时间处为空白，但在声明的结尾处有声明人石康的签名，标明时间为2007年8月30日。

零时达公司原审提交的（2008）京方圆内经证字第64533号公证书中可以看出，在小说网后台数据库记载了涉案4部作品上传用户的用户名、ID号、IP地址、e-mail地址、上传时间、更新时间等，同时亦明确显示了涉案4部作品的作者为石康，从上述信息可以看出上传用户的用户名与作品的作者并不相同。

为证明至迟在2007年7月23日已删除了涉案4部作品，零时达公司提交了北京市公证处于2007年8月1日作出的（2007）京证经字第17796号公证书，该公证书中显示在该时间在小说网中输入涉案4部作品的名称，无相关搜索结果。

原审庭审中，零时达公司明确认可其删除涉案作品的时间是接到起诉状后。

二审审理结果

二审法院认为：

1. 书生公司对于涉案作品是否享有相应的著作权

零时达公司认为书生公司提交的"书生数字作品合作协议"开头的"甲方"处为空白，"相关权利特别声明"开头的时间处为空白，因此，其在形式上不符合通常情况下合同的形式要求，故不能证明书生公司可以依此取得涉案作品的著作权。对此，本院认为，虽然在"书生数字作品合作协议"开头的

"甲方"处为空白，但在协议结尾有甲方石康的签名。虽然"相关权利特别声明"开头的时间处为空白，但在声明的结尾处有声明人石康的签名，亦标明时间为 2007 年 8 月 30 日。故上述协议及声明在形式上并无瑕疵，书生公司依据上述合同取得了涉案作品的相应著作权。零时达公司的上述主张不能成立，本院不予支持。

2. 书生公司的起诉是否已过诉讼时效

《中华人民共和国民法通则》（以下简称《民法通则》）第 135 条规定，向人民法院请求保护民事权利的诉讼时效期间为 2 年，法律另有规定的除外。

《民法通则》第 137 条规定，诉讼时效期间从知道或者应当知道权利被侵害时起计算。

《最高人民法院〈关于审理著作权民事纠纷案件适用法律若干问题的解释〉》第 28 条规定，侵犯著作权的诉讼时效为 2 年，自著作权人知道或者应当知道侵权行为之日起计算，权利人超过 2 年起诉的，如果侵权行为在起诉时仍在持续，在该著作权保护期内，人民法院应当判决被告停止侵权行为；侵权损害赔偿数额应当自权利人向人民法院起诉之日起向前推算 2 年计算。

由上述规定可知，虽然权利人向法院请求保护民事权利的诉讼时效期间为 2 年，且从权利人知道或应当知道权利被侵害时起计算，但如果该侵权行为处于持续状态，而自该侵权行为停止时起算至权利人提起诉讼时止，该期间未超过 2 年，则即便自权利人知道或应当知道该持续侵权行为时起算至权利人提起诉讼时止，该期间已超过 2 年，亦不应认定其起诉超过诉讼时效。

本案中，虽然自书生公司知道涉案被控侵权行为之时起至书生公司起诉之时止，已超过 2 年时间，但鉴于零时达公司原审庭审中明确表示其删除涉案作品的时间为接到起诉状后，故由此可知，零时达公司的侵权行为处于持续状态；因此，无论书生公司在该期间内是否向零时达公司主张过权利，其对于起诉之前 2 年内发生的侵权行为提起诉讼均未超过诉讼时效。而且即便按照零时达公司自认的删除涉案作品的时间 2006 年 8 月 24 日计算，其至书生公司起诉之日的时间亦未超过 2 年的诉讼时效期间。据此，零时达公司认为书生公司的起诉已超过诉讼时效的主张不能成立。

3. 零时达公司在小说网上提供涉案作品在线阅读并下载的行为是否构成侵权，其是否可依据《信息网络传播权保护条例》第 22 条的规定免除赔偿责任

《信息网络传播权保护条例》第 22 条规定，网络服务提供者为服务对象提供信息存储空间，供服务对象通过信息网络向公众提供作品、表演、录音录像制品，并具备下列条件的，不承担赔偿责任：（1）明确标示该信息存储空

间是为服务对象所提供，并公开网络服务提供者的名称、联系人、网络地址；（2）未改变服务对象所提供的作品、表演、录音录像制品；（3）不知道也没有合理的理由应当知道服务对象提供的作品、表演、录音录像制品侵权；（4）未从服务对象提供作品、表演、录音录像制品中直接获得经济利益；（5）在接到权利人的通知书后，根据本条例规定删除权利人认为侵权的作品、表演、录音录像制品。

鉴于零时达公司提交的公证书中显示有上传涉案作品的用户的相关信息，且本案现有证据亦无法证明零时达公司对于用户上传的作品进行了著作权意义上的审核，并在审核的基础上对用户上传的内容予以取舍并决定是否发布到小说网上，故依据现有证据，本院认定涉案作品系由用户上传至小说网，零时达公司在小说网上所提供的服务是信息存储空间服务，其在符合《信息网络传播权保护条例》第 22 条规定的五个免责条件的情况下不承担赔偿责任。原审判决认定零时达公司不属于相关法规规定的仅提供信息存储空间的网络服务提供者，认定有误，本院予以纠正。

虽然零时达公司对于用户上传至其网站上的作品均进行了格式转换，但鉴于单纯的格式转换并未造成作品实质内容的改变，故此种行为符合该条例第 22 条中所规定的"未改变服务对象所提供的作品"的要求。

提供信息存储空间的网络经营者虽然通常情况下并无责任主动对用户上传内容的权利情况进行审查，但鉴于目前的网络环境下，用户上传的内容很多均非用户原创，且未经过权利人授权，同时具有较高知名度的非网络作家亦通常不会将其作品免费上传到网上供用户在线浏览或下载，而信息存储空间提供网站显然应知晓上述情形，故此类网站有义务主动采取技术手段对于具有较高知名度的非网络作家的作品的上传予以限制；否则在无相反证据的情况下，即可以合理推知网站经营者对于侵权行为的发生主观上为知道或有合理的理由应当知道。

本案中，鉴于石康并非通常意义上的网络作家且具有一定知名度，且从零时达公司提供的用户上传的信息中可以看出，其明确标明作品的作者为石康，在此情况下，零时达公司作为小说网的经营者未主动采取措施对涉案作品的上传予以限制，应认定其主观上为有合理的理由应当知道存在侵权行为。据此，零时达公司的行为不符合《信息网络传播权保护条例》第 22 条第（3）项的规定。

此外，鉴于点数是用户在小说网上获得作品阅读及下载的前提，而用户获得点数的方式之一是付费，据此，本院认为，零时达公司已通过提供信息存储空间服务直接获得利益。据此，零时达公司的行为不符合《信息网络传播权保护条例》第 22 条第（4）项的规定。

综上所述，本院认为，零时达公司的行为并未同时具备《信息网络传播权保护条例》第 22 条中所规定的五个免责条件，故不能依据该条规定免除赔偿责任。零时达公司认为依据该条例第 22 条规定其不应承担赔偿责任的主张不能成立，本院不予支持。

鉴于《信息网络传播权保护条例》第 22 条的规定仅是免责条款，不符合该条款的规定并不必然导致其行为构成侵权，故本院现对零时达公司的行为是否构成侵权予以判定。

本案中，鉴于零时达公司并未举证证明其用户上传涉案作品的行为取得了涉案作品著作权人的许可，故小说网用户上传涉案作品的行为构成对书生公司对涉案作品所享有的信息网络传播权的专有使用权的侵犯。在此基础上，鉴于本院已认定零时达公司作为小说网的经营者未主动采取措施对涉案作品的上传予以限制，其主观上为有合理的理由应当知道存在侵权行为，且其客观上亦为涉案作品的网络传播提供了便利条件，故零时达公司的行为已构成对书生公司所享有的信息网络传播权的专有使用权的间接侵犯，应承担相应的民事责任。

四、原审判决对于赔偿数额的确定是否合理

零时达公司认为至迟到 2007 年 7 月 23 日其已删除了涉案 4 部作品，其实施被控侵权行为的时间很短，因此，原审法院在认定侵权行为一直持续到零时达公司接到起诉状后的基础上，在考虑侵权行为持续时间的情况下，判定零时达公司赔偿书生公司经济损失及合理支出 14 000 元，赔偿数额亦过高。对此，本院认为，鉴于零时达公司在原审庭审中明确表示其自收到起诉状后才删除涉案作品，故原审法院在考虑该侵权行为持续期间的情况下确定经济损失及合理支出 14 000 元并无不当。虽然零时达公司为证明其最晚删除涉案作品的时间提交了 2007 年 8 月 1 日作出的（2007）京证经字第 17796 号公证书，但鉴于该证据属于原审程序中所产生的证据，不属于二审程序中应当考虑的新证据，同时，该证据属于零时达公司对其自己经营的网站的内容所作的公证，在无其他证据佐证的情况下，其真实性亦无法认定。据此，零时达公司的上述主张不能成立，本院不予支持。

综上所述，零时达公司的上诉理由均不能成立，本院不予支持。原审判决虽认定事实有误，但鉴于未影响案件结论，故本院依法予以维持。依据《中华人民共和国民事诉讼法》第 153 条第 1 款第（1）项之规定，判决如下：

驳回上诉，维持原判。

一审案件受理费 750 元由零时达公司负担；二审案件受理费 150 元由零时达公司负担。

5. 《2005 年中国武侠文学精选》著作权侵权纠纷案

——孙士琦诉长江文艺出版社、
北京世纪卓越信息技术有限公司

原告：孙士琦
被告：长江文艺出版社
被告：北京世纪卓越信息技术有限公司
案由：侵犯著作权纠纷

一审案号：北京市朝阳区人民法院（2009）朝民初字第 15233 号
一审合议庭成员：普翔、王秀萍、冯俊平
一审（终审）结案日期：2009 年 6 月 12 日

判决要旨

图书出版者按照合同约定享有的专有出版权受法律保护，他人未经许可不得出版该作品。图书出版者可以是个人。目的是介绍长篇小说，仅是少量节选原著内容，这种方式符合著作权法"为介绍、评论某一作品或者说明某一问题，在作品中适当引用他人已经发表的作品"的规定。

起诉与答辩

原告孙士琦诉称：我与王洋（笔名沧月）于 2005 年 6 月 25 日签订了图书代理出版协议书。根据协议书的约定，我取得了《镜·破军》等图书的专有出版权和独家发行权。此后，2005 年 10 月世界知识出版社出版了《镜·破军》的图书。我与王洋的协议书于 2008 年 7 月 3 日解除，但合同解除之前的图书专有出版权仍归我享有。长江文艺出版社（以下简称长江出版社）未经我的许可，在其 2006 年 1 月出版的《2005 年中国武侠文学精选》中部分内容与我享有专有出版权的《镜·破军》相同，侵犯了我享有的专有出版权。北京世纪卓越信息技术有限公司（以下简称卓越公司）销售了上述长江出版社侵权的《2005 年中国武侠文学精选》图书。我认为，长江出版社和卓越公司共同侵犯了我享有的专有出版权。为此，原告诉至法院，请求判令：（1）长

江出版社停止出版发行《2005 年中国武侠文学精选》，赔偿经济损失 2 万元；
（2）卓越公司停止销售《2005 年中国武侠文学精选》并同长江出版社承担 2
万元的连带赔偿责任。

被告长江出版社辩称：我社出版的《2005 年中国武侠文学精选》与编选
者郑保纯签订有出版合同。郑保纯作为杂志《今古传奇武侠版》的主编，其
节选了《今古传奇武侠版》2005 年 5 月刊的长篇小说《破军》的部分内容。
我社同时还取得了《破军》作者王洋的书面授权书。我社节选的内容来自于
杂志《今古传奇武侠版》，而非孙士琦所称的世界知识出版社出版的《镜·破
军》。孙士琦获得的是专有出版权，而我社获得的是作品内容的选编权，根本
不存在侵权可能。

综上所述，我方认为孙士琦对我社的诉讼请求不能成立，请求法院予以
驳回。

被告卓越公司辩称：我公司和长江出版社签订有图书采购合同，从长江出
版社购入《2005 年中国武侠文学精选》一书。依据相关司法解释，我公司销
售的图书具有合法来源，不需承担赔偿责任。另外，我公司目前已经停止了涉
案图书的销售。

综上所述，我公司请求法院驳回孙士琦对我公司的诉讼请求。

一审查明事实

原审法院查明：2005 年 6 月 25 日，孙士琦和王洋（笔名"沧月"）签订
了一份协议书，约定有：王洋授予孙士琦以中文简体本图书形式在中国大陆正
式出版社出版发行《镜》系列作品的权利；作品的出版物一经出版，孙士琦
在无违反协议的情况下，王洋不得将其作品的中文简体著作权再授予其他个人
或组织；合同有效期是自签订之日起的 4 年；在合同有效期内，王洋不得将上
述作品的简体中文图书出版权交予第三方。

2005 年 9 月 5 日，孙士琦任职经理的北京浪漫经典文化发展有限公司以
不收取稿酬并向世界知识出版社支付 18 000 元出版费用的形式授权世界知
识出版社出版《镜·破军》一书。2005 年 10 月，世界知识出版社出版了
《镜·破军》一书，字数为 200 千字，定价为 20 元，署名作者是"沧月"。
世界知识出版社于 2008 年 9 月 16 日出具了"声明"，该声明的主要内容为：
2005 年至 2006 年，孙士琦作为沧月《镜》系列图书的授权代理人，在世界
知识出版社先后出版了《镜·破军》等图书。双方事先约定，所有版税由
孙士琦负责支付，世界知识出版社不再单独支付。孙士琦拥有作者给其授权
书中的全部权利与义务，因此而起的纠纷由孙士琦负责解决，与世界知识出

版社无关。

2005 年 5 月，王洋出具一份授权书，同意将发表于 2005 年 5 月《今古传奇武侠版》杂志中的《破军》一文的部分内容节选入长江出版社出版郑保纯主编的《2005 年中国武侠文学精选》。2005 年 11 月，长江出版社与郑保纯签订了图书出版合同，约定由长江出版社出版郑保纯主编的《2005 年中国武侠文学精选》一书。2006 年 1 月，长江出版社出版了《2005 年中国武侠文学精选》一书。《2005 年中国武侠文学精选》系对 2005 年中国大陆地区发表的武侠作品进行了介绍，选编了 11 个短篇小说和节选了 9 个长篇小说。《2005 年中国武侠文学精选》长篇小说部分节选了发表于 2005 年 5 月《今古传奇武侠版》杂志作品《破军》中的 13 千字，并表明了出处和作者名称。此 13 千字与世界知识出版社出版《镜·破军》的第 194～213 页内容基本相同，文字表述略有差异。

2008 年 3 月，卓越公司从长江出版社购入了《2005 年中国武侠文学精选》并对外销售。2008 年 11 月，孙士琦从卓越公司以 23.8 元的单价购买了长江出版社出版的《2005 年中国武侠文学精选》一册。

另查明，孙士琦为本案诉讼支出律师费 2 000 元。

一审审理结果

原审法院认为：王洋与孙士琦签订的协议书系双方真实意思表示，合法有效。依据该协议的约定以及《镜·破军》一书的出版单位世界知识出版社的声明，孙士琦享有《镜·破军》一书"在中国大陆正式出版社出版发行"的权利。

本案中，长江出版社出版《2005 年中国武侠文学精选》的目的是介绍 2005 年中国大陆地区武侠小说，长篇小说部分仅是少量节选原著内容。这种使用方式符合著作权规定的合理使用的方式"为介绍、评论某一作品或者说明某一问题，在作品中适当引用他人已经发表的作品"。长江出版社在《2005 年中国武侠文学精选》中指明了作者姓名和作品名称。长江出版社节选的行为并不构成侵权。此外，2005 年 5 月被节选作品的作者王洋已经作出书面授权，同意了长江出版社的节选。授权时间是在 2005 年 6 月王洋给予孙士琦专有出版权利之前。现在孙士琦以在后取得的专有出版权受侵害为由起诉长江出版社合理使用的行为，本院不予支持。在本院确定长江出版社没有侵权的前提下，孙士琦对卓越公司的起诉不能成立，本院不予支持。

综上所述，本院依据《中华人民共和国著作权法》第 10 条第 2 款、第 22

条第（2）项之规定，判决如下：

驳回孙士琦的诉讼请求。

案件受理费 300 元，由孙士琦负担。

双方当事人均服从原审判决。

6.《有一种爱叫做放手》著作权侵权纠纷案

——北京美乐文化传播有限公司诉北京华艺兄妹文化传播有限公司、佛山市顺德区孔雀廊娱乐唱片有限公司

原告（被上诉人）： 北京美乐文化传播有限公司

被告（原审被告）： 北京华艺兄妹文化传播有限公司

被告（上诉人）： 佛山市顺德区孔雀廊娱乐唱片有限公司

案由： 侵犯著作权纠纷

一审案号： 北京市朝阳区人民法院（2008）朝民初字第 2425 号

一审合议庭成员： 谢甄珂 、孙华 、刘长青

一审结案日期： 2008 年 12 月 18 日

二审案号： 北京市第二中级人民法院（2009）二中民终字第 10534 号

二审合议庭成员： 何暄、宋光、梁立君

二审结案日期： 2009 年 6 月 19 日

判决要旨

权利人将著作权独家许可他人专有使用后，再进行许可的，在后被许可人不能获得使用权。如果在后被许可人知道权利人已经将权利独家许可他人使用，仍然接受许可并使用作品的，应当赔偿在先被许可人的经济损失。

起诉与答辩

原告北京美乐文化传播有限公司（以下简称美乐公司）诉称：我公司通过与歌曲《有一种爱叫做放手》（以下简称《有》歌）的词曲作者签订合同，受让了该歌曲的著作财产权。近期，我公司发现并购买了由佛山市顺德区孔雀廊娱乐唱片有限公司（以下简称孔雀廊公司）制作发行的含有其签约艺人刘栋升演唱该歌曲的音像制品《有一种爱叫做放手》（以下简称《有》CD 制品）和《快乐男星》音乐制品，并在各省的无线增值业务运营平台上发现了刘栋升演唱的《有》歌，供手机用户付费下载，还在中央电视台及网络等媒体上发现刘栋升在商业性演出中演唱《有》歌。我公司认为，北京华艺兄妹

文化传播有限公司（以下简称华艺兄妹公司）假冒《有》歌著作权人，将该歌曲授权给孔雀廊公司使用，侵犯了我公司对该歌曲享有的著作财产权。同时，孔雀廊公司没有尽到审查义务，使用该歌曲让其旗下艺人进行演唱、制作CD光盘和MTV、参加商业演出、授权无线运营商用于无线增值产品，同样侵犯了我公司对该歌曲享有的著作财产权，应与华艺兄妹公司共同承担侵权责任。为此，我公司起诉要求华艺兄妹公司和孔雀廊公司：停止侵权行为，向我公司移交并销毁含有刘栋升演唱的《有》歌的《有》CD制品和《快乐男星》音乐制品两张专辑；停止其签约歌手在商业性演出中公开演唱《有》歌；停止将《有》歌的录音录像制品用于任何商业性销售与传播；在《法制日报》、新浪娱乐、搜狐娱乐上发表声明，向我公司赔礼道歉；赔偿我公司经济损失76.2万元、公证费7 760元、律师费和调查费2.9万元，以上共计79.9万元。

被告华艺兄妹公司、孔雀廊公司共同辩称：美乐公司与词曲作者签订的不是著作权转让合同，且没有证据证明词曲作者已经将《有》歌交付给美乐公司，因此美乐公司不能依据合同取得《有》歌的著作权。华艺兄妹公司从词曲作者处获得了《有》歌的著作权，并授权孔雀廊公司使用，两家公司主观上没有过错，不构成侵权。因此，请求法院驳回美乐公司的诉讼请求。

一审查明事实

原审法院查明：2005年11月29日，美乐公司（作为甲方）与张嘉兴、黄友祯（作为乙方）签订了一份合同书。该合同书约定，乙方同意将其创作之音乐著作（包括音乐及文字）之世界性版权独家授予甲方（署名权永远属于乙方），一共10首词曲作品，用于阿木演唱。甲方所获得版权之曲目将随着合同执行进程而更新，更新的具体内容见附件1。乙方必须在2006年3月31日之前，向甲方递交作品，使得甲方获得经过甲方认可的阿木第二张个人专辑中的10首歌曲之词曲。甲方同意预付给乙方词曲版权税保底总费用7万元，乙方同意甲方分期付款。乙方每交付清1首歌，甲方即拥有该歌曲之版权，甲方保证付给乙方总费用为：（已付歌曲数目×7 000元）＋4 000元。截至唱片发行之日付清。合同还约定了该合同自双方签字之日起生效，有效期截至2009年3月31日。

张嘉兴、黄友祯于2005年12月23日收到了美乐公司支付的词曲费用19 000元，并出具了收条。

2006年7月，张嘉兴在已经写有曲目《有》歌的合同附件上签名，并倒签日期为2005年12月27日。同时，张嘉兴倒签了一份日期为2005年12月23日的"歌曲版权证明"。该证明内容为：本人是《有》歌的作者，根据本人与美乐公司于2005年11月29日签订的合同书，本人于2005年12月22日向该公司提交《有》歌，经该公司审核认可，并于2005年12月23日付清该歌曲词曲购买费用。因此，从当日起该歌曲版权属于美乐公司独家所有。该证明上附有《有》歌的歌词内容。

2006年9月，阿木演唱的《有》歌在新浪网上进行在线视听，并在网页上注明有："本作品声明著作权保护，未经美乐公司授权，不得使用，违者必究！"

2007年5月，广州音像出版社出版了美乐公司提供版权的阿木个人专辑《有一种爱叫做放手》（以下简称《有》专辑），该专辑中收录有《有》歌。该专辑彩封上有"敬告：本专辑作品《有一种爱叫做放手》和《我是一个好老公》声明著作权保护，未经授权，不得使用，违者必究"字样。

另查，2006年7月，黄友祯将其和张嘉兴一起与美乐公司签订的合同书交给华艺兄妹公司，称因为美乐公司给不了合同约定的价款，该合同无法继续履行，因此该合同作废。但就合同作废一节，华艺兄妹公司未提交其他证据证明。

2006年12月28日，黄友祯（作为甲方）与华艺兄妹公司（作为乙方）签订"词曲著作权代理合同"，约定黄友祯作为《有》歌的曲作者，就其享有权利的该歌曲授予乙方在世界各地区独家永久代理行使该作品除署名外的著作权及与著作权相关全部之权利，包括但不限于使用同意权之行使及使用报酬之收取。使用方式包括现行著作权法规定的全部使用方式。当日，黄友祯出具了一份著作权授权声明，该声明记载：本人系音乐作品《有》歌的曲作者，现本人已将上述音乐作品的著作权（除人身权外）的全部财产权授予华艺兄妹公司代为行使。华艺兄妹公司作为本人在全世界范围内的唯一代理人，享有许可任何第三方通过复制、发行、出租、展览、表演、放映、广播、信息网络传播、摄制、改编、翻译、汇编等方式使用上述音乐作品，并有权代表本人决定许可使用方式、许可使用费金额以及代为收取许可使用费。

2006年12月29日，张嘉兴作为《有》歌的词作者，也与华艺兄妹公司签订了一份与前述"词曲著作权代理合同"授权内容完全一样的"词曲著作权代理合同"，并于当天出具一份与黄友祯出具的声明内容相同的著作权授权声明。

2007年2月15日，华艺兄妹公司以被转让人的身份从国家版权局取得了《有》歌的著作权登记证书。

2007年6月25日，华艺兄妹公司（作为乙方）与孔雀廊公司（作为甲方）签订作品著作权授权合同书。华艺兄妹公司在该文件中称：将其独家享有著作权的《有》歌的使用权，包括复制权、发行权、展览权、表演权、放映权、广播权、信息网络传播权、摄制权等，独家授予甲方。授权期限自2007年6月25日至2012年6月24日，授权范围为独家全球使用。双方共同指定该歌曲由甲方签约歌手刘栋升唯一演唱。该合同中提及乙方已经将该《有》歌在国家版权局作了著作权登记，并将著作权登记证书复印件提交甲方备案的事宜。

2007年，广东音像出版社出版了《有》CD制品和《快乐男星》音乐制品，该二制品彩封上均标注孔雀廊公司出品，并声明专辑内的原创歌曲之全部著作权及相关权利都归孔雀廊公司独家永久专有。该二制品中均收录了刘栋升演唱的《有》歌。

孔雀廊公司还将刘栋升演唱的《有》歌提供给了上海、浙江、黑龙江、山东、内蒙古、甘肃、广西、江苏、陕西、辽宁、新疆、浙江12个地区的移动公司12530网站进行彩铃试听及下载服务。

2007年，孔雀廊公司还安排其签约艺人刘栋升在吉林、山东、江苏、湖北等地的演出中演唱了《有》歌。

美乐公司为本案支出了公证费7 760元。

另查明，黄友祯是华艺兄妹公司的4位股东之一。

一审审理结果

原审法院认为：我国著作权法既规定了著作权许可使用制度，又规定了著作权转让制度。著作权许可使用，是指著作权人有权将其著作财产权中的一项或者多项权利许可给他人在一定时间、一定地域范围内专有或非专有使用。著作权转让，是指著作权人有权将其著作财产权中的一项或者多项权利在一定地域范围内转让给他人所有。两者的区别在于著作权许可使用中被许可人获得的是在一定时间内的使用权，当合同约定的时间届满后，被许可的权利自动回归许可人，被许可人无权再使用被许可的权利；而著作权转让中受让人获得的被转让的著作权不具有时间限制，是一种不可逆转的权利，不会再回归转让人。在《有》歌的词曲作者张嘉兴、黄友祯与美乐公司签订的合同书中明确约定了该合同的有效期为自双方签字之日起至2009年3月31日止，且合同中使用了"独家授予"的字样，因此双方的合同是一个著作权许可使用合同，而不是著作权转让合同。按照双方合同的约定，美乐公司在合同有效期内获得的应是对张嘉兴、黄友祯创作并交付给美乐公司的歌曲在全世界范围内的独家使用权。在张嘉兴、黄友祯于2005年12月23日已经收到词曲费，且张嘉兴出具版权证明和在合同附件上签字确认《有》歌，以及张嘉兴出庭说明交付该歌曲的时间是在 2005 年 12 月 22 日的情况下，本院认定张嘉兴、黄友祯于 2005 年 12 月 22 日向美乐公司交付了《有》歌，美乐公司因此取得了在合同有效期内的在世界范围内的对《有》歌的独家使用权。在该合同有效期内，除美乐公司外，包括张嘉兴、黄友祯在内的任何人都无权再行使《有》歌的著作财产权。

根据 2006 年 12 月 28 日、29 日张嘉兴和黄友祯分别与华艺兄妹公司签订的"词曲著作权代理合同"以及张嘉兴和黄友祯分别出具的著作权授权声明，华艺兄妹公司获得的是代理张嘉兴和黄友祯行使《有》歌著作权的权利，权利内容为代理张嘉兴、黄友祯行使《有》歌的全部财产权，即代为许可任何第三方通过各种方式使用该歌曲，并代为决定许可使用费金额以及代为收取许可使用费。华艺兄妹公司并未通过该合同受让《有》歌的著作权，从而成为《有》歌的著作权人，但华艺兄妹公司却以受让人的身份向国家版权局申请著作权登记，并于 2007 年 2 月 15 日取得了著作权登记证书。在黄友祯告知华艺兄妹公司其和张嘉兴与美乐公司存在合同关系后，华艺兄妹公司理应知道美乐公司可能已经取得了《有》歌的独家使用权，但华艺兄妹公司并未对此进行核实，就以《有》歌著作权人的身份于 2007 年 6 月 25 日与孔雀廊公司签订作品著作权授权合同书，将《有》歌的使用权，包括复制权、发行权、展览权、表演权、放映权、广播权、信息网络传播权、摄制权等，独家授予孔雀廊公司，该授权行为侵犯了美乐公司对《有》歌享有的独家使用权，应当承担停止侵权、赔偿损失的法律责任。

尽管在孔雀廊公司与华艺兄妹公司于 2007 年 6 月 25 日签订的合同中提及了华艺兄妹公司已经将该《有》歌在国家版权局进行了著作权登记，但在 2007 年 5 月美乐公司即已经制作发行了含有《有》歌的《有》专辑，并在该专辑上作出了权利保护声明。而且，在 2006 年 9 月新浪网上也已经有了阿木演唱《有》歌的在线试听，且有美乐公司的版权声明。在此情况下，孔雀廊公司作为专业的音乐公司，在与华艺兄妹公司签订合同时应当对华艺兄妹公司的权利人身份提出合理的质疑，并对《有》歌的真正权利状况进行核实。但孔雀廊公司却并未对此进行核实即与华艺兄妹公司签订作品著作权授权合同书，制作发行了含有《有》歌的《有》CD 制品和《快乐男星》音乐制品，并指定其旗下艺人刘栋升在演出中演唱《有》歌，以及将《有》歌用于无线增值业务，侵犯了美乐公司对《有》歌享有的独家使用权，应当与华艺兄妹公司共同承担法律责任。

对于赔偿数额，美乐公司提出赔偿依据的证据不足，本院将根据涉案《有》歌的市场价值、华艺兄妹公司和孔雀廊公司侵权行为的性质和情节、给美乐公司可能造成的损失等因素酌情确定。公证费是美乐公司为本案支出的合理开支，应予支持。但美乐公司没有证据证明其支出了律师费和调查费，故对律师费和调查费，本院不予支持。美乐公司通过合同取得的对《有》歌的独家使用权是著作财产权，故其无权要求华艺兄妹公司和孔雀廊公司赔礼道歉，因此对该项诉讼请求，本院不予支持。

综上所述，本院依据《中华人民共和国著作权法》第 46 条第（11）项、第 47 条第（1）项、第 48 条之规定，判决如下：

（1）北京华艺兄妹文化传播有限公司停止将涉案歌曲《有一种爱叫做放手》许可给佛山市顺德区孔雀廊娱乐唱片有限公司使用；

（2）北京华艺兄妹文化传播有限公司和佛山市顺德区孔雀廊娱乐唱片有限公司自本判决生效之日起 10 日内共同赔偿北京美乐文化传播有限公司经济损失 5 万元；

（3）北京华艺兄妹文化传播有限公司和佛山市顺德区孔雀廊娱乐唱片有限公司自本判决生效之日起 10 日内共同赔偿北京美乐文化传播有限公司合理支出 7 760 元；

（4）佛山市顺德区孔雀廊娱乐唱片有限公司停止制作发行含有刘栋升演唱的涉案歌曲《有一种爱叫做放手》的《有一种爱叫做放手》CD 制品和《快乐男星》音乐制品；

（5）佛山市顺德区孔雀廊娱乐唱片有限公司停止许可刘栋升在商业演出中演唱涉案歌曲《有一种爱叫做放手》；

（6）佛山市顺德区孔雀廊娱乐唱片有限公司停止将涉案歌曲《有一种爱叫做放手》用于无线增值业务；

（7）驳回北京美乐文化传播有限公司其他诉讼请求。

孔雀廊公司不服原审判决，提起上诉，请求二审法院撤销原审判决第一至六项，将本案发回重审或依法改判该公司不承担侵权责任并由美乐公司承担全部诉讼费。孔雀廊公司的上诉理由为：原审判决没有认定涉案作品的载体是何物，所谓作品的交付也就成了无本之木，且原审判决采信的证据也不足以查明作品是否进行了交付以及何时进行交付，故原审判决认定涉案歌曲的词、曲作者已将涉案歌曲交付美乐公司使用，证据不足。涉案歌曲的词、曲作者与华艺兄妹公司签订的合同的性质是著作权转让合同，依据该合同，华艺兄妹公司已取得了涉案歌曲的著作权，不可逆转。本公司已尽到合理审查义务，不存在过错，更不存在承担赔偿责任问题。美乐公司与涉案歌曲作者签订的合同的有效期约定美乐公司就涉案歌曲所享有的权利截至 2009 年 3 月 31 日，超出该时间，华艺兄妹公司就有权对涉案歌曲行使权利，故原审判决华艺兄妹公司停止将涉案歌曲许可给本公司使用是错误的。

美乐公司、华艺兄妹公司服从原审判决。

二审查明事实

二审法院查明事实与原审法院查明的事实相同。

二审审理结果

二审法院认为:《有》歌的词曲作者张嘉兴、黄友祯与美乐公司签订的合同的性质属于著作权许可使用合同。依据该合同的约定,美乐公司取得了张嘉兴、黄友祯创作的音乐作品自 2005 年 11 月 29 日至 2009 年 3 月 31 日的专有使用权。

张嘉兴、黄友祯已于 2005 年 12 月 23 日收到美乐公司支付的词曲费,张嘉兴出具了版权证明并在合同附件上签字确认,且张嘉兴在原审期间出庭说明交付该歌曲的时间是在 2005 年 12 月 22 日,故原审法院关于张嘉兴、黄友祯于 2005 年 12 月 22 日向美乐公司交付了《有》歌,美乐公司因此取得了《有》歌自 2005 年 11 月 29 日至 2009 年 3 月 31 日期间内在世界范围内的专有使用权,在此期间内除美乐公司外包括张嘉兴、黄友祯在内的任何人都无权再行使《有》歌的著作财产权等几点认定是正确的。

虽然华艺兄妹公司以受让人的身份向国家版权局申请著作权登记,并于 2007 年 2 月 15 日取得了著作权登记证书,但根据 2006 年 12 月 28 日、29 日张嘉兴和黄友祯分别与华艺兄妹公司签订的"词曲著作权代理合同"以及张嘉兴和黄友祯分别出具的著作权授权声明,华艺兄妹公司获得的仅是代理张嘉兴和黄友祯行使《有》歌全部著作财产权的权利,而非通过该合同受让取得《有》歌的著作权,从而成为《有》歌的著作权人。在黄友祯告知华艺兄妹公司其和张嘉兴与美乐公司就《有》歌存在在先合同关系后,华艺兄妹公司仍然以《有》歌著作权人的身份于 2007 年 6 月 25 日与孔雀廊公司签订"作品著作权授权合同书",将《有》歌的使用权,包括复制权、发行权、展览权、表演权、放映权、广播权、信息网络传播权、摄制权等,独家授予孔雀廊公司,故原审判决关于该授权行为侵犯了美乐公司对《有》歌享有的专有使用权,华艺兄妹公司应当就此承担停止侵权、赔偿损失的法律责任的认定亦是正确的。

虽然在孔雀廊公司与华艺兄妹公司于 2007 年 6 月 25 日签订的合同中已提及华艺兄妹公司已经将《有》歌在国家版权局进行了著作权登记,但在此前的 2007 年 5 月,美乐公司即已经制作发行了含有《有》歌的《有》专辑,并在该专辑上作出了权利保护声明。而且，在 2006 年 9 月新浪网上也已经有了阿木演唱《有》歌的在线试听，且有美乐公司的版权声明。对此，孔雀廊公司作为专业的音乐公司，并未对《有》歌的真正权利状况进行核实与审查，即制作发行了含有《有》歌的《有》CD 制品和《快乐男星》音乐制品，并指定其旗下艺人刘栋升在演出中演唱《有》歌，以及将《有》歌用于无线增值业务，故原审判决关于孔雀廊公司侵犯了美乐公司对《有》歌享有的专有使用权，应当与华艺兄妹公司共同承担侵权责任的认定正确。此外，原审判决根据《有》歌的市场价值、华艺兄妹公司和孔雀廊公司侵权行为的性质和情节、给美乐公司可能造成的损失等因素酌情确定的赔偿美乐公司经济损失及合理诉讼支出的数额亦无不妥。

根据现有证据，美乐公司就《有》歌享有的独家使用权的有效期至 2009 年 3 月 31 日截止，故本案的审理范围仅涉及此日期之前的事实，所确定的涉及停止侵权义务的履行期限亦截止于此日期内，此日期之后涉及《有》歌的纠纷不属于本案审理范畴。

综上所述，上诉人孔雀廊公司的上诉理由不能成立，其上诉请求，本院不予支持。原审判决事实清楚，适用法律正确，应予维持。依据《中华人民共和国民事诉讼法》第 153 条第 1 款第（1）项之规定，判决如下：

驳回上诉，维持原判。

一审案件受理费 11 790 元，由北京美乐文化传播有限公司负担 1 790 元，由北京华艺兄妹文化传播有限公司和佛山市顺德区孔雀廊娱乐唱片有限公司共同负担 1 万元；二审案件受理费 1 244 元，由佛山市顺德区孔雀廊娱乐唱片有限公司负担。

7.《南怀瑾大师的人生智慧》著作权侵权纠纷案

——史原朋诉中国时代经济出版社

原告： 史原朋（别名史平）
被告： 中国时代经济出版社
案由： 侵犯著作权纠纷

一审案号： 北京市西城区人民法院（2009）西民初字第 3949 号
一审合议庭成员： 田　燕、程藩生、方远近
一审（终审）结案日期： 2009 年 6 月 30 日

判决要旨

著作权法禁止制作、出售假冒他人署名的作品。非社会公众人物起诉他人假冒自己名义发表、出版作品的，应当对其知名度以及他人利用其地位影响获取利益负有举证责任。

起诉与答辩

原告史原朋（别名史平）诉称：原告是资深的宗教文化出版和研究者，自 1996 年 7 月起即担任南怀瑾先生的著作《禅海蠡测》和《佛教禅定》等书的责任编辑，与南怀瑾先生比较熟识；由于多年从事宗教文化出版和研究工作，在宗教文化出版界享有盛誉。现原告发现被告于 2009 年 1 月出版了署名史平编著的《南怀瑾大师的人生智慧》和《南怀瑾大师的解脱智慧》两本出版物，但是被告的上述出版行为原告并不知情，被告利用了原告与南怀瑾先生之间熟识的关系，利用了原告在宗教文化出版界的地位，发行侵权出版物以获取商业利益。原告认为被告制作、出售假冒他人署名的作品，其行为已经对原告构成了侵权并造成了损失。故诉至法院，请求法院判令被告停止发行侵权出版物；向原告赔礼道歉；赔偿原告经济损失 5 万元及合理支出 5 000 元。

被告中国时代经济出版社辩称，被告出版的《南怀瑾大师的人生智慧》和《南怀瑾大师的解脱智慧》两书从组稿到出版均符合出版的程序和规定。我社与作者叶舟签订了出版合同，合同上作者署名"史平"，我社询问了作者

为何不署身份证上的名字，作者称其著作太多，为了凸显其心理解脱师的定位，凡与该定位不符的作品均署笔名。涉案图书使用的笔名与原告姓名相同纯属巧合，我社从未听说过原告这个人，也不存在利用他人地位和影响发行侵权出版物以获取商业利益的故意。故我社并未侵犯原告的署名权，不同意原告的诉讼请求。

一审查明事实

原审法院查明：1996 年 7 月，中国世界语出版社出版了由南怀瑾著的《禅海蠡测》一书，该书责任编辑署名为史平。1997 年 7 月，宗教文化出版社出版了由陈健民口述、康地保罗笔录、无忧子译的《佛教禅定》一书，该书 2006 年 12 月第 7 次印刷的版权页上责任编辑署名为史原朋。

2009 年 1 月，被告中国时代经济出版社出版了《南怀瑾大师的人生智慧》和《南怀瑾大师的解脱智慧》两书，两书署名史平编著，印数各 5 000 册。书中序言结尾处标明参加编写工作的人员为叶舟、陈世朋、邹德金、龙腾、龙志刚、胡卫红、牛晓彦、陈会停等。

2001 年 7 月，时事出版社出版的刘雨虹著的《南怀瑾先生侧记》一书中第 230 页写道：这次在上海，也认识了北京来的一个青年史平（现改名为史原朋）……

2008 年 9 月 5 日，被告中国时代经济出版社与叶舟签订图书出版合同，叶舟授权本案被告出版《南怀瑾大师的人生智慧》和《南怀瑾大师的解脱智慧》两书，合同约定作品署名"史平"。

2009 年 2 月 24 日，叶舟在《竞报》第 10 版发表声明，内容为：叶舟著书类别颇多，曾用过叶子、东方夫子、乐源、思维、安妮姐姐、史平、水中鱼等十几个笔名，为了防止与同名者产生歧义，故在此一并声明，均与实名雷同者无关。如《南怀瑾大师的解脱智慧》等书署名史平纯属个人爱好，其目的是告诫读者"历史从来就是公平的"，与所有实名叫史平的人无关，特此声明。

另查明，本案原告现名史原朋，别名史平。

一审审理结果

原审法院认为：公民在其作品上的署名权受法律保护，署名权是指表明作者身份，在作品上署名的权利：既包括作者有权决定在自己的作品署真名、假名、笔名或不署名的权利，也包括禁止在他人作品上署自己名字的权利。同时，著作权法禁止制作、出售假冒他人署名的作品。本案原告现依据著作权法主张被告假冒署名，被告作为出版社，其与涉案图书作者签订了图书出版合同，约定了署名方式，在原告并非社会公众人物，被告又否认知晓原告的情况下，原告对于其社会知名程度以及被告利用其地位影响获取利益应负有举证责任。从现有证据来看，原告是《禅海蠡测》、《佛教禅定》两书的责任编辑而非作者，从《南怀瑾先生侧记》一书的记载可以看出其在 2001 年 7 月时已经改名为史原朋，现有证据不足以证明其在宗教文化出版界具有较高地位和影响，也不能证明被告中国时代经济出版社对于其曾经使用过的"史平"这一名字是知晓的，因而其主张被告假冒其署名出版图书，要求被告据此承担侵权责任，本院不予支持。

综上所述，本院依据《最高人民法院〈关于民事诉讼证据的若干规定〉》第 2 条之规定，判决如下：

驳回原告史原朋的诉讼请求。

案件受理费 1 175 元，由原告史原朋负担。

双方当事人均服从原审判决。

8.《2008 临床执业医师资格考试历年真题解析》
著作权侵权纠纷案

——国家医学考试中心诉陕西第四军医大学出版社等

原告： 国家医学考试中心

被告： 陕西第四军医大学出版社

被告： 北京颐恒博远文化传播有限公司

被告： 北京科文书业信息技术有限公司

被告： 北京中关村图书大厦有限公司

案由： 侵犯著作权纠纷

一审案号： 北京市海淀区人民法院（2008）海民初字第 28460 号

一审合议庭成员： 李东涛、陈坚、马仲兰

一审（终审）结案日期： 2009 年 7 月 17 日

判决要旨

　　全国性考试试题是针对特定的知识或实践技能而创作完成的特殊作品。由法人主持命题工作，组织、领导并提供必要经费而创作完成的全国性考试试题，应属法人作品，法人享有著作权。

起诉与答辩

　　原告国家医学考试中心（以下简称医考中心）诉称：医考中心是国家卫生部直属事业单位，在卫生部和卫生部医师资格考试委员会领导下，负责医师资格考试的技术性工作，为此投入大量资源进行国家医学考试试题命制、试题库建设和考试用书组织编写，并依法对历年考试试卷试题和其相关作品享有著作权。考试试卷内容属于医考中心内部工作秘密，未经许可不得对外公开发表宣传，更未授权任何单位或个人使用。2008 年 2 月，医考中心工作人员从北京颐恒博远文化传播有限公司（以下简称颐恒博远公司）和北京科文书业信息技术有限公司（以下简称当当网）处分别购买到由颐恒主编和陕西第四军医大学出版社（以下简称出版社）出版的医师资格考试历年真题丛书。其中《临床执业

医师资格考试历年真题解析》、《临床助理医师资格考试历年真题解析》、《口腔助理医师资格考试历年真题解析》均在封面注明系"2001~2006年原卷解析"，《临床执业（含）助理医师资格考试实践技能应考技巧与历年真题汇析》在前言中说明"本书登载的试题全部来自往年考题"。此后不久，医考中心工作人员又在颐恒博远公司购买到北京颐恒博达医学考试培训中心组编的《2008临床执业医师资格考试历年真题解析》（上、下册）和《2008临床助理医师资格考试历年真题解析》（上、下册），在北京中关村图书大厦有限公司（以下简称图书大厦）购买到北京颐恒博达医学考试培训中心组编的《2008口腔助理医师资格考试历年真题解析》。医考中心经比对，确认这7种图书均使用了医考中心在1999年（2001）至2006年历年相关资格考试中组织命制并用于当年考试的试卷原卷、原题。医考中心认为，四被告的行为共同侵犯了医考中心的权利，故请求法院判令四被告：（1）立即停止编写、出版、销售侵害医考中心著作权的7种侵权图书；（2）就其侵权行为在《健康报》和新浪网两家媒体主要版面（网页）上公开赔礼道歉；（3）共同赔偿医考中心的经济损失350万元。

被告出版社与颐恒博远公司共同辩称：刘学以个人身份与第四军医大签订合同，合同中约定其以个人名义承担相应责任，因此刘学应当加入到诉讼中来作为被告或者第三人；医考中心实施的是行政行为，且考题来源于公有领域，因此其不应拥有试题的相关著作权；医考中心不是以考养考，医师资格考试的行为是国家行为。

当当网辩称：我方销售的涉案图书有合法进货渠道，且我方履行了法律规定的审查义务，不应该承担侵权责任。

图书大厦的辩称同上。

一审查明事实

原审法院查明：医考中心负责组织中国境内的医疗资格考试，包括医师资格考试，具体工作为向考区提供医学综合笔试试卷和答题卡、各考区成绩册、考生成绩单及考试统计分析结果。

具体工作程序为：根据考试内容制订命题方案，确定命题专家，专家命题、审题技术培训、命题、审题等。

新命试题需经过不同专家多次审校，要从试题内容方面、题干、备选答案、文字等多方面进行审查。对不符合要求的试题，要重新讨论、修改，并达到考试要求。

在庭审过程中，马明信等命题专家为此提供了证言，说明命题的思路，如2005年第一单元第81题：

　　该题是考查考生对慢性粒细胞白血病临床表现特点的掌握情况。慢性白血病中较常见的是慢性粒细胞白血病，其次是慢性淋巴细胞性白血病。该题中的淋巴结肿大是常见于慢性淋巴细胞白血病，而慢性粒细胞白血病患者一般无此表现，而其余备选答案均为慢性粒细胞白血病的常见临床表现，因此答案是 D。

　　医考中心在组织医师资格考试工作过程中，按照《财政部和国家计委关于批准医师资格考试和执业医师注册收费的函》（财综字〔1999〕176 号）、《国家计委、财政部关于医师资格考试和执业医师注册收费标准及有关事项的通知》（计价格〔1999〕2267 号）的规定向考生收取考试费，专项用于组织考试等方面的支出。该收入实行"收支两条线"管理，由地方考试部门代收，由医考中心定期汇缴卫生部后上缴中央财政预算外资金专户，支出由同级财政部门按照批准的计划从财政专户中核拨。在医师资格考试中，医考中心向考生收取并上缴国库的考试费收入是财政部门为其安排预算、核拨经费的重要依据。

　　每年对命审题各个环节的费用支出包括专家劳务费、差旅费、住宿费、餐饮费、加班费、租用会议室费、办公用品、配发工作文件费用等，医考中心提供了费用清单，包括 2006 年的 139 038 元、2008 年的 384 646 元。

　　证人马明信出庭作证，明确其已经收到了考试中心支付的劳务费，考题的著作权归医考中心。

　　卫生部卫密办函〔2008〕21 号复函显示"根据《医师资格考试暂行办法》（卫生部部令第 4 号）第 9 条第 3 款第 9 项规定，考点办公室在考试结束后清点试卷、答题卡，寄送答题卡并销毁试卷。卫生部、国家中医药管理局、国家保密局《关于印发〈国家医学统一考试安全保密工作管理办法〉的通知》（卫办发〔2006〕405 号）第三十八条规定，考前及考试后，不得向任何媒体提供或者在任何媒体上发表考试试题、标准答案及评分标准。

　　出版社通过与刘学等人订立合同（每份合同收取 1.2 万元出版亏损补贴）出版发行了涉案图书（见附表），内容包括医考中心的原卷原题。

　　2008 年 11 月 1 日，出版社出具授权书，内容为："兹有北京颐恒博远文化传播有限公司经销中国人民解放军第四军医大学出版社图书系正规出版物，该公司信誉度高，双方合作良好，特此证明，授权该公司开展我社所有图书批销、零售活动业务。"

　　在庭审过程中，医考中心提交了部分试题与涉案图书的比对明细：

　　（1）《2007 口腔助理医师资格考试历年真题解析》。

　　第 93～127 页《2003 年口腔助理医师考试试题》与当年考试试题对比：试题内容完全相同，只是部分试题题号不同、题型进行了合并。

　　（2）《2008 口腔助理医师资格考试历年真题解析》。

第 93～136 页《2003 年口腔助理医师考试试题》与当年考试试题对比：试题内容完全相同，只是部分试题题号不同、题型进行了合并。

（3）《2007 临床执业医师资格考试历年真题解析》。

第 17～57 页《2005 年医师资格考试试卷　临床执业医师》第一、二单元除第二单元第 84 题缺图外，其他试题与真题完全一致。

（4）《2008 临床执业医师资格考试历年真题解析》。

第 68～95 页《2005 年医师资格考试试卷　临床执业医师》第一、二单元除第二单元第 84 题缺图外，其他试题与真题完全一致。

（5）《2007 临床助理医师资格考试历年真题解析》。

第 30～45 页《2005 年临床助理医师资格考试试题》第二单元试题与真题完全一致。

（6）《2008 临床助理医师资格考试历年真题解析》。

第 45～57 页《2005 年临床助理医师资格考试试题》第二单元试题与真题完全一致。

（7）《2007 临床执业（含）助理医师资格考试实践技能应考技巧与历年真题汇析》。

第 60～74 页、第 176～178 页中试题与真题完全一致。

各被告对此均不持异议。

颐恒博远公司的公司章程及预核准名称投资人名录表显示刘学为其股东。

经询问，刘学承认其笔名为颐恒，并称 2006 年颐恒博远公司说出版社想出书，遂邀请其编书，合同上签字为其本人所签。

医考中心已为本案支付律师费 4 万元，购书费 1 896 元（有发票，出票单位分别为颐恒博远公司、当当网和图书大厦）。

2008 年 8 月 27 日，经北京市工商行政管理局核准，北京科文书业信息技术有限公司将名称变更为北京当当网信息技术有限公司。

一审审理结果

原审法院认为：医考试题是针对特定的医学理论知识和医学实践技能而创作完成的特殊作品。

医考中心主持命题工作，表现为组织、领导并提供必要的经费：

（1）组织证人马明信等专家进行命题工作。在此过程中马明信等人放弃了作品的权利要求，其所领取的劳务费并不产生著作权意义上的获酬权。

（2）考试题最终内容由医考中心决定，体现了医考中心的意志。

（3）医考中心的经费虽由财政部核拨。但医考中心向考生收取并上缴国库的考试费收入是财政部门为其安排预算、核拨经费的重要依据，因此财政部的"收支两条线"的规定只是监管的形式，不同于其他考试（如高考），由此命题工作的经费由医考中心提供。

（4）在命题的创作过程中，相关的法律责任（如考题错误）由医考中心承担。

因此，涉案医考试题应属法人作品，医考中心是著作权人。

出版社和颐恒博远公司以考题来源于公有领域及医考中心的行为是行政行为等辩称否认医考中心的权利人身份，证据不足，本院不予采信。

出版社与案外人刘学等人订立合同、收取出版管理费，未要求刘学等明确考题内容的合法来源，出版涉案图书，行为显属侵权，应依法承担侵权责任。

颐恒博远公司虽未在上述出版合同上盖章，但刘学为其股东，该公司接受出版社委托销售图书，应视为该公司明知并认可刘学的行为，与出版社构成共同侵权，应与出版社承担连带责任；该公司与出版社辩称否认侵权并要求追加刘学为本案共同被告，于法无据，本院不予支持。

图书大厦、当当网为图书销售商，销售时并不知所售图书涉及侵权问题，因此不应承担侵权赔偿责任，但应承担停止销售的义务。

医考中心要求四被告赔偿经济损失350万元，证据不足，对此本院将依各被告的侵权程度依法确定承担责任的方式，不再全部支持其诉讼请求。

综上所述，本院依据《中华人民共和国著作权法》第11条第1款、第3款，第46条第（1）项，第47条第（1）项，第48条第2款之规定，判决如下：

（1）自本判决生效之日起，被告陕西第四军医大学出版社和被告北京颐恒博远文化传播有限公司停止出版发行、被告北京当当网信息技术有限公司和被告北京中关村图书大厦有限公司停止销售涉案图书；

（2）自本判决生效之日起30日内，被告陕西第四军医大学出版社和被告北京颐恒博远文化传播有限公司在《健康报》上刊登声明，向原告国家医学考试中心公开致歉（声明内容须经本院审核，若被告拒绝履行此义务，本院将在该报上刊登判决书的主要内容，费用由不履行该义务的被告负担）；

（3）自本判决书生效之日起10日内，被告陕西第四军医大学出版社和被告北京颐恒博远文化传播有限公司共同赔偿原告国家医学考试中心经济损失及因诉讼支出的合理费用50万元。

案件受理费34 800元，由陕西第四军医大学出版社和北京颐恒博远文化传播有限公司各负担17 400元。

双方当事人均服从原审判决。

9. 《二十五史》著作权侵权纠纷案

——中华书局诉中国文史出版社

原告： 中华书局

被告： 中国文史出版社

案由： 侵犯著作权纠纷

一审案号： 北京市西城区人民法院（2009）西民初字第 2978 号

一审合议庭成员： 田燕、赵玉琴、郑沛华

一审（终审）结案日期： 2009 年 8 月 10 日

判决要旨

虽然同一古籍点校需遵循的基本原则相同或者类似，但具体点校内容通常会受点校人知识水平、文学功底、价值观、人生观、世界观及客观条件等多方面因素影响而有所不同。这种不同是点校人独创性思维的体现，也是区分不同点校作品的关键。

起诉与答辩

原告中华书局诉称：1959 年至 1978 年，在原告中华书局主持下组织百余名专家，投入巨大成本对从《史记》到《明史》的二十四史纪传体正史以及《清史稿》（以下简称点校本二十五史）进行全面系统的整理并陆续出版。北京市高级人民法院相关判决对于中华书局对点校本二十五史拥有著作权这一事实已经认定。经读者举报，原告购买了被告出版的《二十五史》，经比对该书收录了原告享有著作权的点校本二十五史。原告认为被告未经许可擅自在其出版的图书中使用原告作品的行为侵犯了原告的署名权、复制权和发行权，故起诉至法院，要求法院判令被告：（1）停止出版发行《二十五史》；（2）在《中国新闻出版报》上发表声明，赔礼道歉；（3）赔偿原告经济损失及合理支出 268 441 元。

被告中国文史出版社（以下简称文史出版社）辩称，被告没有出版过涉案图书，对于涉案图书的内容与原告的点校本二十五史内容是否一致被告不清

楚，不同意原告的诉讼请求。

一审查明事实

原审法院查明：二十四史为中国古代纪传体通史，其系统完整地记录了清代以前各朝代的历史，共计 3 249 卷。《清史稿》由民国初年设立的清史馆编写，按照历代正史的体例，分纪、志、表、传四部分共 536 卷，与前者合称二十五史。旧版二十五史文字不划分段落，没有现代汉语所使用的标点符号，且因各种原因在文字上有错讹疏漏。

1958 年 4 月，文化部决定中华书局为主要出版我国古籍的出版社，对二十五史展开全面系统的整理。此后，中华书局组织全国近百余位文史专家集中到中华书局工作，并由中华书局提供资料、场地和住宿，支付参与古籍整理工作人员的工资。中华书局主持制定了关于新式标点、分段、校勘的方法和体例，参与整理的人员均统一依照执行。在此基础上，中华书局组织专家对二十五史进行点校，点校工作主要包括改正错字、填补遗字、修改注释、加注标点、划分段落并撰写校勘记。

1978 年整理工作全部完成后，点校本二十五史由中华书局陆续出版。点校本二十五史分为繁体竖排版和简体横排版两种，前者自 1978 年开始出版，后者于 1999 年 2 月出版，两种版本均采用每卷正文后附校勘记的编排方式。繁体版中，凡删除的字用小一号排印并加上圆括号，改正或增补字加方括号，同时在校勘记里说明改正或增删的依据。简体版中，对修改字部分不标原字或小字，仅以带方括号的阿拉伯数字标注，校勘记内容亦与繁体版完全相同。

2005 年 8 月 9 日，北京市高级人民法院作出（2005）高民终字第 442 号民事判决书，确认了点校本二十五史为法人作品，中华书局对其享有著作权。

2002 年 5 月，被告文史出版社出版了《二十五史》，该书版权页记载：书号为 7 - 5034 - 1301 - 8，中国版本图书馆 CIP 数据为（2002）第 107804 号，全套书共 15 卷，印数 3 000 册，定价 1 980 元，字数 42 939 千字。与原告点校本二十五史相比，被告收录的二十五史无点校人署名、无校勘记。

原告为维权支出购书费 807 元，律师费 1 万元。

本案审理过程中，原、被告在本院主持下就点校本二十五史（以下简称原告作品）与《二十五史》（以下简称被告作品）进行了比对。第一次比对，选取原告认为体现原告点校特点之处进行，其中选取了"原告作品改被告作品也改"和"原告作品中的错改之处被告作品中也错"两部分进行。对于"原告作品改被告作品也改"的内容，每史抽一册、每册抽一处与被告作品相关内容进行比对，比对结果除涉及《三国志》中有一处点校不同外，其余均

相同；对于"原告作品中的错改之处被告作品中也错"的内容，原告依据
1990 年出版的《古籍点校疑误汇录》，将自己作品出版后被学者、专家论证为
错误的部分抽取 9 处与被告作品比对，结果点校处内容相同。

被告对于比对结果认为：（1）虽然原告选取的比对之处基本一致，但被
告作品在分段和标点有多处与原告作品不一致，涉及《新唐书》中比对之处，
被告作品与原告作品相比内容增加了半句，由此可以说明被告作品并未抄袭原
告作品。（2）关于原告指出的"错改"之处，其所依据的内容只是学术争论，
不应当算作错误。

第二次比对，将被告作品每史随机抽取一页，与原告作品相关内容进行比
对。比对结果被告作品在段落划分和标点使用方面与原告作品存在不同。

针对分段与标点存在不同之处，原告认为对于大部头书籍存在段落、标点
不同是正常的，这其中有文字版本向电子版本转化过程中造成的错误也有横竖
排版方式不同所致。

一审审理结果

原审法院认为：由法人或者其他组织主持，代表其意志创作并由其承担责
任的作品，法人或者其他组织视为作者。原告中华书局对点校本二十五史拥有
著作权的事实已经北京市高级人民法院生效判决确认，在无相反证据足以推翻
的情况下，当事人无须举证证明。被告提出原告出版的作品中有明确的点校人
个人署名，对于原告的著作权提出异议。本院认为具体的点校工作由个人完
成，原告为其署名并不能否认点校本二十五史为法人作品的事实，也就不能否
认原告对点校本二十五史拥有著作权。

所谓古籍点校，是点校人在某些古籍版本的基础上，运用本人掌握的专业
知识，在对古籍分段、标点特别是对用字修改、补充、删减作出判断的前提
下，依据文字规则、标点规范，对照其他版本或史料对相关古籍划分段落、加
注标点、选择用字并撰写校勘记的过程。虽然同一古籍点校工作需遵循的基本
原则相同或类似，但具体点校内容通常会受点校人知识水平、文学功底、价值
观、人生观、世界观及客观条件等多方面因素影响而有所不同，这种不同是点
校人独创性思维的体现，也是区分不同点校作品的关键。

结合本案情况，二十五史的点校是一项专业性很强的工作，需要投入相当
大的人力、物力和财力，非一般单位或个人能够完成，被告虽认为有他人对二
十五史进行过点校，其并未使用原告点校作品，但其未能举证证明其作品由谁
进行点校或提供使用其他版本的证据。从两者作品比对结果来看，体现原告点
校作品独创性的部分，两部作品基本一致。虽然存在段落划分和标点使用的不

同，但与篇幅巨大、文字繁多的整部作品相比，所占比例较少。因此，通过从整体到局部的比对，本院认为被告的作品与原告作品构成实质性相似。被告文史出版社未经原告许可使用原告作品的行为侵犯了原告享有的署名权、复制权、发行权和获酬权，应当承担停止侵权、赔礼道歉、赔偿损失的民事责任。

关于停止侵权、赔礼道歉的方式，本院将依法确定。关于赔偿损失，由于原告并未提供其因此侵权行为造成的损失及被告获利的相关证据，本院考虑古籍点校作品的特殊性、作品许可使用费用、被告侵权情节等因素酌情确定，不再全额支持原告的诉讼请求。对于原告维权支出部分，鉴于本案涉及内容具有较强的专业性及复杂性，本院予以全额支持。

综上所述，本院依据《中华人民共和国著作权法》第10条第1款第（2）项、第（5）项、第（6）项及第2款，第11条第3款，第12条，第47条第（1）项，第48条第2款之规定，判决如下：

（1）被告中国文史出版社自本判决生效之日起，停止出版、发行涉案《二十五史》。

（2）被告中国文史出版社自本判决生效之日起20日内，在《中国新闻出版报》上就涉案侵权行为刊登向原告中华书局赔礼道歉的声明（内容需经法院审核，逾期不执行，法院将在一家全国发行的报纸上刊登判决主要内容，相关费用由被告中国文史出版社负担）。

（3）被告中国文史出版社自本判决生效之日起10日内，赔偿原告中华书局经济损失15万元及诉讼合理费用10 807元。

（4）驳回原告中华书局其他诉讼请求。

案件受理费5 327元，由中华书局负担2 000元，由中国文史出版社负担3 327元。

双方当事人均服从原审判决。

10.《穿越死谷》著作权侵权纠纷案
——北京书生网络技术有限公司诉
北京方正阿帕比技术有限公司

原告：北京书生网络技术有限公司

被告：北京方正阿帕比技术有限公司

案由：侵犯著作权纠纷

一审案号：北京市海淀区人民法院（2009）海民初字第 14509 号

一审合议庭成员：王宏丞、曹丽萍、王谦

一审（终审）结案日期：2009 年 8 月 14 日

判决要旨

权利人对同一被诉侵权数据库系统安装在互联网和局域网中的行为可以分别提起诉讼，此种情况不违反"一事不再理"原则。作为继受在先主体权利义务的民事主体，对在先主体的侵权行为承担责任。

起诉与答辩

原告北京书生网络技术有限公司（以下简称书生公司）诉称：樊小玉系《穿越死谷》一书的作者，该书字数为 134 千字，由四川文艺出版社出版，作者于 2006 年 5 月将该书的专有信息网络传播权授予书生公司。北京方正阿帕比技术有限公司（以下简称方正公司）未经书生公司许可，擅自将该书收录入方正电子图书数据库（又称 Apabi 数字图书馆系统）。北京市海淀区人民法院曾以（2008）海民初字第 24356 号民事判决书（以下简称第 24356 号判决）认定方正公司未经许可，在北京理工大学局域网中的 Apabi 数字图书馆系统中使用涉案作品构成侵权。现方正公司还在中国国家图书馆（以下简称国家图书馆）网站（http：//www.nlc.gov.cn）通过互联网向公众及通过局域网向国家图书馆馆内读者提供该系统中涉案作品的下载阅读服务。方正公司之行为已侵犯书生公司对涉案作品所享有的信息网络传播权，请求法院判令方正公司：（1）停止侵权，删除方正电子图书数据库中的涉案作品；（2）赔偿书生公司经济损失 10 720 元（按照每千字 80 元计算）和公证费 264 元。

被告方正公司辩称：（1）书生公司不具备互联网出版的合法资质，无权进行互联网出版运营活动，即使获得了作者授权，也不能因此获利。（2）Apabi数字图书馆系统中的作品均来源于出版社，出版社保证其提供的作品均获得了作者的授权，方正公司已经尽到了合理的审查义务。（3）Apabi 数字图书馆系统在第 24356 号判决前已经销售给了国家图书馆，只是由于业务部门安排问题未及时删除涉案作品；本案起诉后，涉案作品已经删除，书生公司提起本案诉讼属于重复诉讼，应当适用"一事不再理"原则。（4）国家图书馆对读者使用 Apabi 数字图书馆系统有严格的控制范围，属于局域网范围内的使用，只有在图书馆内或在图书馆办理了图书证的读者才能使用该数据库，传播范围不大，给书生公司造成的损失不大。

一审查明事实

原审法院查明：2008 年 10 月 10 日，本院对书生公司诉北京北大方正电子有限公司侵犯著作权纠纷一案作出第 24356 号判决，认定樊小玉系四川文艺出版社 2000 年 1 月出版的《穿越死谷》的作者，该书字数 134 千字，定价 14 元；樊小玉将该作品的信息网络传播权等数字形式各项权利的专有使用权、再许可权、制止侵权等权利授予书生公司；上述权利与书生公司是否具有互联网经营资质没有直接关系；北京北大方正电子有限公司在北京理工大学局域网 Apabi 数字图书馆系统中使用了涉案作品，因无证据证明给其授权的出版社于 2003 年 12 月之后取得了涉案作品的信息网络传播权，作者又将上述权利的专有使用权授予书生公司，故 Apabi 数字图书馆系统对涉案作品的使用行为侵犯了书生公司享有的信息网络传播权。北京北大方正电子有限公司享有 Apabi 数字图书馆系统的著作权，该案判决北京北大方正电子有限公司停止在 Apabi 数字图书馆系统中使用涉案作品，并赔偿书生公司经济损失及合理支出共计 3 980元。第 24356 号判决经北京市第一中级人民法院于 2008 年 12 月二审判决维持，现已生效。

另查明，北京北大方正电子有限公司曾于 2006 年 4 月 30 日与方正公司签订业务转移协议，约定北京北大方正电子有限公司对其下属数字内容事业部的资产、业务进行剥离和重组，成立方正公司；北京北大方正电子有限公司将其原数字内容事业部所有业务转移给方正公司，方正公司同意承接北京北大方正电子有限公司所转移的业务项下的权利及义务，并同意切实保障该业务的顺利履行等。

书生公司于 2009 年 4 月 8 日在北京市长安公证处公证人员监督之下进入

国家图书馆网站（http：//www.nlc.gov.cn），对其中 Apabi 数字图书馆系统提供下载并可全文阅读涉案作品之情况进行证据保全。保全过程显示，进入国家图书馆网站后，进入图书栏目，在中文图书项下输入读者卡用户名和密码进入 Apabi 数字图书馆系统，通过搜索作者樊小玉，可查询到涉案作品，并可全部下载阅读涉案作品。该数据库网页底端注明版权所有为方正公司。同日，书生公司进行公证保全的作品还涉及其他 9 部作品，书生公司为该日的公证共支付公证费 2 640 元。

国家图书馆数字资源部于 2009 年 6 月 24 日出具情况说明，称国家图书馆通过招标自 2006 年 5 月开始采购方正公司的中文电子图书，包括涉案作品；读者要借阅电子书，需办理该图书馆读者卡后进入该图书馆电子阅览室阅读，或通过输入读者卡上的用户名、证件密码登陆国家图书馆电子图书平台借阅；电子图书类同纸书，有复本数、到期归还并有总用户数限制；涉案作品 2009 年 5 月 8 日已删除。诉讼中，方正公司还提交了 2006 年 5 月国家图书馆向北京北大方正电子有限公司订购方正 Apabi 电子图书及数字图书馆系统软件的供货合同。现双方均认可已删除国家图书馆网站 Apabi 数字图书馆系统中的涉案作品。

方正公司认为 Apabi 数字图书馆系统在国家图书馆网站与在学校局域网中的使用没有本质区别：方正公司销售给学校局域网中使用的数据库内容，学校师生在离开学校后也能在家使用；国家图书馆中 Apabi 数字图书馆系统用户范围和使用人数有限制：用户范围仅限于在国家图书馆局域网范围内的用户及办理了读者卡通过登录该图书馆网站的用户；使用人数的限制分三种情况，用户通过办理读者卡输入读者卡号和密码后登陆 Apabi 数字图书馆系统的数最多为 20 000 人，在图书馆内阅览室阅读的数最多为 500 人，阅览室以外同时阅读的数量为 100 人。方正公司为此提交了国家图书馆网站 Apabi 数字图书馆系统后台授权信息打印页。

书生公司不认可方正公司的上述解释，称国家图书馆对公众办理读者卡没有限制，公众只要交纳 100 元押金，就能获得读者卡用户名和密码，通过互联网进入国家图书馆的 Apabi 数字图书馆系统，公众在何处登录互联网也没有限制；而使用学校局域网有范围限制，离开学校范围后，学校局域网中的内容就无法使用了，且学校局域网的使用人数有限定，使用人群相对固定，所以 Apabi 数字图书馆系统在国家图书馆网站与学校局域网中的使用范围及使用人员有本质区别。对于方正公司提交的该系统后台的网页打印件，书生公司认为可以修改其中的信息，但书生公司未提交相反证据。

另外，方正公司称其将涉案作品加入 Apabi 数字图书馆系统，对国家图书馆收费的标准基本是每本书定价的 1/5 ~ 1/3。

一审审理结果

原审法院认为：鉴于已有生效判决认定书生公司对樊小玉创作的《穿越死谷》享有信息网络传播权等数字形式各项权利的专有使用权、再许可权、制止侵权等权利，上述权利与书生公司是否具有互联网经营资质没有直接关系；Apabi 数字图书馆系统中使用涉案作品的行为侵犯了书生公司享有的信息网络传播权，在无相反证据的情况下，本院对此亦予以确认。因方正公司继受了北京北大方正电子有限公司的数字内容事业部全部业务及业务项下的权利及义务，且国家图书馆网站 Apabi 数字图书馆系统注明方正公司版权所有，故第24356 号判决内容适用于方正公司。方正公司关于书生公司不具备互联网出版资质、对 Apabi 数字图书馆系统中的作品尽到合理版权审查义务的辩称，本院不予采信。

本案争议焦点在于国家图书馆网站中的 Apabi 数字图书馆系统中使用涉案作品的事实，是否与第 24356 号判决认定的侵权事实范围相同，是否应适用"一事不再理"原则。

方正公司在国家图书馆网站 Apabi 数字图书馆系统中使用涉案作品的行为与第 24356 号判决中在北京理工大学局域网内的侵权行为不同。任何人都可办理国家图书馆的读者卡，并在办卡后进入 Apabi 数字图书馆系统，进入方式不限于通过国家图书馆内局域网还是通过互联网，由此，进入国家图书馆网站 Apabi 数字图书馆系统的人不需要有特殊的身份，即对公众而言该系统是一个开放的资源平台。学校局域网中使用 Apabi 数字图书馆系统的人群相对固定，通常属于在校师生，要进入该系统，即使能从技术上脱离学校局域网范围的限制，通常也无法脱离使用者特殊身份的限制，即对公众而言该系统并不是一个向社会公众开放的资源平台。虽然方正公司解释其对国家图书馆网站的 Apabi 数字图书馆系统给予了使用人数的限制，但实际上，任何网络集中接纳用户的数量都是有限的，单纯的人数限制不影响该系统作为开放的资源平台向不特定公众提供涉案作品，这种通过网络向不特定公众提供涉案作品与通过学校局域网提供涉案作品的行为在用户人群的范围上有本质区别。故本院认为，方正公司通过国家图书馆网站的 Apabi 数字图书馆系统向公众提供涉案作品的行为侵犯了书生公司享有的信息网络传播权的专有使用权。方正公司关于本案应适用"一事不再理"原则的辩称，不予采信。

由于双方均认可国家图书馆网站中 Apabi 数字图书馆系统中的涉案作品已经删除，故本案侵权行为已经停止，再行判令停止侵权已无必要。关于赔偿损失金额，本院根据方正公司的过错程度、国家图书馆网站使用方式并参考生效判决赔偿标准酌予认定。书生公司支付的公证费中涉及本案作品的部分，由方正公司负担。

综上所述，本院依据《中华人民共和国著作权法》第 47 条第（1）项、第 48 条、《最高人民法院〈关于民事诉讼证据的若干规定〉》第 9 条第 1 款第（4）项之规定，判决如下：

（1）本判决自生效之日起 10 日内，方正公司赔偿书生公司经济损失 4 020 元及公证费 264 元；

（2）驳回书生公司的其他诉讼请求。

案件受理费 75 元，由方正公司负担。

双方当事人均服从原审判决。

11. 小学课本《音乐》及配套教学材料著作权侵权纠纷案
——张庆祥诉人民音乐出版社

原告（上诉人）： 张庆祥
被告（被上诉人）： 人民音乐出版社
案由： 侵犯著作权纠纷

一审案号： 北京市海淀区人民法院（2008）海民初字第 28999 号
一审合议庭成员： 卢正新、蒋强、王全有
一审结案日期： 2008 年 12 月 20 日
二审案号： 北京市第一中级人民法院（2009）一中民终字第 4517 号
二审合议庭成员： 仪军、周丽婷、王晫
二审结案日期： 2009 年 8 月 17 日

判决要旨

《中华人民共和国著作权法》（以下简称《著作权法》）第 23 条第 1 款规定的"教科书"是指，为实施九年制义务教育和国家教育规划的教学目的，依照九年制义务教育教学规划和国家教育规划编写出版，在实施九年制义务教育和国家教育规划课堂教学过程中所需要的教学和学生用书。

起诉与答辩

原告张庆祥诉称：张庆祥自 1980 年以来，在《人民音乐》、《音乐周报》、《儿童音乐》等报刊上发表作品数十件，多首作品在全国获奖。1983 年，张庆祥创作完成了歌曲《小牧笛》，发表在《儿童音乐》1984 年第 1 期，后陆续入选《声乐考级曲集（少儿卷)》、《少儿歌曲全集》、《中外少儿歌曲 1300首》、《儿童歌曲钢琴伴奏曲 109 首》等多种音乐图书、教材及音乐制品。1986 年 12 月 20 日，人民音乐出版社向张庆祥支付 20 元稿酬，之后再未向张庆祥支付过稿酬。2007 年 9 月，张庆祥得知 1986 年人民音乐出版社编写的小学《音乐》教材，于 1990 年 11 月通过国家教委中小学教材审定委员会的审查后，再次作为九年制义务教育的实验教材于 1991 年秋季起在全国试用，并

一直沿用至今；人民音乐出版社在出版教材同时，还出版、销售教学录音带、光盘、教学挂图、录像资料等配套教材和资料。随后，张庆祥多次与人民音乐出版社交涉支付稿酬问题，但人民音乐出版社先是以一次性付酬相拒绝，继而以撤下作品相威胁，故交涉未果。20年来，人民音乐出版社一直使用张庆祥的作品却不支付稿酬，侵犯了张庆祥获得报酬的权利。鉴于人民音乐出版社多年来出书不注明印数，即使注明印数的也不代表全国的真实印数，张庆祥无法准确了解人民音乐出版社教材和其他出版物的真实印数，故以国家统计局公布的历年小学在校生人数的1/6（即三年级学生数）为教材印数，以历年小学学校数的2倍为教学录音带、教学挂谱和教师用书的发行数量。由于张庆祥是中国音乐家协会会员，作品多次在全国获得各项奖项，属于知名作者；《小牧笛》是张庆祥的代表作之一，属于知名作者的知名作品。在国家没有出台曲谱作品稿酬标准的情况下，鉴于音乐作品的特殊性及国家关于优质作品稿酬应当从优的规定，张庆祥主张以该作品的每小节为基本计算单位，并以四二拍的每小节按500字计算，以四三拍的每小节750字计算，合计9 500字，按国家文字稿酬每1000字100元、不足1000字按1000字计算的基本稿酬标准，《小牧笛》的基本稿酬应为1 000元。印数稿酬以国家版权局《出版文字作品报酬规定》九年制义务教育教材印数稿酬计算。录音带和光盘稿酬按照国家版权局《录音法定许可付酬标准暂行规定》教材标准计算，其中光盘价格以教师用书定价减去同期教材定价计算。现请求法院判令人民音乐出版社支付1987～2007年使用张庆祥作品《小牧笛》稿酬200万元和张庆祥为维权支付的合理费用2万元，合计202万元；人民音乐出版社按照银行同期存款利率向张庆祥支付利息。

被告人民音乐出版社辩称：张庆祥提出我社出版的《全日制小学试用课本音乐》、《九年制义务教育六年制小学教科书音乐》侵犯其获得报酬权，已过诉讼时效。张庆祥称其于2007年9月才得知《九年制义务教育六年制小学教科书音乐》中选用了其作品，我社认为张庆祥作为中学教师，其工作与教材接触甚密，却称对使用了15年的教材中选用其作品不知情，实在令人难以认同。我社曾于1986年、1999年向原告支付过作品使用费。1986年稿酬支付情况原告已说明，1999年稿酬支付情况有我社给中国音乐著作权协会（以下简称音著协）的付酬资料可以证明。2003年，我社再次通过音著协向作者付酬，但是由于音著协对收费标准作出调整，稿酬至今未付给作者，仍在音著协留存。我社向国家版权局、教育部等行政机关反映了此情况，希望能尽快解决教材稿酬支付标准问题，目前付酬标准问题正在解决过程中。由此可见，我社已履行了向张庆祥支付稿酬的义务，并未侵犯张庆祥著作权中的获得报酬权。张庆祥提出的稿酬计算标准无任何法律依据，目前国家还没有制定出对音乐作品如何计算报酬的具体办法，因此张庆祥以此推断其作品的折合字数及付酬标准，显然是行不通的。九年制义务教育是国家发展基础教育、保证宪法赋予公民的受教育权而建立的一项公益型制度。义务教育教材的编写、出版、发行各环节，必须严格遵守国家对公益事业不得以营利为目的的各项规定。教材的出版和发行不同于一般的图书市场行为，是国家通过行政手段严格进行控制的。对教材成本的严格控制，也就限定了教材稿酬的支付不可能与一般图书相同。张庆祥作品《小牧笛》于1983年创作，1986年我社第一次将该歌曲收入小学音乐教材，使用至今已有20多年。20多年来，有多少学生从教材中认识和熟悉了《小牧笛》，才使得该歌曲广为流传。因此，正是因为教材中选用了该歌曲，才极大地提升了歌曲及其作者的知名度，给作者带来了巨大的社会影响和更多的经济利益。

综上所述，张庆祥提出的诉讼请求并无明确的法律依据，恳请人民法院查清事实，驳回张庆祥的诉讼请求。

一审查明事实

原审法院查明：张庆祥（笔名张浩）系中国音乐家协会会员，北京潞河中学音乐教师。其创作的《小鸭子》（1989年）、《桃花、李花》（1993年）、《潞河中学校歌》（1996年）等作品曾被有关单位评为银奖、三等奖，且有多首作品被出版社采用，其个人履历被《中国音乐家辞典》、《中国当代音乐界名人大辞典》等收录。

1984年1月，人民音乐出版社出版的《儿童音乐》1984年第1期（总第56期）"农村儿童的歌"栏目登载了歌曲《小牧苗》，该曲谱共15小节，节拍为四分之二拍、四分之三拍，署名为朱晋杰词，张浩改词作曲。后《小牧笛》被多家出版社选用。

1986年11月，人民音乐出版社出版了全日制小学试用课本《音乐》（简谱）第六册，印数1—104 690册，定价0.2元。其中第9课选用了张庆祥参与创作的歌曲《小牧笛》。该社编辑部在后记中写到，在国家教育委员会和全国各省市有关部门的大力支持下，经过编写组全体同志努力工作，这套小学音乐课本新教材终于和小学广大师生见面了。与课本配套出版的还有《小学音乐教学参考资料》、《小学音乐教学挂图》、《五线谱版歌曲挂谱》。此外，课本中的歌曲和其他作品也录制成歌曲范唱、歌曲伴奏和供欣赏用的立体声盒式录音带。1986年12月，人民音乐出版社向张庆祥支付了稿酬20元，清单上注明：小学教材下册，作品《小牧笛》，备注作曲。1989年12月，《音乐》（简谱）

第六册第 4 次印刷，印数 301 176—396 720 册，定价 0.45 元。1990 年，人民音乐出版社编写的小学课本《音乐》通过国家教委中小学教材审定委员会的审查，作为九年制义务教育的实验教材于 1991 年秋季起在全国试用。配套资料包括《小学音乐教学录音带》、《中小学音乐教学挂图》、《小学音乐教学歌曲挂谱》等，其中三年级的教科书选用了张庆祥参与创作的歌曲《小牧笛》。九年制义务教育六年制小学试用课本《音乐》（五线谱）第六册 1999 年、2000 年版本印数为 1—194 110 册，定价 4.6 元。《音乐》（简谱）第六册 1999 年版本印数 1～52 940 册，定价 2.9 元。《音乐》（简谱·修订版）第六册未注明印数，定价 2.65 元。后人民音乐出版社又出版了经全国中小学教材审定委员会 2002 年初审通过的义务教育课程标准实验教科书，其中《音乐》三年级·第五册选用了歌曲《小牧笛》，其 2005 年北京第 3 次印刷版本定价 3.55 元，2006 年 7 月北京第 3 次印刷版本定价 3.45 元，2007 年 7 月北京第 3 次印刷版本（教师用书）定价 29.20 元（含光盘）。本案审理过程中，人民音乐出版社认可歌曲《小牧笛》自 1986 年起至今用于该社出版的小学生音乐教材的各个版本。

本案审理过程中，人民音乐出版社称张庆祥的起诉已超过诉讼时效。张庆祥主张其于 2007 年 9 月在家教授小学生钢琴时得知人民音乐出版社使用其作品，故其起诉并未超过诉讼时效。本案审理过程中，张庆祥认可人民音乐出版社可以不经其许可使用其作曲的《小牧苗》，但主张人民音乐出版社应向其支付报酬。张庆祥向本院提交了《2007 年全国教育事业发展统计公报》、"各类学校在校学生数"、"各类学校数"等三份文件，要求按各年份学校数及学生数作为计算稿酬的依据。人民音乐出版社不认可其计算方式，并主张曾于 1999 年、2003 年改版之际两次通过音著协向张庆祥支付稿酬，并提交了相关钱款收据、进账单、记账凭证、稿费通知单，张庆祥否认收到稿费，并称其于 2008 年才成为音著协会员。

为证明其损失，张庆祥还向本院提交了"民事案件委托合同"及律师费发票（金额为 11 500 元）、咨询费发票（金额为 100 元）、一卡通充值发票（金额为 200 元）、购书费用发票及购货方记账凭证（金额为 323.5 元），人民音乐出版社认为上述费用支出与本案无关。张庆祥未提交其购买的全部图书。

一审审理结果

原审法院认为：1984 年的《图书期刊保护条例》第 16 条规定：使用他人已经发表的作品，编入教材，可以不经版权所有者同意，不向其支付报酬。故人民音乐出版社于 1986 年至 1990 年出版的教材使用已经发表的《小牧笛》音乐作品，属于合理使用，在使用中亦未侵犯其他权利。

1991 年 6 月 1 日，《著作权法》实施，该法对教材使用作品取消了合理使用的规定，亦未作出其他限制性规定。故，即便是用于义务教育的教材，亦应通过许可使用作品。按照一般法律适用的原则，在行为合法性确认上法不溯及既往，因此，人民音乐出版社的编选行为以及此前的出版行为均不受著作权法的调整。但是合法的行为在被新法律认定为违法时，该行为在法律实施后即应自行停止。本案审理过程中，张庆祥认可人民音乐出版社可将其创作的音乐作品用于教科书，应被视为事后对人民音乐出版社的出版行为进行追认，本院不持异议。

2001 年 10 月 27 日修订的《著作权法》规定，为实施九年制义务教育和国家教育规划而编写出版教科书，除作者事先声明不许使用的外，可以不经著作权人许可，在教科书中汇编已经发表的音乐作品，但应当按照规定支付报酬，指明作者姓名、作品名称，并且不得侵犯著作权人依照本法享有的其他权利。该条规定尽管字面上为教科书，但从该条设立的目的而言，应不限于课本，而是指按照九年制义务教育教学用书要求编写出版并经审定的教学用书、与课本配套的教师用书以及依照某些课程特点所必需的教材如音乐的音像制品等。人民音乐出版社的出版行为从 1991 年至今，不断地向社会提供作品复制件，由于人民音乐出版社的行为处于不间断的持续状态，无法划分为各自独立的行为，因此在《著作权法》修订之时，此前并不存在一个已经终结的行为，该行为并未因《著作权法》的修订而被分裂为两个行为，因此跨越了《著作权法》修订的该行为系一个行为。《著作权法》修订后，对于九年制义务教育教材使用作品的规定由无权利限制变更为法定许可，根据《立法法》的规定，同一法律的新规定与旧规定之间，新规定优先适用。同时由于法律修订后行为尚在发生，根据持续的行为系不断发生之行为，持续至法律修订后，行为适用行为发生时法律的原则，亦应适用修订后的《著作权法》。自此，张庆祥所诉人民音乐出版社的出版行为适用法定许可，即人民音乐出版社在课本、教师用书和录音带中使用《小牧笛》作品不属于侵权行为，但是仍然有向作者支付稿酬的义务。稿酬应当在合理的时间内支付，即应当在出版或印刷后的合理时间内支付。本案中，人民音乐出版社称曾向张庆祥支付了稿酬。根据人民音乐出版社提交的证据，该社于 1999 年、2003 年向音著协交纳了相应钱款，但未提交证据证明张庆祥收到了相关款项，且张庆祥于 2008 年才加入音著协，与该会并无代收的约定，故对人民音乐出版社的相关辩解，本院不予采信。故人民音乐出版社应承担相应的法律责任，补付稿酬，并对长时间的延迟予以相应的补偿。

本案审理过程中，人民音乐出版社称张庆祥的主张已过诉讼时效。由于法定许可的著作权人无停止请求权，故行为的持续不受权利人是否怠于行使权利的影响，也因此并不导致损害赔偿额的增加，故即使张庆祥知晓人民音乐出版社使用的行为，亦不适用持续行为赔偿额计算2年的规定，不影响其对全部稿酬的请求权。关于人民音乐出版社应给付稿酬的具体数额，本院考虑涉案作品的性质、人民音乐出版社使用涉案作品的目的、范围等酌情予以判定，不再全额支持张庆祥的诉讼请求。张庆祥要求赔偿诉讼合理支出数额过高，本院不再全额支持张庆祥的诉讼请求。

综上所述，依据《中华人民共和国著作权法》（修订后）第23条、《最高人民法院〈关于审理著作权民事纠纷案件适用法律若干问题的解释〉》第31条之规定，判决如下：

（1）本判决自生效之日起10日内，被告人民音乐出版社向原告张庆祥支付稿酬及诉讼合理支出3 500元；

（2）驳回原告张庆祥的其他诉讼请求。

张庆祥不服原审判决，提起上诉，请求二审法院撤销原审判决，改判支持其全部原审诉讼请求。其主要理由为：（1）原审判决将人民音乐出版社出版发行的以营利为目的的"配套教材"认定为《著作权法》第23条规定的"教科书"，属于对法律的曲解。教科书是指课堂教学所用的正式教材，不应当包含教学参考书、辅导丛书、辅导教材等，人民音乐出版社未经张庆祥许可编写的"配套教材"及各类不同版本教材、音像制品均侵犯了张庆祥的著作权。（2）原审判决认定人民音乐出版社于1986年至1990年间使用《小牧笛》属于合理使用，没有法律依据。（3）原审判决赔偿数额过低，与人民音乐出版社侵权行为的情节不相符，且其酌情确定的赔偿数额没有依据。（4）原审判决适用法律错误。原审判决滥用溯及力，且弃新法规不用，而适用1984年《图书期刊保护条例》。（5）原审判决将类别众多的教学辅导书中的侵权行为混在一起，不符合法律程序。（6）原审法院限制张庆祥的庭审发言，属程序违法。

人民音乐出版社服从原审判决。

二审查明事实

二审法院认可原审法院查明的事实。另查明：人民音乐出版社出版的使用了《小牧笛》的教材版本包括1986年11月《全日制小学试用课本》简谱版及线谱版、1991年11月《九年制义务教育六年制实验教材》简谱版及线谱版（第一版第一次）、1999年11月《九年制义务教育六年制小学课本》简谱版及线谱版（第二版第一次）、2002 年 11 月《九年制义务教育六年制小学教科书》简谱版及线谱版（第三版即修订版）、2003 年 7 月《义务教育课程标准实验教科书》简谱版（第一次）、2004 年 7 月《义务教育课程标准实验教科书》线谱版（第一次）、2005 年 7 月《义务教育课程标准实验教科书》简谱版及线谱版（第一次）。

《教育部关于印发〈2000 年秋季普通中小学教学用书目录〉的通知》（教基〔1999〕19 号）中称，今年下发的《书目》，分为教科书、教师用书和图册、挂图及电子音像等选用教材三个部分。

另外，张庆祥在二审期间还提交了《文化部关于颁发〈图书、若干版权保护试行条例实施细则〉和〈图书约稿合同〉、〈图书出版合同〉的通知》（1985 年 1 月 1 日）、《国家发展改革委办公厅关于音乐著作权使用费问题的复函》（发改办价格〔2003〕1253 号）、《国家发展改革委、新闻出版总署关于进一步加强中小学教材价格管理等有关事项的通知》（发改价格〔2006〕816 号）、《财政部、国家税务总局关于宣传文化增值税和营业税优惠政策的通知》（财税〔2006〕153 号）、教育部发布的《2007 年全国教育事业发展统计公报》等文件，以及部分法律、法规等规范性文件，用以证明教科书的范围以及原审判决确定的赔偿数额过低。

二审审理结果

二审法院认为：《中华人民共和国民法通则》第 135 条规定，向人民法院请求保护民事权利的诉讼时效期间为 2 年，法律另有规定的除外。第 137 条规定，诉讼时效期间从知道或者应当知道权利被侵害时起计算。《最高人民法院〈关于审理著作权民事纠纷案件适用法律若干问题的解释〉》第 28 条规定，侵犯著作权的诉讼时效为 2 年，自著作权人知道或者应当知道侵权行为之日起计算。权利人超过 2 年起诉的，如果侵权行为在起诉时仍在持续，在该著作权保护期内，人民法院应当判决被告停止侵权行为；侵权损害赔偿数额应当自权利人向人民法院起诉之日向前推算 2 年计算。

张庆祥曾于 1986 年 12 月收到人民音乐出版社支付的稿酬 20 元，清单上注明了《小牧笛》使用于小学教材，本院合理推知张庆祥会对《小牧笛》在之后的小学教材中的选用情况保持关注；同时张庆祥系一名从事九年制义务教育的中学音乐教师，本院认为其应当知道人民音乐出版社在小学音乐教材中持续使用《小牧笛》的情况。虽然人民音乐出版社自 1986 年起一直在其出版的小学音乐教材中使用《小牧笛》，该使用行为跨越了《著作权法》的修正，但其出版行为是分年度和版次的，并非无法各自独立的一个行为。对于人民音乐出版社在 2001 年 10 月 27 日即《著作权法》修正前持续使用《小牧笛》的行为，鉴于张庆祥应当知道该使用行为，而其提起本案诉讼已至 2008 年 10 月，超过 2 年诉讼时效期间，在人民音乐出版社提出诉讼时效抗辩的情形下，本院对张庆祥的该部分诉讼主张不予支持。

2001 年 10 月 27 日修正后的《著作权法》第 23 条第 1 款规定，为实施九年制义务教育和国家教育规划而编写出版教科书，除作者事先声明不许使用的外，可以不经著作权人许可，在教科书中汇编已经发表的音乐作品，但应当按照规定支付报酬，指明作者姓名、作品名称，并且不得侵犯著作权人依照本法享有的其他权利。第 23 条第 2 款规定，前款规定适用于对出版者、表演者、录音录像制作者、广播电台、电视台的权利的限制。

根据修正后《著作权法》的规定，法定许可情形下，作品使用人无须获得著作权人许可，但应当支付报酬。《著作权法》第 46 条第 7 项规定，使用他人作品，应当支付报酬而未支付的，构成侵犯著作权的行为。人民音乐出版社在 2001 年 10 月 27 日《著作权法》修正后，在不同年度和版次的教材中一直使用《小牧笛》至今，而未支付报酬，侵犯了张庆祥的著作权，但由于张庆祥应当知道该使用行为，其超过 2 年起诉，依照《最高人民法院〈关于审理著作权民事纠纷案件适用法律若干问题的解释〉》第 28 条的规定，其仅能主张起诉前 2 年内人民音乐出版社使用《小牧笛》的费用。原审判决关于人民音乐出版社的行为处于不间断的持续状态，张庆祥享有对全部稿酬的请求权的观点错误，本院予以纠正。

关于教师用书、教学挂图、教学光盘是否属于《著作权法》第 23 条第 1 款规定的"教科书"，并适用法定许可这一案件的焦点问题，本院认为：首先，从辞典及相关部门规章对"教科书"的解释来看，《辞海》中对"教科书"的释义为，教科书亦称"课本"，教材形式之一，指按照教学大纲编写的教学和学生用书。该释义中教科书包括教学用书和学生用书。《中小学教材编写审定管理暂行办法》（教育部令第 11 号）第 2 条规定，本办法所称中小学教材是指中小学用于课堂教学的教科书（含电子音像教材、图册）及必要的教学辅助资料。该条款中明确教科书包含电子音像教材和图册。其次，从法律条文的逻辑关系来看，《著作权法》第 23 条第 2 款规定了录音录像制作者等邻接权人也受到法定许可的权利限制。由此可见，该条第 1 款中的"教科书"应当不仅包括纸介质出版的教科书，也包括以录音录像制品等其他载体形式出现的"教科书"。最后，从立法目的来看，《著作权法》第 23 条是出于对基础教育这种公共事业的考量，对著作权作出的权利限制，在著作权私权利益和公共利益之间向后者作出的适度倾斜。从这个角度出发，这里的"教科书"宜理解为为实现九年制义务教育和国家教育规划的教学目的，依照九年制义务教育教学规划和国家教育规划编写出版，在实施九年制义务教育和国家教育规划课堂教学过程中所需要的教学和学生用书。

具体到本案，在张庆祥未事先声明不许使用的情形下，人民音乐出版社在其出版的九年制义务教育学生课本中使用《小牧笛》，并同时在教师用书、教学挂图、教学光盘等课堂教学用书中使用《小牧笛》的行为构成法定许可，可以不经张庆祥许可，但应当向其支付报酬。

如前所述，法定许可系出于对公共利益的适度倾斜而对著作权作出的权利限制，因此法定许可的使用费也应与其他使用行为的使用费有所区分。这在相关部门规章中也有所体现。如《国家版权局出版文字作品报酬规定》中规定，通过行政手段大量印刷发行的九年制义务教育教材，不适用版税付酬方式。原创作品和演绎作品的印数稿酬按基本稿酬的1%支付，九年制义务教育教材年累计印数超过10万册的，对超过部分按基本稿酬的0.2%支付。关于本案中人民音乐出版社应当支付报酬的数额，考虑到《小牧笛》的篇幅较小，张庆祥对《小牧笛》享有的权利内容仅为改词作曲，人民音乐出版社使用《小牧笛》的目的在于实施九年制义务教育等因素，本院酌情予以确定。虽然原审判决在张庆祥是否享有对全部稿酬的请求权的问题上的观点存在错误，但其最终确定的赔偿数额与前述酌定因素基本相适应，本院对这一判决结果予以维持。

另外，张庆祥关于原审程序违法的上诉理由，缺乏事实依据，本院不予支持。其在二审期间提交的新证据不属于《最高人民法院〈关于民事诉讼证据的若干规定〉》中所指明的"新的证据"的范畴，且该部分证据不足以证明其诉讼主张，本院不予采信。

综上所述，原审判决程序合法，认定事实和适用法律虽然存在不当之处，但未影响案件的审理结果，本院在对相关问题进行纠正的基础上予以维持。上诉人的上诉理由缺乏事实与法律依据，本院不予支持。本院依据《中华人民共和国民事诉讼法》第153条第1款第（1）项之规定，判决如下：

驳回上诉，维持原判。

一审案件受理费22 960元，由张庆祥负担22 480元，由人民音乐出版社负担480元；二审案件受理费22 932元，由张庆祥负担。

12. "爱帮网"著作权侵权纠纷案

——上海汉涛信息咨询有限公司诉爱帮聚信（北京）科技有限公司

原告（被上诉人）：上海汉涛信息咨询有限公司
被告（上诉人）：爱帮聚信（北京）科技有限公司
案由：侵犯著作权纠纷

一审案号：北京市海淀区人民法院（2008）海民初字第 16204 号
一审合议庭成员：王宏丞、卢正新、王克楠
一审结案日期：2008 年 10 月 28 日
二审案号：北京市第一中级人民法院（2009）一中民终字第 5031 号
二审合议庭成员：芮松艳、佟姝、王晖
二审结案日期：2009 年 9 月 9 日

判决要旨

即使网站的"注册协议"或"版权说明"中明确载有著作权转让条款，且用户须同意该注册协议才可以在网站上发表评论，但鉴于该版权说明属于网站经营者单方的意思表示，如无证据证明用户已接受该单方意思表示，则网站中的上述内容不能证明用户已同意将其发表的内容著作权转让给网站经营者。

垂直搜索类网站对于特定行业网站信息的利用，应控制在合理的范围内，即垂直搜索类网站对特定行业网站信息的使用，不得对该网站造成市场替代的后果，否则其提供的具体形式的垂直搜索服务则可能被认为不具有合法性。

起诉与答辩

原告上海汉涛信息咨询有限公司（以下简称汉涛公司）诉称：大众点评网（网址 http：//www.dianping.com）系我公司经营的网站。2007 年底，我公司发现爱帮聚信（北京）科技有限公司（以下简称爱帮聚信公司）未经我公司许可，在其经营的爱帮网（网址 http：//www.aibang.com）擅自发布来源于大众点评网有关港丽餐厅来福士店等 132 家餐厅的点评内容，在每段文字下注明来源于大众点评网，侵权字数共计 370 万字。我公司发函要求爱帮聚信公司立即删除侵权内容。爱帮聚信公司承认从大众点评网抓取信息，但以系搜索引擎类技术服务，已经提供网站链接为由拒绝删除信息。我公司诉至法院请求判令爱帮聚信公司：（1）立即删除来源于大众点评网的侵权内容；（2）在爱帮网首页发表致歉声明，消除影响；（3）赔偿我公司经济损失 20 万元；（4）承担合理支出费用，包括公证费、律师费、交通住宿费等，共计 1.75 万元。

被告爱帮聚信公司辩称：大众点评网收集的网友对餐馆的点评是消费者的主观感受，点评内容相同或者类似，重复性高，不具有独创性，不享有著作权。爱帮网是专业的生活类信息搜索网站，提供新一代垂直搜索引擎技术服务，从互联网自动抓取信息，进行分析、索引，整个过程自动完成，只提供链接和搜索结果的摘要，并且标注来源网站的链接地址，用户需了解全部详细信息时，可点击上述链接地址访问来源网站。上述方式符合相关规定，我公司无法单独将某个网站的内容从搜索结果中删除，被搜索网站如果不希望被搜索到网站内容，可以按照业内通用的技术规则，通过技术手段进行禁止限制。我公司对搜索内容只提供相应内容摘要，不是全部内容。汉涛公司发给我公司的通知函不符合信息网络传播权保护条例规定的要求，没有提供要求删除或断开的链接作品的名称或网址，而是要求删除与大众点评网相关的所有内容，上述要求我公司无法实现。此外，爱帮网使用大众点评网的内容均注明了出处，汉涛公司要求我公司致歉没有依据。故请求法院依法驳回汉涛公司的诉讼请求。

一审查明事实

原审法院查明：汉涛公司于 2004 年 1 月取得增值电信业务经营许可证，2005 年 6 月注册域名 dianping.com，建立大众点评网，鼓励网友对美食、购物、休闲、娱乐等生活服务类商户进行点评，对点评结果进行编辑整理，网友可以通过其网站搜索不同地区的相关商户，并了解其他网友的点评内容。

爱帮聚信公司经营的爱帮网的网址 http://www.aibang.com，在其网站简介上说明其为国内最大的生活搜索引擎，最大、最全的生活信息网上平台，为网友提供生活信息查询，并获取其他用户的评价和体验。

2007 年 11 月 27 日，爱帮聚信公司针对汉涛公司此前的信函回复，表示收到汉涛公司于同年 11 月 22 日发送的信函，针对汉涛公司称爱帮网存在大量文字内容未经许可，擅自使用的情况，爱帮聚信公司表示，其作为专业的生活搜索网站，从网络抓取商业信息，不进行篡改和加工，在其网站展示，并标注了来源网站的链接，其展现和组织方式与传统的搜索引擎类似，不存在侵权问题。

2008 年 4 月 3 日，汉涛公司委托上海市东方公证处进行公证。首先输入网址 http：//www. dianping. com，进入大众点评网，打开该网站的网友注册协议。协议明确大众点评网所提供的各项服务的所有权和运作权归属汉涛公司，用户必须同意以下条款并完成注册程序，才能成为该网站正式会员并使用网站提供的各项服务。条款内容强调会员在网站发表的合法言论，文章和图片的版权归原作者和网站。最后注明网站发布的所有内容，未经许可，不得转载。在网站所附的版权说明中，亦明确任何会员的言论、文章和图片一经在该网站发表，该作品的版权除署名权等人身权利，均无偿转归大众点评网独有，任何其他个人或者单位未经网站的正式授权许可不得使用，包括复制、发行、信息网络传播、改编、翻译、汇编等方式使用上述作品并获得报酬的财产权利，以及许可他人以上述方式使用并获得报酬的权利。

随后，公证人员输入网址 http：//www. aibang. com，进入爱帮网页面，在搜索栏输入"港丽餐厅"，搜索到多家港丽餐厅连锁店的列表，点击排列第一位的"港丽餐厅来福士店"，出现在页面首部的为该餐厅的基本情况介绍，下方为网友点评，页面显示网站针对该餐厅的点评共计 297 条，当页点评共计 15 条。其中首部的餐厅介绍包括餐厅电话和地址，网友评定的就餐平均价格，停车位状况和服务项目的评定，餐厅简介等项目。

其中的餐厅简介内容为：

"'新旺茶餐厅升级版'，东西都挺'精致'的，品种比'新旺'多，价钱'比新旺贵'，蜂蜜厚多士'久仰'大名，'面包融合了蜂蜜'，放在嘴里'很诱人'，酱烧茄子'肥肥的茄肉拌着甜甜的酱汁十分入味'。店主力求上进，常推出'新品'，环境感觉'小了点'，饭点儿时人那叫一个'多'啊，排队'1 小时'都别介意。"

以上简介中的内容与排列形式均直接照搬了大众点评网的内容与形式，很多词汇和语句使用引号标注，均系大众点评网总结自网友点评中的原词原句。爱帮网在上述餐厅介绍内容的右下方注明："来源：http：//dianping. com"，其中网址部分为虚写，可以点击进入来源网页。

当页 15 条网友点评内容文字最后有删节号，但都基本包含了原评点内容的主要部分。在每条点评内容的右下方亦均注明："来源：http：//www. dianping. com"，其中网址为虚写，点击可以进入来源网页。

例如用户 Honey – fel 的点评：

"昨天正好去和平影都看大灌篮，11 点多的票子，看完直冲港丽拿了号。到 2 点才吃的饭，饿慌了，随便点了一大串。

蜂蜜厚多士，上面加了冰激凌，最外面那层脆脆的、甜甜的，很好吃，很香，里面的则柔软得很。嘿嘿！好吃！不愧是热门菜肴哦！

酱烧茄子，我很喜欢吃，甜甜的口感，香香的外皮，还有那么一小块肉肉，哈哈！下次去还是要点。

菠萝包要了两种口味的，一个奶油的，还有个鹅肝酱的……"

用户肉豆蔻酸的点评：

"环境有点拥挤，尤其是人多的时候，感觉有点压抑。

超级喜欢吃他家的盐局手撕鸡，鸡丝很嫩，而且非常入味，又不是太咸。

其他的菜就没什么特别的印象了。

毕竟类似的餐馆很多，炒饭之类也无特色。

推荐菜：手撕鸡

标签：休闲、朋友聚餐、下午茶、可停车

交通停车：有地下……"

自第2页开始，每页最上端仍为与首页上方的餐厅介绍相同的内容，下方为15条点评内容，大部分均来自大众点评网，第2页有12条，第3页有14条，第4页有6条，第5页有8条，第6页有2条，第7页有4条，第8页有15条，第9页有12条，第10页有14条。后面页数的情形基本类似。双方针对公证的爱帮网中港丽餐厅来福士店的内容，认可其中55%的内容来自大众点评网。

以上事实，有汉涛公司提交的大众点评网注册的相关材料，爱帮网公布的经营信息，爱帮聚信公司回函，（2008）沪东证经字第1894号公证书在案佐证。爱帮聚信公司对上述证据的真实性没有异议，但表示从公证内容看，爱帮网通过搜索抓取信息，只提供搜索结果的摘要，在公证时，对每条信息的使用范围限制在删除最后20个字节（10个汉字），没有复制来源网站的内容。对此汉涛公司表示，针对普通网站的长篇文章，引用二三百字都可能是合理的，但本案涉及的点评文字特殊，每段点评字数不多，爱帮网对每一段点评都大部分引用，超出了普通搜索的范围。汉涛公司表示，基于双方认可的55%的使用比例，每个商户的使用字数约为2.8万字，而汉涛公司公证中包含的餐馆共计132家，均存在此种情形，且尚有多家餐馆内容被使用的情况并未公证。爱帮聚信公司认可针对港丽餐厅来福士店直接使用大众点评网内容的字数为2.8万字，但认为其余餐馆评论数量不同，使用比例不同，不能都认定为2.8万字，未在公证范围内的也不予考虑。

爱帮聚信公司提交了汉涛公司于2008年1月7日再次发给爱帮聚信公司的信函，内容为发现爱帮聚信公司直接或间接抄袭大众点评网等网站的内容，曾经致函并多次沟通，但未能达成一致，要求爱帮聚信公司在同年1月17日前删除与汉涛公司域名直接或间接相关的所有内容，包括商户电话和地址等简介，商户图片，所有点评等。爱帮聚信公司认为汉涛公司的信函不符合要求删除的标准，没有提供网站所有者的证明，没有明确具体需要删除的网页，而是要求删除与大众点评网相关的内容，汉涛公司可以通过技术手段阻止爱帮聚信公司抓取信息，但汉涛公司没有积极阻止。对此汉涛公司认为，在汉涛公司提出删除要求后，爱帮聚信公司仍坚持自己没有侵权，不予删除，已经构成直接侵权。

爱帮聚信公司还提交了（2008）京国信内经证字第 1267 号公证书，证实 2008 年 6 月 16 日，其委托北京市国信公证处进行公证，进入爱帮网网页，点击"使用爱帮前必读"，进入爱帮免责声明页面，其中第 6 项内容为：任何网站如果不想被爱帮收录（即不被搜索到），应该遵照互联网行业惯例，在其网站中使用机器人除外协议加注拒绝收录标记，否则，爱帮将视其为可收录网站。第 7 项明确任何单位或个人发现爱帮搜索到侵权内容，应及时向爱帮提出书面通知，并提供书面身份证明和权属证明，爱帮聚信公司在收到上述文件后，尽快停止收录。爱帮聚信公司还公证了以"苏浙酒楼国贸店"为例的爱帮网近期使用情况，证实该店基本情况介绍的内容由爱帮网自己制作，未使用大众点评网的内容，点评内容使用了来源网站的内容摘要，且均对应链接地址，系搜索引擎的正常展示形式，点击链接后可以打开来源网站页面。在此次爱帮聚信公司公证中，大众点评网的点评内容依然存在，并可以链接显示。打开大众点评网站的机器人许可协议，显示汉涛公司并未禁止其他网站对其进行搜索。在公证过程中，爱帮聚信公司亦要求公证人员进入百度网和搜狗网对上述餐厅进行搜索，以对比使用方式的不同。在百度网对于苏浙酒楼北京国贸店的搜索结果中，排列在第一位的是大众点评网，内容为：

"中午跟着长辈来国贸，不为别的，就为一顿美食。本想去俏江南，后来有个叔叔看到此店，转战此地。我们 7 人，被安排在……苏浙酒楼，共 17 670 人浏览，最近一月 417 人浏览，共 31 人收藏。对此页面有意见或建议，请告诉我们。2003 – 2008 dianping. com……"

上述内容的左上角为大众点评网的名称，下方是大众点评网相关页面的链接地址，点击上述名称或网址，均可直接进入大众点评网进行浏览。

上述内容之后，搜索到的项目排列自第二位开始陆续为百度地图、中国经济网、网淘网、中国餐饮运营网等网站的内容，每个网站使用内容的详略程度与上述针对大众点评网的内容基本相同。搜狗网搜索的情形与此类似。

爱帮聚信公司解释称：爱帮网与百度网和搜狗网使用了不同的搜索引擎，展示形式不同。百度是针对整个网页进行搜索，摘要内容比较宽泛；爱帮网是垂直搜索，所有相关内容和条目均可搜索到，但均只提供摘要和链接。

汉涛公司对爱帮聚信公司提供证据的真实性予以认可，但表示爱帮网的免责声明是单方面的，汉涛公司没有使用机器人协议，是因为爱帮聚信公司没有在爱帮网公示其阻止标志，也不能就此证明汉涛公司放弃网站内容的著作权，允许他人随意使用。大众点评网的内容并不拒绝其他网站进行合理的搜索和使用，但不能以搜索为名直接使用网站内容。爱帮聚信公司公证书中的百度搜索，针对搜索到的每个网站整体内容只使用100多个字，而爱帮网把大众点评网的每一条点评都直接大部分使用，涵盖了大众点评网相关的主要内容。从爱帮聚信公司的公证书第12页也可以看出，爱帮网搜索到的百地通网站的商户点评为90个字，爱帮网引用了其中75个字，网民看到后已获取主要信息，不必再去原网站地址浏览。

针对爱帮聚信公司所称垂直搜索技术及其使用情况，爱帮聚信公司解释称，搜索引擎是从互联网抓取信息，程序没有分别，只是设定的目标不同。爱帮网搜索的技术特点是自动抓取深层数据，由程序控制对抓取的信息进行分析、选取和摘要，提供索引和链接。汉涛公司认为，垂直搜索可以细化搜索服务的范围，爱帮聚信公司称搜索过程由程序自动控制，但该程序由爱帮聚信公司设定，爱帮聚信公司完全可以使用少量摘要内容，但其摘要的标准过宽，数量大，基本等同于直接使用其他网站的内容。爱帮聚信公司仍坚持其提供的内容是摘要，并表示爱帮网现在已经对摘要的范围进行修整，限制在256字节之内，若原内容的字节少于此数量，则删除最后20个字节，可以促使网友进一步点击来源网站。

汉涛公司还提交了支付差旅费5 657元、公证费2 500元和律师费1万元的票据，证实其为此次诉讼维权支付的合理费用。爱帮聚信公司认为上述金额标准过高。

一审审理结果

原审法院认为：本案中涉及两个焦点问题，一是对大众点评网中的餐馆介绍和网友点评内容的性质如何认定；二是爱帮聚信公司经营的爱帮网对上述内容的搜索使用行为是否构成侵权。

1. 大众点评网中针对餐馆的介绍和点评内容整体构成汇编作品，汉涛公司作为网站的经营者，对上述内容享有著作权

关于餐馆介绍和网友点评的内容，爱帮聚信公司认为餐馆介绍是客观存在的基本情况，网友的点评是消费者的主观感受，点评内容相同或者类似，重复性高，不具有独创性，不享有著作权。

大众点评网的经营方式是鼓励网友对美食、购物、休闲、娱乐等生活服务类商户进行点评，本案涉及的针对餐馆的介绍和点评系其主要内容。在爱帮聚信公司提交的公证书中，通过百度搜索某餐馆，大众点评网的内容在搜索结果中排列第一位，与百度自身相关联的百度地图搜索都排列其后，上述结果能够说明大众点评网的经营规模已经在相关生活信息服务类型网站中名列前茅，具有较大影响力。该网站通过对发帖积极的网友赠送餐券、增加积分、提高会员级别等方式进行鼓励，使网友点评提供的信息达到相当数量，该网站在此基础上对点评信息进行编辑整理，使网友可以通过网站整理的材料了解餐馆的经营地址、消费水平、联系方式等基本信息，并通过众多网友的点评了解商户的经营特色和服务质量。与传统的网站自身调查餐馆情况，自身撰写介绍文字的模式相比，上述方式最大程度地利用了网站与网友之间的互动机制，方式新颖，信息量大且相对客观，大众点评网影响力的形成源于其较早使用上述方式经营，拥有众多会员，并集合了庞大数量的点评内容。会员人数和点评集合的数量是否达到一定规模，是评价此类网站的标准。

本案涉及的大众点评网中针对餐馆的内容主要由两部分组成：一是排列首部的情况介绍；二是排列下方的数条网友点评。其中情况介绍是大众点评网的工作人员在网友点评的基础上，通过系统规整形成；对餐馆的点评是该网站的基础内容。点评的特点要求网友用自己的方式表达直接感受。虽然针对一个餐馆的多个点评内容中不可避免地存在对菜品、感受等内容的重复，但即便针对同一款菜品产生相同的感受，因表达方式和能力不同，每个网友的点评内容还是各有特点，具有一定的独创性；且在此类点评网站上，如果众多已经尝试过的网友针对同一种菜品发表的点评意见基本一致，更加说明评价内容可信程度高，使在网站搜寻餐馆的网友获得更加深刻的了解。因此，在此类运行模式的网站上，重复并不影响对每条点评内容具有一定的独创性的认定。

虽然大众点评网在用户注册时明确成为网站会员，必须同意其在网站发表的内容的版权除人身权外的财产权利均属该网站独家所有，但实际上网站并不能禁止同一网友将相同的点评内容再上传到其他相同类型的网站，以向更多受众表达自己对于餐馆的感受。大众点评网只是通过注册协议获得了点评内容的使用权。该网站所做的工作是汇集点评内容，分类规整，参考网友点评内容，针对每一家餐馆在首部尽量详细地介绍基本情况，并在下方提供所有的点评内容。上述内容的组成部分包括客观存在的餐馆基本情况，也包括网友具有一定独创性的点评。网站通过收集、选择和编排，将上述内容汇集整理成为一个整体信息。上述针对每一个餐馆的整体信息符合我国著作权法中规定的汇编作品的特点，汉涛公司作为大众点评网的经营者，对上述汇编作品享有著作权。因点评网友已经在注册过程中许可大众点评网任意使用点评内容，汉涛公司对于上述汇编作品可以自行使用或者许可他人使用，不必再经网友同意。汉涛公司亦曾尝试将上述网站内容编辑成册，发送网友，以扩大该网站的影响。

2. 爱帮聚信公司经营的爱帮网直接使用了大众点评网的实质性内容，构成侵权

关于爱帮网的使用行为是否侵权的认定问题，应看其是否以合理的方式，在合理的范围内使用，是否存在侵犯汉涛公司著作权的故意和过失。爱帮聚信公司称爱帮网的定位是生活信息搜索网上平台，使用了新一代垂直搜索引擎技术服务，整个过程自动完成，符合相关规定。

搜索引擎的使用系帮助互联网用户在海量信息中迅速地查询并定位其所需要的信息，向用户提供来源网站的信息索引和网络地址的链接，引导用户到第三方网站浏览搜索内容，不应代替第三方网站直接提供内容。

对于爱帮网实际发生的使用行为，通过本案公证的证据可以看出，爱帮网中针对每个餐厅的页面，与一般搜索引擎体现的页面不同，在正常的搜索引擎网站的搜索结果中，直接罗列与来源网站对应的搜索结果，除了内容明显简短概括，来源网站的名称和链接作为主体，被放置在最显著的位置；而爱帮网明显对页面进行了加工，成为首部为简介，下方为点评的形式，并将每个信息的链接网址虚化，放置在右下角最不起眼的位置。上述网页体现出的内容并非搜索引擎服务一般性提供索引和链接的形式，而是直接系统地提供了内容，只是在下方放置了一个不甚清晰，极易被忽视的来源网址。如果把大众点评网涉案的每一家餐馆的介绍及点评内容作为一个整体信息，爱帮网使用了其中绝大部分内容，包括全部使用了大众点评网根据网友点评总结的首部基本情况介绍，还逐条使用了网友点评的内容，爱帮聚信公司所称的未全部使用，仅指每条点评最后删除了 20 个字节。通过上述本院查明部分所举例证可以看出，删除最后 20 个字节，对网友点评的内容并不构成实质性影响，在网站查询餐馆的网友根据餐馆的基本介绍和多条点评的绝大部分内容，已经足以了解餐馆的基本情况和顾客评价，其搜索餐馆获得信息的愿望已经基本满足。虽然爱帮网最后明示了信息来源，也提供了相关链接，但在一般情况下，除非该网友需要详尽了解最完整的情况，否则不会再选择点击链接。

上述使用行为在形式和内容上均明显超出了提供搜索引擎服务的范围，使实际提供内容的大众点评网的内容被大量复制，在爱帮网直接作为页面内容使用。本案中作为例证的餐馆被使用的字数即达到 2.8 万字，同时公证被使用的还有 131 家餐馆，即便不是每家餐馆都能达到上述字数，亦数目可观，且汉涛公司陈述尚有多家餐馆内容被使用的情况并未进行公证。上述情形已经使得网

友在爱帮网浏览即可获得基本等同于在大众点评网直接获得的信息，或者说获得了绝大部分实质性内容，加上爱帮网以同种方式使用了其他来源网站的内容，综合信息量明显大于大众点评网。

针对上述行为，爱帮网解释称其使用了垂直搜索引擎的新型技术，自动搜索相关信息。对此本院认为，技术的进步是无止境的，但技术不能被无限制地随意使用。垂直搜索可以针对某一特定领域的信息进行多层面、多条目的搜索，使用者在设定搜索范围和摘要范围时可以进行调整，并非完全无法控制，应当在合理范围内使用。将来源网站的实质性内容直接复制到自己的网页，仅仅在每条内容后面加注来源，这种使用方式已经超出了搜索引擎服务的基本特征，直接复制使用了大众点评网的实质性内容。爱帮聚信公司自己亦称现在爱帮网已经对摘要的范围进行了调整，从爱帮聚信公司公证爱帮网近期的网页内容也可以看出，其首部的餐厅介绍不再直接使用大众点评网的原样格式，也增添了少量爱帮网网友的点评内容，搜索使用的其他网站的点评内容也较前缩短，可见爱帮聚信公司对于搜索内容的使用范围和使用形式完全可以通过技术手段进行调整，爱帮聚信公司也已经意识到无限制地随意使用来源网站的内容存在不当之处。

互联网鼓励信息开放和广泛传播，也鼓励新技术的发展，但不能以提供搜索引擎服务的名义，随意将来源网站享有权利的内容大量复制使用，使之成为自身网站内容的主要组成部分，并对来源网站构成明显不利影响。爱帮聚信公司提供的百度等其他网站搜索服务的结果，证实其他搜索网站链接提示清晰，摘要的范围有限，不点击进入来源网站无法了解实质性内容。这并不说明其他搜索服务网站不具备爱帮网的先进技术，而是其他网站能够意识到自己的使用范围和方式不能过限，只在适当的范围内，以符合搜索引擎服务特点的方式进行使用。

汉涛公司公证的结果证明爱帮网的内容均来自第三方网站，且详尽到每一条信息的大部分内容，其中针对大众点评网使用的比例达到一半，可以认定为对大众点评网实质性内容的直接复制使用。汉涛公司曾经就上述问题致函爱帮聚信公司，要求其停止不当行为，但爱帮聚信公司以爱帮网的使用行为未侵犯汉涛公司权利为由，拒绝改变使用方式。爱帮聚信公司在诉讼中以汉涛公司的告知函没有明确删除的标准，没有提供网站所有者的证明，没有明确具体需要删除的网页为由认为不符合通知的要件，但爱帮聚信公司在回函中并未对汉涛公司的网站经营者身份提出异议，只是表明自己使用正当；而针对爱帮网的大量使用行为，汉涛公司很难明确具体需要删除的网页。在汉涛公司明确权利，提出爱帮聚信公司使用不当，应当删除的情况下，爱帮聚信公司仍然以同样方式继续大量复制使用汉涛公司网站的内容，其行为存在明显过错，侵犯了汉涛公司针对大众点评网汇编作品内容的复制权和信息网络传播权。

关于爱帮聚信公司提出的汉涛公司可以使用禁止标志阻止爱帮网搜索一节，本院认为，是否使用禁止标志阻止搜索是汉涛公司选择的权利，爱帮网的使用行为已经超出了搜索引擎网站的基本形式和索引的范围，汉涛公司提起本诉的目的是阻止爱帮聚信公司超出正常范围的使用行为，其本意并非阻止爱帮聚信公司以合理的方式，在合理范围内使用。在爱帮聚信公司对使用方式和使用范围可以通过技术操作进行控制的前提下，应首先由爱帮聚信公司对其网站的不当使用方式和范围进行调整，不应以汉涛公司未进行阻止为由认为爱帮聚信公司的使用行为合理。本案的实质不在于是否可以进行搜索，而是对于搜索内容的使用能否超越摘要范围，能否在所谓的搜索页面直接提供来源网站的实质性内容。

爱帮聚信公司针对大众点评网内容的使用行为构成侵权，汉涛公司诉请其停止侵权，爱帮聚信公司应停止在爱帮网继续使用大众点评网的实质性内容。如继续使用，应限制在仅提供索引和链接，不提供实质性内容，不明显影响大众点评网经营的范围内。因上述具体标准如何确定无法在本判决中具体表述，爱帮聚信公司应先行停止使用大众点评网的内容，并与汉涛公司协商确定具体使用范围和方式，亦可通过合作授权等其他方式获得汉涛公司的许可。爱帮聚信公司虽称其技术无法控制搜索内容，但其在答辩意见中明确可以通过程序控制对抓取的信息进行分析、选取等工作，通过其公证的后期使用内容也证实其可以对爱帮网的使用的范围和方式进行调整，故实现上述要求并非不能。

爱帮聚信公司还应赔偿因其侵权行为给汉涛公司造成的损失。因汉涛公司的实际损失及爱帮聚信公司获益均没有明确标准，本院综合考虑被使用作品的性质，汉涛公司及爱帮聚信公司网站的规模与影响，爱帮聚信公司使用的形式和数量，其侵权的过错程度等因素，酌情确定赔偿数额。汉涛公司所诉 20 万元的请求标准过高，本院不予全额支持。汉涛公司因本案支出的诉讼合理费用，爱帮聚信公司亦应一并赔偿。

汉涛公司的诉讼请求中要求爱帮聚信公司针对使用行为赔礼道歉，但因爱帮聚信公司的侵权行为限于使用汉涛公司网站的内容，也注明了出处，仅涉及财产权利，其上述诉讼请求本院不予支持。

据此，本院依据《中华人民共和国著作权法》第 14 条、第 47 条第（1）项、第 48 条之规定，判决如下：

（1）本判决生效后，被告爱帮聚信（北京）科技有限公司停止在其经营的爱帮网（网址 http：//www.aibang.com）使用来源于原告上海汉涛信息咨询有限公司经营的大众点评网（网址 http：//www.dianping.com）中的内容；

（2）被告爱帮聚信（北京）科技有限公司赔偿原告上海汉涛信息咨询有限公司经济损失 3 万元，支付诉讼合理开支 1.75 万元；

（3）驳回原告上海汉涛信息咨询有限公司的其他诉讼请求。

爱帮聚信公司不服原审判决，提起上诉，请求法院撤销原审判决，驳回汉涛公司的诉讼请求。其上诉理由为：（1）汉涛公司网站上的餐馆介绍及用户点评内容整体上不构成汇编作品，用户点评内容本身并不享有著作权，因此，汉涛公司并非本案适格的原告。（2）即便上述内容构成汇编作品，法律亦并不禁止对于汇编对象的再行使用，爱帮聚信公司向互联网用户提供符合其指令要求的链接及内容摘要，并未构成对汇编作品著作权的侵犯。上诉人提供的是搜索引擎服务，该行为完全符合法律的规定，故原审判决认定爱帮聚信公司的行为构成侵权缺乏事实及法律依据。

汉涛公司服从原审判决。

二审查明事实

二审法院查明的事实与原审法院查明的事实相同。另查明：大众点评网中对于用户点评文字系依据时间顺序排列。有些用户对被点评的餐馆进行了较为详细的点评，有些用户的点评则非常简单，如"环境不错，东西量足，味道嘛一般……"等。

二审审理结果

二审法院认为：本案涉及如下焦点：

1. 大众点评网中的餐馆介绍和网友点评文字整体上是否构成汇编作品

《中华人民共和国著作权法》第 14 条规定，汇编若干作品、作品的片段或者不构成作品的数据或者其他材料，对其内容的选择或者编排体现独创性的作品，为汇编作品。

根据上述规定，认定大众点评网中餐馆的介绍以及网友点评文字整体构成汇编作品的前提是，汉涛公司对上述介绍及点评文字进行了具有独创性的选择或编排。鉴于大众点评网对于网友点评文字系按照时间顺序排列，排列方式是常见的排列方式，并不具有独创性。同时，本案现有证据亦无法看出汉涛公司对于用户点评的内容进行了选择。故本院认为，本案证据无法证明汉涛公司对于餐馆的介绍及网友点评进行了独创性的内容选择或编排，大众点评网中餐馆的介绍及网友点评文字整体上不构成汇编作品。原审法院认定大众点评网中的餐馆介绍和网友点评内容构成汇编作品，该认定错误，本院依法予以纠正。

2. 大众点评网中每个用户的点评文字是否构成作品

《中华人民共和国民事诉讼法》（以下简称《民事诉讼法》）第 151 条规定，第二审人民法院应当对上诉请求的有关事实和适用法律进行审查。

在本案原审程序中，汉涛公司除主张其享有汇编作品的著作权外，同时主张用户点评文字构成原创作品，其对用户点评文字享有著作权，原审法院对于汉涛公司的该主张并未支持，汉涛公司针对原审判决亦未提起上诉。但在二审程序中，汉涛公司对原审判决的该认定提出异议。虽然依据上述法律规定，本院仅须审理爱帮聚信公司的上诉理由及上诉请求，但为更好地保护各方当事人的权益，本院将对汉涛公司的该异议予以评述。

鉴于汉涛公司主张其对每个用户的点评文字均单独享有著作权，而该主张成立的前提是每个用户的点评文字构成作品，故本院现对每个用户的点评文字是否构成作品予以评述。

《中华人民共和国著作权法实施条例》（以下简称《著作权法实施条例》）第 2 条规定，著作权法所称作品，是指文学、艺术和科学领域内具有独创性并能以某种有形形式复制的智力成果。由该条规定可知，只有具有独创性的智力成果才能构成作品。

虽然对于独创性要求，我国《著作权法》及《著作权法实施条例》并未明确规定，但通常认为该智力成果须由行为人独立创作，并达到最低限度的创造性高度。获得相关成果的过程应具有智力创作空间，能够发挥个性，否则该过程不构成创作，相关成果也不具有独创性。如果该智力成果与他人在先发表的作品相同或相似，则除非行为人能够证明该相同或相似系源于巧合，否则不能证明该智力成果系行为人独立创作。

由案件查明事实可知，该案中，有的用户对被点评的餐馆进行了较为详细的点评，而有些用户的点评则非常简单，如"环境不错，东西量足，味道嘛一般……"。

对于非常简单的点评文字是否构成作品，本院认为，因用非常简单的语言描述餐馆的某一具体特点，可供选择的表达方式非常有限，因此，如果对这一表达方式进行著作权保护，将会导致这一表达方式所体现的思想亦得到保护，这一结果显然不符合著作权法仅保护表达不保护思想的基本原则。据此，非常简单的用户点评文字不属于著作权法保护的智力成果。此外，鉴于此种表达方式属于对餐馆某一具体特点的常规表达方式，亦难以达到著作权法所规定的独创性要求，不属于受著作权法保护的作品。

即使是较为详细的点评，主要作用也在于描述客观事实、传递信息。其中用于简单描述客观事实或观点的表达方式也非常有限，如果对其进行著作权保护，会同时导致相关事实或观点被垄断。如"推荐菜：手撕鸡。标签：休闲、朋友聚餐、下午茶、可停车。交通停车：有地下"。因此，详细的点评也不必然构成受著作权法保护的作品。即使构成作品，因其包含大量对客观事实的简单描述，受著作权法保护的范围也非常有限。

综上所述，汉涛公司认为每个用户点评文字均构成作品的理由不能成立。

3. 汉涛公司对构成作品的用户点评文字是否享有著作权

《著作权法》第11条第4款规定，如无相反证明，在作品上署名的公民、法人或者其他组织为作者。

鉴于用户点评文字均由网络用户作出，故在无反证的情况下，对于构成作品的点评文字，应认定用户享有著作权。

汉涛公司认为大众点评网中的"注册协议"和"关于我们/版权说明"均可以证明汉涛公司享有用户点评文字的著作权。对此，本院认为，鉴于大众点评网的注册协议中确载有"任何会员在本站所发表的合法言论、文章及图片版权归原作者和本站"的字样，且用户须同意该注册协议才可以在大众点评网发表点评。故在无反证的情况下，依该协议可以初步认定对于构成作品的用户点评文字，其著作权由用户与汉涛公司共同享有。虽然在大众点评网中的"关于我们/版权说明"中，有"任何会员的合法言论、文章及图片一经在本站发表，该作品的版权、除署名权、发表权、修改权、保护作品完整权归原作者享有外，其他权益即无偿转归本站独占所有"的字样，但鉴于该版权说明属于汉涛公司单方的意思表示，并无证据证明用户已接受上述意思表示，故依上述声明并不能证明用户已将其对点评文字的著作权转让给汉涛公司。

综上所述，本院认为，即便对于构成作品的用户点评文字，本案现有证据亦仅能证明其著作权归用户与汉涛公司共同享有，据此，汉涛公司对于构成作品的用户点评文字单独享有著作权的主张不能成立。

4. 汉涛公司是否有权提起本案诉讼

《民事诉讼法》第108条规定，起诉必须符合下列条件：（1）原告是与本案有直接利害关系的公民、法人和其他组织；（2）有明确的被告；（3）有具体的诉讼请求和事实理由；（4）属于人民法院受理民事诉讼的范围和受诉人民法院管辖。

《最高人民法院关于适用〈中华人民共和国民事诉讼法〉若干问题的意见》第139条规定，起诉不符合受理条件的，人民法院应当裁定不予受理。立案后发现起诉不符合受理条件的，裁定驳回起诉。

本案中，本院已认定大众点评网中的餐馆介绍和用户点评内容整体上并不构成汇编作品，汉涛公司对上述内容并不享有汇编作品的著作权。同时，汉涛公司虽认为每个用户点评文字均构成原创作品且其对用户点评文字享有著作权，但鉴于其对于原审判决并未提出上诉，该主张并非本案二审审理范围，且本院亦已认定其对于构成作品的用户点评文字并不当然享有单独的著作权。据此，本院认为，根据现有证据无法认定汉涛公司对于大众点评网中的餐馆介绍和网友点评内容单独享有著作权。汉涛公司并非与本案有直接利害关系的公民、法人和其他组织，本案不应予以受理。鉴于本案已被受理，本院现依法驳回起诉。

综上所述，原审法院认定爱帮聚信公司的行为侵犯了汉涛公司对于大众点评网中汇编作品的复制权和信息网络传播权，该认定有误，本院依法不予维持。

5. 点评类网站权益的保护与垂直搜索服务的合法性

点评类网站的主要功能在于为网友提供发表评论的平台，在该平台上网友可以对餐馆、购物、娱乐、休闲等具体的生活服务发表点评。同时，其他网友可以在点评类网站对于上述具体类别的生活服务进行搜索查询，以了解相关信息。对于点评类网站而言，网友点评的数量与质量在很大程度上决定了该网站的价值。点评类网站为获取网友点评而进行的投入，以及网友点评为该网站所带来的利益，应受到合法保护。其他经营者不得使用违反诚实信用原则的手段不正当利用网友点评，以获得不正当利益。

垂直搜索是一种专业搜索引擎，该搜索服务为用户提供具有针对性的信息搜索，通常针对的是某一领域、某一特定人群或某一特定需求的特定信息，如餐饮信息、旅游信息等。垂直搜索引擎抓取的信息主要来源于其所关注的特定行业网站。此种服务可以在一定程度上解决通用搜索引擎的信息量大、查询不准确、深度不够等问题。

鉴于垂直搜索引擎技术客观上会为网络用户提供更为准确的搜索服务，会促进搜索引擎行业的发展，因此该技术本身并不具有违法性。但技术的合法性并不表明垂直搜索网站在使用该技术时可以不受任何限制。鉴于垂直搜索网站抓取的信息主要来源于相关专业类网站，而此类网站是否能够吸引网络用户登录及点击，在很大程度上亦取决于其所提供信息的数量及准确性。因此，垂直搜索类网站对于特定行业网站的信息的利用，应控制在合理的范围内，即垂直搜索网站对特定行业网站信息的使用，不得对该网站造成市场替代的后果，否则，其提供的具体形式的垂直搜索服务则可能被认为不具有合法性。对于点评类网站而言，如果垂直搜索网站使用了该点评类网站中较大比例的信息，且上述使用使得网络用户无须到达被链接的点评类网站即可获得基本内容，则此种使用具有构成市场替代作用的可能性。

但鉴于本案中汉涛公司仅主张爱帮聚信公司的行为构成对其著作权的侵犯，故对于爱帮聚信公司的行为是否具有合法性，本院不予具体评述。

综上所述，原审判决认定事实及适用法律有误，本院依法予以改判。依据《中华人民共和国民事诉讼法》第108条、第153条第1款第（3）项之规定，判决如下：

（1）撤销北京市海淀区人民法院作出的（2008）海民初字第16204号民事判决；

（2）驳回上海汉涛信息咨询有限公司的起诉。

13. 《命运之战》著作权侵权纠纷案

——北京水木华彩版权代理有限公司诉 北京世纪卓越信息技术有限公司

原告（被上诉人）： 北京水木华彩版权代理有限公司

被告（上诉人）： 北京世纪卓越信息技术有限公司

案由： 侵犯著作权纠纷

一审案号： 北京市朝阳区人民法院（2009）朝民初字第 15988 号

一审合议庭成员： 李自柱、李宝荣、贾玉淑

一审结案日期： 2009 年 6 月 19 日

二审案号： 北京市第二中级人民法院（2009）二中民终字第 15765 号

二审合议庭成员： 冯刚、葛红、张剑

二审结案日期： 2009 年 9 月 17 日

判决要旨

著作权的权利类型是法定的，每项权利所控制的侵权行为也具有特定性，不受著作权权项控制的行为不构成侵犯著作权。将他人享有著作权的音像制品进行包装的行为以及销售包装后音像制品的行为均不构成侵犯著作权的行为。

起诉与答辩

原告北京水木华彩版权代理有限公司（以下简称水木华彩版权代理公司）诉称：中国三环音像出版社（以下简称三环音像社）拥有《大决战——辽沈战役》等 10 部电影及纪录片（详见附件）的复制、发行权。经三环音像社授权，我公司取得了上述 10 部影片的复制、发行权，并有权对侵犯上述影片的行为主张权利。2009 年 3 月，我公司发现北京世纪卓越信息技术有限公司（以下简称世纪卓越信息技术公司）在通过网络销售一套名为《命运之战》的音像制品，其中包括了 16 张 DVD 光盘，内容为我公司享有复制、发行权的上述 10 部影片。经核实，三环音像社从未出版发行过上述《命运之战》，该产

品应为非法出版物。其中的光盘也为盗版光盘，并不是三环音像社及我公司出版发行的。这种以独立包装的形式重新包装上述 10 部影片盗版盘的出版物是侵权物。该《命运之战》中的光盘是世纪卓越信息技术公司复制的，《命运之战》是世纪卓越信息技术公司汇编的，且在网络上公开销售，世纪卓越信息技术公司侵犯了我公司对上述 10 部影片享有的复制、发行权。故我公司要求世纪卓越信息技术公司赔偿我公司经济损失 30 万元及合理费用 486 元。

被告世纪卓越信息技术公司辩称：水木华彩版权代理公司并未取得其主张的所有 10 部影片的授权，因此水木华彩版权代理公司无权提起本案诉讼。我公司只是销售商，不进行商品的复制和制作，且我公司销售的产品有合法来源，是从厦门世纪慧泉文化传播有限公司（以下简称世纪慧泉文化公司）购进的正规出版物，且尽到了合理的审查义务。水木华彩公司电话通知我公司后，我公司就停止了涉案光盘的销售，主观上并没有过错。水木华彩版权代理公司主张的赔偿数额过高，没有依据。如上所述，请求驳回水木华彩版权代理公司的诉讼请求。

一审查明事实

原审法院查明：《大决战——辽沈战役》等 10 部影片由中国人民解放军八一电影制片厂（以下简称八一制片厂）摄制。2009 年 3 月 1 日，八一制片厂出具《授权确认书》，将上述 10 部影片的专有复制权、专有发行权及信息网络传播权独家授权给了三环音像社，并明确三环音像社有权独立行使或授权他人行使上述专有权利，包括但不限于出版、复制、发行授权作品的各种音像制品（含其他新式载体），通过有线或无线方式传播授权作品，对任何时间、区域内侵犯授权作品相关著作权利的行为提起诉讼并获得赔偿等。当日，三环音像社出具《授权书》，又将上述 10 部影片的复制、发行权等专有权利授权给水木华彩版权代理公司独家行使，并明确水木华彩版权代理公司有权以自己的名义对任何时间、区域内侵犯授权作品相关著作权利的行为主张权利。

水木华彩版权代理公司自认三环音像社曾出版发行过该 10 部影片的光盘，但水木华彩公司版权代理公司只向法庭提交了该 10 部影片中的《大决战——辽沈战役》（上、下）、《大转折——挺进大别山》（下）、《大进军——大战宁沪杭》共 4 张裸盘，其余电影的光盘拒绝提交。

2009 年 3 月 23 日，水木华彩版权代理公司以 486 元的价格，通过网络从世纪卓越信息技术公司订购了一套《命运之战》光盘。次日，水木华彩版权代理公司收到该《命运之战》光盘，并取得了世纪卓越信息技术公司开具的发票。该《命运之战》包含了水木华彩版权代理公司主张的 10 部影片，共计

16 张光盘。水木华彩版权代理公司无证据证明该《命运之战》中的光盘是世纪卓越信息技术公司复制的，也无证据证明世纪卓越信息技术公司将光盘包装成了《命运之战》的独立包装形式。

将水木华彩公司提交的上述 4 张裸盘与《命运之战》中的相应光盘比对，无论从播放的内容还是从盘面来看，均无差异。水木华彩公司自认就同一部电影三环音像社曾委托过不同的光盘复制厂复制光盘，故无法说明具体电影的光盘复制厂家，也不能确认涉案《命运之战》中的光盘是否为盗版光盘。

世纪卓越信息技术公司与世纪慧泉文化公司曾于 2007 年 7 月 18 日签订《商品经销合同》，约定世纪卓越信息技术公司从世纪慧泉文化公司购进光盘，世纪卓越信息技术公司还审查了世纪慧泉文化公司的企业法人营业执照及音像制品经营许可证。涉案《命运之战》即为世纪卓越信息技术公司根据上述合同从世纪慧泉文化公司购进的。

一审审理结果

原审法院认为：经八一制片厂给三环音像社的授权以及三环音像社给水木华彩版权代理公司的授权，水木华彩版权代理公司依法取得了涉案 10 部影片的复制、发行权。

现水木华彩版权代理公司认为世纪卓越信息技术公司的侵权行为为复制了《命运之战》中的光盘，将这些光盘独立包装成了《命运之战》包装形式，并销售该《命运之战》。水木华彩版权代理公司并未举证证明该《命运之战》中的光盘是世纪卓越信息技术公司复制的，也无证据证明世纪卓越信息技术公司将光盘包装成了《命运之战》的独立包装形式，且将光盘独立包装成《命运之战》的形式与是否侵犯涉案影片的著作权无关，因此对于水木华彩版权代理公司提出的世纪卓越信息技术公司复制了涉案《命运之战》中的光盘并进行独立包装，侵犯其复制、发行权的起诉意见，本院不予支持。

对于世纪卓越信息技术公司的销售行为而言，该销售行为构成侵犯著作权的前提需是《命运之战》是侵犯水木华彩版权代理公司主张的 10 部影片的复制、发行权的侵权物，即其中的光盘是未经权利人许可复制的盗版光盘。但水木华彩版权代理公司自认其无法确认《命运之战》中的光盘是否为盗版光盘，且水木华彩版权代理公司提交的 4 张光盘与《命运之战》中的相应光盘也无差异，因此水木华彩版权代理公司现有证据不足以证明《命运之战》中的光盘为侵权物。另外，世纪卓越信息技术公司销售的《命运之战》是从世纪慧泉文化公司购进的，且审查了世纪慧泉文化公司的营业执照、音像制品经营许可证。故世纪卓越信息技术公司销售的产品具有合法来源，且尽到了合理审查义务。

综上所述，水木华彩版权代理公司现有证据不足以证明世纪卓越信息技术公司的销售行为侵犯了其对涉案 10 部电影享有的复制、发行权。

依据《中华人民共和国民事诉讼法》第 64 条第 1 款之规定，判决如下：

驳回北京水木华彩版权代理有限公司的诉讼请求。

案件受理费 5 807 元，由北京水木华彩版权代理有限公司负担。

水木华彩版权代理公司不服原审判决，提起上诉，请求二审法院撤销原审判决，改判支持其原审全部诉讼请求或者裁定发回重审。

世纪卓越信息技术有限公司服从原审判决。

二审查明事实

二审法院查明的事实与原审法院查明的事实相同。

二审审理结果

在审理过程中，经法院主持调解，双方当事人达成和解协议：

（1）在本案审理过程中，北京世纪卓越信息技术有限公司向法院提交证据，证明北京世纪卓越信息技术有限公司销售的涉案《命运之战（16DVD）》产品系由厦门世纪慧泉文化传播有限公司提供，北京世纪卓越信息技术有限公司与厦门世纪慧泉文化传播有限公司就经销涉案《命运之战（16DVD）》产品签订了商品经销合同，并审查了厦门世纪慧泉文化传播有限公司的企业法人营业执照和音像制品经营许可证，以及厦门世纪慧泉文化传播有限公司提供的北京高诵扬和科技中心授权厦门世纪慧泉文化传播有限公司销售《命运之战》的委托书，北京盛瑞燎原文化传播有限公司授权北京高诵扬和科技中心销售《命运之战》的委托书，以及"中国三环音像社音像制品发行部"授权北京盛瑞燎原文化传播有限公司销售《世纪大阅兵》（1 碟）、《大决战（辽沈/淮海/平津）战役》（6 碟）、《大进军——席卷大西南》（2 碟）、《大进军——南线大追歼》（2 碟）、《大进军——解放大西北》（2 碟）、《大进军——大战宁沪杭》（1 碟）、《大转折——鏖战鲁西南》、《挺进大别山》（2 碟）的销售委托书。鉴于此，北京水木华彩版权代理有限公司认可北京世纪卓越信息技术有限公司销售的涉案《命运之战（16DVD）》产品具有合法来源，并已经履行了充分、合理的审查义务，北京水木华彩版权代理有限公司同意放弃其全部上诉请求及原审诉讼请求。

（2）双方就涉案争议再无其他纠纷，相互之间不再主张任何权利。

原审案件受理费5 807元，由北京水木华彩版权代理有限公司负担；二审案件受理费5 807元，减半收取2 903.5元，由北京水木华彩版权代理有限公司负担。

14.《盗墓笔记 4》著作权侵权纠纷案

——中国友谊出版公司诉浙江淘宝网络有限公司、杨海林

原告（被上诉人）：中国友谊出版公司
被告（上诉人）：浙江淘宝网络有限公司
被告：杨海林
案由：侵犯出版权纠纷

一审案号：北京市东城区人民法院（2009）东民初字第 2461 号
一审合议庭成员：裴桂华、亓蕾、樊雪
一审结案日期：2009 年 6 月 19 日
二审案号：北京市第二中级人民法院（2009）二中民终字第 15423 号
二审合议庭成员：冯刚、葛红、张剑
二审结案日期：2009 年 9 月 20 日

判决要旨

网络交易平台的提供者不同于将市场内的柜台、摊位等经营场所出租给租户并收取租金，用以批发或者零售商品，并对整个市场进行经营管理的市场主体，即市场经营单位。网络交易平台提供者对于个人卖家的信息及其所销售的商品价格不负有法定审查义务，通常也不具备审查能力，在接到警告后，网络交易平台提供者及时删除相关信息的，与个人卖家不构成共同侵权。

起诉与答辩

原告中国友谊出版公司（以下简称友谊出版公司）诉称：2008 年 1 月 29 日，原告友谊出版公司与磨铁（北京）文化发展有限公司（以下简称磨铁公司）签订了图书出版合同，约定原告享有在中国大陆范围内以图书形式出版《盗墓笔记 4》（以下简称正版图书）的专有权利。2008 年 11 月，原告发现被告杨海林以明显不合理的低价，通过开设在被告淘宝网公司网站（域名为 http：//www.taobao.com）上的网店销售《盗墓笔记 4》（以下简称涉案图书）。

经过原告确认，被告杨海林所销售的涉案图书系盗版图书，其行为侵犯了原告享有的专有出版权。被告浙江淘宝网络有限公司（以下简称淘宝网公司）作为提供交易服务平台的主体，对在其网上销售的涉案图书及销售主体资格未尽到合理的审查义务，且对以明显低于市场价格销售图书的信息未尽到及时删除的义务，为非法销售盗版图书提供了渠道和便利，已经参与到被告杨海林的侵权环节之中，与被告杨海林构成共同侵权，应承担连带责任。故诉至法院，请求判令二被告：（1）停止侵权行为，在公开发行的媒体上赔礼道歉，消除影响；（2）赔偿原告经济损失 20 万元；（3）支付原告为制止侵权行为所支付的合理费用 2.4 万元；（4）承担本案诉讼费用。

被告淘宝网公司辩称：淘宝网公司作为提供信息发布平台的服务提供商，并非网店经营者，不应承担因网店经营或商品发布、销售而引发的侵权责任。涉案图书的销售信息系淘宝网公司收到原告的投诉函之前由被告杨海林在网上发布并传输的，淘宝网公司对被告杨海林销售涉案图书是否构成侵权并不知情。被告淘宝网公司在收到原告投诉函之后，对所投诉的相关信息及时作了删除处理，并按要求提供了会员的注册资料，已经尽到了合理的注意义务，不构成对原告专有出版权的侵犯。请求法院驳回原告的全部诉讼请求。

被告杨海林未发表答辩意见。

一审查明事实

原审法院查明：2007 年 9 月 5 日，磨铁公司与徐磊签订了著作权许可使用合同。双方约定，《盗墓笔记 4》系徐磊创作的盗墓题材长篇小说，徐磊授予磨铁公司在合同有效期内，在中国境内以图书形式出版发行上述作品的中文简体字版本的专有使用权；磨铁公司有权将协议全部或部分的权利和义务授予或转移给第三方，且无须另行通知徐磊或向徐磊支付任何额外费用；合同自签订之日起生效，有效期为 5 年。2008 年 1 月 29 日，原告与磨铁公司签订了图书出版合同。双方约定，磨铁公司授予原告在中国大陆范围内，以图书形式出版《盗墓笔记 4》（简体）文本的专有使用权；合同自双方签订之日起生效，有效期为 3 年。同年 11 月，原告出版图书《盗墓笔记 4》，图书署名"南派三叔"，并明确作者本名徐磊。

被告淘宝网公司成立于 2003 年 9 月 4 日，经营范围包括第二类增值电信业务中的信息服务业（仅限互联网信息服务业务），不包含新闻、出版、教育、医疗保障、药品和医疗器械、文化、广播电影电视节目等内容的信息服务；含消费购物类电子公告信息服务。2007 年 6 月 21 日，被告淘宝网公司向浙江省杭州市东方公证处申请对有关网页打印、下载的过程进行证据保全。其中，《淘宝网服务协议》就用户注册、用户权利和义务、淘宝网公司的权利和义务、服务的中断和终止、责任范围、隐私权政策及管辖等给予了明确约定。按照一般流程，在淘宝网发布信息的用户均需先注册为淘宝网会员，用户通过新会员注册获得一个经淘宝网核准的会员名和登录密码。如会员需在淘宝网站上出售物品，还需进行个人认证或商家认证，被告淘宝网公司要求会员填写真实姓名及证件号码、交易联系地址及电话，证件以在线上传或传真、邮寄形式传送给被告淘宝网公司，获得认证的会员即可在淘宝网上发布交易信息。《商品发布管理规则》声明，对违反《商品发布管理规则》的行为，被告淘宝网公司将根据会员违规的情节和程度，对会员直接作出删除商品信息，限制交易权限甚至冻结用户账号的处罚。《禁止和限制发布物品管理规则》声明，禁止发布的物品包括任何侵犯他人知识产权的物品，如假冒商品，侵犯他人版权或专利权的产品，未经授权（如盗版、翻录、备份、盗录等）的复制品，软件程序、电视游戏、音乐集、电影、电视节目或照片。由于发布禁止或限制物品所引起的法律责任由相关用户完全承担，与淘宝网无关。一旦淘宝网发现有任何违反规则的物品信息，淘宝网有权立即予以删除，并保留给予相关用户警告、冻结直至终止其账户的权力。《商品管理补充规则》中《书籍音像制品规则补充》显示，对于价格明显低于市场水平的违规商品，一经查实盗版证据，全部删除。

2008年12月9日，磨铁公司受原告委托，向北京市东方公证处申请对在淘宝网上搜索及购买涉案图书的过程及网页上的相关内容进行证据保全。北京市东方公证处于2008年12月11日出具（2008）京东方内民证字第7894号公证书，公证内容显示，打开电脑IE浏览器后，在地址栏输入 http：www.taobao.com，进入淘宝网；在首页"搜索宝贝"栏目输入"盗墓笔记全集"，显示符合搜索条件的结果121条，不同卖家的单册定价为11~25元不等，运费亦各不相同；返回淘宝网，在"搜索宝贝"栏目输入"盗墓笔记"，显示符合搜索条件的结果4 000余条，卖家报价均在10元以下；在首页搜索栏中输入"盗墓笔记4"，进入搜索页面，选择"价格从低到高"，所在地为"北京"，点击搜索页面中的第七个标题"盗墓笔记4 南派三叔"（卖家：杨帆书屋），显示卖家报价8元，点击页面上"收藏这件宝贝"和"去我的收藏夹"之后，点击"合并购买"，显示交易页面，点击页面上"确认无误，购买"之后，选择"网上银行付款"中"中国民生银行"，点击"确认无误，付款"，按程序点击"去网上银行付款"，进入页面后，填写相关信息，并点击页面上"确认"，显示付款成功。

2008年12月17日，磨铁公司向北京市东方公证处申请对其登录淘宝网后"已买到的宝贝"上网页的相关内容进行保全证据。北京市东方公证处于2008年12月22日出具（2008）京东方内民证字第8156号公证书，公证内容显示，打开浏览器，在地址栏输入 http：//www.taobao.com，打开"淘宝网"的首页，点击首页中左上方的"我的淘宝"；在账户名中输入 genuinenewbee 并输入相应密码，然后点击登录；登陆成功后，点击"我是买家"栏目下的"已买到的宝贝"，页面底部的"下一页"显示从卖家"杨帆书屋 杨海林"购买的涉案图书，交易时间2008年12月9日，总价为13元，交易状态为交易成功，物流方式为快递。

2008年12月18日，磨铁公司受原告委托向被告淘宝网公司出具关于淘宝网销售涉案图书问题的函及知识产权侵权通知书，通知被告淘宝网有关销售涉案图书的链接内容侵犯其版权，要求删除其列举的侵权图书链接，对有关网站经营者予以警告，并提供侵权网店经营者的真实名称、地址、联系方式。被告淘宝网公司于2008年12月22日向磨铁公司出具投诉回函，称对磨铁公司所指证的侵犯原告知识产权的上传信息进行检查，给予删除处理，共28件，并提供卖家在被告淘宝网上自行注册的资料。其中，会员名为"杨帆书屋"的卖家姓名为本案被告杨海林，地址为北京市春松胡同2号。

2009年1月5日，磨铁公司向北京市东方公证处申请证据保全公证，称其从淘宝网上购买了图书，现收到卖家通过快递公司发给他们的两个快件，并称其在收到后两个快件一直未开封，为维护其合法权益和日后可能发生的诉讼需要，申请对两个快件的现状及快件内的物品进行保全证据。北京市东方公证处于2009年1月8日出具（2008）京东方内民证字第67号公证书，公证内容显示，秦甦将两个快件的包装打开，然后对快件内的物品进行拍照，共拍摄照片9张，其中天天快递运单上记载发件人为杨海林，发件人详细地址为北京市东城区春松胡同2号。

经当庭比对，涉案图书与正版图书虽然版权页均标明系原告出版，但正版图书与涉案图书在印刷版次、印刷质量、目录样式上均不一致，原告否认涉案图书系其出版物。

磨铁公司共为上述三次公证支付公证费4 600元。

一审审理结果

原审法院认为：图书出版者对著作权人交付出版的作品，按照合同约定享有的专有出版权受法律保护，他人未经许可不得出版该作品。本案的争议焦点为原告是否享有正版图书的专有出版权；被告杨海林的行为是否构成侵权；被告淘宝网公司是否应当承担共同侵权责任。

关于原告是否享有正版图书专有出版权的问题。依据本案查明事实，正版图书作者徐磊通过签订著作权许可使用合同，将涉案图书的专有出版权授予磨铁公司，磨铁公司又在合同约定期限内通过签订图书出版合同的方式，将正版图书专有出版权授予给原告。上述合同的签订系合同双方的真实意思表示，且符合法律规定，应当认定有效。故原告依法享有正版图书的专有出版权。由于专有出版权的取得并不以享有著作权为前提，故被告淘宝网公司主张原告在未能举证证明享有正版图书著作权的情况下，不能证明其享有专有出版权的意见，本院不予采信。

关于被告杨海林销售涉案图书是否构成侵权的问题。首先，涉案图书虽然在版权页标明系原告出版，但在涉案图书与正版图书在印刷版次、印刷质量、目录样式上均不一致且原告否认涉案图书系其出版的前提下，被告杨海林亦未能出示涉案图书合法来源，故本院确认涉案图书并非原告正式出版物。其次，被告杨海林通过在淘宝网上开设的"杨帆书屋"网店，销售并非原告正式出版物的涉案图书，且未到庭进行实体答辩，未能证明其已经审查了涉案图书的权属来源以及供货商资质，故本院以此认定被告杨海林销售涉案图书的行为，侵犯了原告的专有出版权，应当承担侵权责任。鉴于原告认可被告淘宝网公司已经删除涉案图书上传信息的事实，在原告未举证证明被告杨海林仍在进行销售行为的情形下，本院确认被告杨海林在淘宝网上销售涉案图书的侵权行为已经停止。

关于被告淘宝网公司是否应当承担共同侵权责任的问题。

第一，应明确被告淘宝网公司在原告主张侵权环节中的行为内容。被告淘宝网公司作为网络服务商，在本案中向公众提供的服务内容为增值电信业务中的信息服务业务，包括专业 BBS 消费购物类信息，即双方当事人所述的为买卖双方提供交易平台，是这个交易平台的管理者和技术支持者。被告淘宝网公司所发挥的作用仅仅是为信息提供者与接受者提供中介服务，为双方信息沟通搭建平台，其本身并不参与信息发布者与接受者之间的交易过程，亦不从单笔交易中获取收益。

第二，应明确在权利与义务对等原则指导下，被告淘宝网公司实施上述行为时应负有的义务内容。淘宝网作为一个公共信息平台，虽然现阶段系免费向公众提供信息服务，但其服务目的一定程度上会与经营者力图获取的经济效益相关，如增加网站访问量或树立网站服务品牌等。基于此，按照权利与义务对等原则，被告淘宝网公司在提供信息平台服务过程中，当然负有相应审查义务。而《互联网信息管理办法》、《互联网电子公告服务管理规定》等并未明确界定网络服务提供者的权利义务，仅规定网络服务提供者负有保证其提供信息内容合法的义务。故考察被告淘宝网公司的义务内容，应建立在与其服务内容和现实审查能力相适应的基础之上。本案中，原告主张被告淘宝网公司负有两方面的审查义务，一是对销售主体资质的审查义务；二是及时删除以明显低于市价销售涉案图书相关信息的义务。

关于审查销售主体资质的义务，本院认为，被告淘宝网公司在信息提供者发布信息之前，按照《互联网信息服务管理办法》对信息发布者的真实身份履行了审查义务，如果信息发布者并非出于经营目的而发布信息，淘宝网公司仅履行核查真实身份义务，应视为适当。但如果信息发布者明显出于经营目的，在网络平台上开设网店进行经营活动，淘宝网公司作为经营平台提供主体，在收取服务费用（淘宝网公司并不否认其收费目的）以及增加访问量的同时，则需进一步审查经营主体的资质问题。按照我国相关法律规定，诸多行业进行合法经营，需先行具备国家相关行政部门出具的行业资质。如果网络服务提供者在提供网络交易平台时不负有审查资质的义务，则是对持有资质合法经营者的不公平，无异于使国家的行政审批或许可法律制度在网络环境下形同虚设，不利于建设社会主义法治国家和发展社会主义市场经济。当然，要求网络服务提供商在庞杂且流动的交易信息中，对所有可能涉及销售特定商品的会员进行资质审查、筛选和管理，会存在技术上的困难和不可控制性，在实际操作过程中亦会出现对相关资质文件资料真实性判断的不确定性，但并不能因为网络服务提供者审查能力受限而否定其应该履行的审查义务。审查能力受限影响的仅是审查效果，而不能以此为由拒绝履行审查义务。所以原告主张被告淘宝网公司负有对信息发布主体的资质审查义务，符合权利义务对等原则，淘宝网公司对该项义务应予履行。至于履行方式，则可以根据网络环境下信息量的情况、网络服务提供者的现实审查能力等确定适当的方式。

关于信息平台上发布的以明显低于市价销售涉案图书的信息，原告主张被告淘宝网公司未尽到合理监管义务，本院认为，相比于商场而言，网络容量近乎无限，网络商家及其销售的商品数量巨大，要求提供交易平台服务的网络服务提供者在履行了对信息发布主体资质审查义务的情况下，完全掌控交易商品的质量、安全和合法性，逐原审查交易信息包括交易报价的真实性或准确性，显然超出应予审查范围。故原告的该项主张，本院不予采信。虽然被告杨海林通过淘宝网销售涉案图书明显低于市价，淘宝网上《书籍音像制品规则补充》亦有"对于价格明显低于市场水平的违规商品，一经查实盗版证据，全部删除"的规定，但图书销售价格是否畸低，判定标准并不确定，故被告淘宝网公司在收到明确投诉、了解市场价格水平并作出相应判断后，采取删除处理的现行做法，应该认定为更契合其服务内容和审查能力。

基于以上意见，被告淘宝网公司负有对交易平台上发布经营信息销售主体的资质审查义务，但对交易平台上商品报价是否畸低以及商品质量是否合格等则不负有事前审查义务，只有在权利人提出确有证据的主张后予以及时删除的义务。再次，应明确共同侵权构成要件。我国《民法通则》第130条规定，二人以上共同侵权造成他人损害的，应当承担连带责任。这是对构成共同侵权行为主体的责任承担之规定。但对于如何界定共同侵权，法律没有明确规定。根据《最高人民法院〈关于审理人身损害赔偿案件适用法律若干问题的解释〉》第17条第1款的规定，共同侵权是指两人以上共同故意或者过失致人损失，或者无共同故意、共同过失，但其侵害行为直接结合发生同一损害后果的行为。本案中，被告淘宝网公司作为交易平台服务提供者，并未介入原告与被告杨海林的交易过程，故其主观上不存在共同故意。但在被告淘宝网公司对淘宝网交易平台上提供信息的经营主体负有资质审查义务的前提下，其并未以任何形式履行该项审查义务，故在被告杨海林侵权行为的发生过程中存在过失。而且，被告淘宝网公司实施的提供交易平台信息服务，确为被告杨海林侵权行为发生起到辅助作用，故在本院确认被告杨海林侵权成立的情况下，被告淘宝网公司亦应承担相应侵权责任。

关于侵权赔偿数额的问题。被告杨海林作为涉案图书的销售主体，未能提供其所售涉案图书的合法来源，故其应承担侵权赔偿责任。现原告未举证证明其因涉案侵权行为所受经济损失，被告淘宝网公司亦不能提供被告杨海林销售涉案图书的具体数额，故本院将在法定赔偿限额内考虑正版图书的知名度、涉案图书的销售价格等因素酌情确定。被告淘宝网公司为被告杨海林实施侵权行为提供了辅助条件，应与被告杨海林共同承担赔偿责任。

对于原告主张被告在公开媒体上赔礼道歉、消除影响的诉讼请求，由于原告没有证据证明被告杨海林的销售行为对其社会声誉产生不良影响，抑或是社会公众对原告作出负面评价，故其该项诉讼请求，缺乏事实依据，本院不予支持。对于原告主张的为制止侵权行为支付的合理费用2.4万元，由于其提供的公证费发票、律师费发票上的付款人均系磨铁公司，原告亦未提供其与磨铁公司有关支付上述费用约定的证据，故对原告的此项诉请，本院亦不予支持。

综上所述，依据《中华人民共和国著作权法》第30条、第47条第（2）项、第48条，《最高人民法院〈关于审理著作权民事纠纷案件适用法律若干问题的解释〉》第19条，《最高人民法院〈关于审理涉及计算机网络著作权纠纷案件适用法律若干问题的解释〉》第3条、第4条之规定，判决如下：

（1）被告杨海林、浙江淘宝网络有限公司自本判决生效之日起30日内，赔偿原告中国友谊出版公司经济损失 2 000 元。

（2）驳回原告中国友谊出版公司其他诉讼请求。

淘宝网公司不服原审判决，提起上诉，请求法院撤销原审判决第一项，依法改判驳回被上诉人友谊出版公司对淘宝网公司的全部诉讼请求，并由被上诉人友谊出版公司承担本案的全部诉讼费用。其上诉理由为：（1）从图书出版合同及磨铁公司积极进行诉前维权的行为可知，被上诉人友谊出版公司并不享有涉案图书的发行权，著作权法意义上的发行权仍由磨铁公司享有。（2）原审法院认定杨海林出售涉案图书行为侵犯了友谊出版公司的专有出版权属于法律关系认定错误。（3）淘宝网公司提供的是信息存储空间服务，原审法院认定淘宝网公司负有对交易平台上发布经营信息销售主体的资质审查义务没有法律依据和合理理由。原审法院未明确审查义务的具体内容，淘宝网公司不具有审查个人卖家经营资质的法定义务和审查能力。（4）淘宝网公司无法界定和判断个人卖家是否具有经营目的，其对个人卖家进行的实名认证已经尽到合理的主体审查义务。（5）原审法院认定淘宝网公司向用户收取服务费用属于事实认定错误。（6）原审法院认定淘宝网公司与杨海林构成共同侵权，属于认定错误。

友谊出版公司、杨海林服从原审判决。

二审查明事实

二审法院查明：友谊出版公司出版涉案图书《盗墓笔记4》，单价为32.8 元。

在淘宝网上注册为卖家是免费的，淘宝网公司对于卖家销售商品亦不收取任何费用。淘宝网上的卖家分为个人和商家。其中，个人卖家的注册流程为：提交认证申请、填写个人信息、银行账户核实、身份证核实、实名认证通过；商家卖家的注册流程为：提交认证申请、填写商户信息、提交认证资料、商家认证通过。

杨海林即为淘宝网的个人卖家，淘宝网公司核实了其姓名和身份证号码，杨海林在注册信息中填写的地址和电话号码与其销售涉案图书时在快件上填写的地址和电话号码一致。杨海林销售的涉案图书与友谊出版公司出版的涉案图书的内容一致。（2008）京东方内民证字第 67 号公证书中记载发件人为杨海林的快件即为（2008）京东方内民证字第 8156 号公证书记载的交易时间为2008 年 12 月 8 日的涉案图书的快件。

二审法院查明的其他事实，与原审法院查明的事实相同。

二审审理结果

二审法院认为：涉案图书《盗墓笔记4》的作者徐磊授权磨铁公司在合同有效期内，在中国境内以图书形式出版该书的中文简体字版本的专有使用权，磨铁公司又将该书的专有出版权授予友谊出版公司，而专有出版权中包括发行权，故本院认定，友谊出版公司享有涉案图书的发行权。淘宝网公司关于友谊出版公司不享有涉案图书的发行权的主张，缺乏依据，本院不予支持。

杨海林销售的涉案图书与友谊出版公司出版的涉案图书的内容一致，但在印刷版次、印刷质量、目录样式等方面与友谊出版公司出版的涉案图书不同，且杨海林未能举证证明其销售的涉案图书的合法来源，故本院认定，杨海林销售涉案图书的行为侵犯了友谊出版公司的专有出版权，应当承担相应的侵权责任。淘宝网公司关于原审法院认定杨海林侵犯友谊出版公司专有出版权属于法律关系认定错误的主张，缺乏依据，本院不予支持。

淘宝网公司作为网络交易平台的提供者不同于将市场内的柜台、摊位等经营场所出租给租户并收取租金，用以批发或者零售商品，并对整个市场进行经营管理的市场主体，即市场经营单位。首先，二者涉及的商品类别不同：淘宝网涉及的商品数量巨大、类别繁多，除法律、行政法规明确禁止流通和限制流通的商品外，其他商品均可以通过网络交易平台进行流通；而现实中确定的一个市场只能根据有关部门的审批进行某些特定类别商品的流通，商品数量亦十分有限；其次，二者涉及的卖家情况不同：网络交易平台的卖家分为个人卖家和商家卖家，其中个人卖家数量巨大、情况复杂，既有个体工商户经营，也有个人销售自有物品的情况；而现实市场的卖家则必须为符合相关规定的市场经营者，卖家数量亦十分有限；再次，二者所负的审查范围及相应的审查内容不同：淘宝网对于商家卖家的审查内容包括企业法人营业执照、营业执照、个体工商户营业执照等材料，对于个人卖家，由于目前法律、行政法规中并无具体明确的规定要求网络交易平台的提供者负有区分各种情况的义务，故仅审查个人卖家的真实姓名和身份证号码即可；而现实中的市场经营者则需对于其全部的卖家审查其企业法人营业执照、营业执照、个体工商户营业执照等材料。

淘宝网公司作为网络交易平台的提供者，对于作为个人卖家的杨海林的真实姓名和身份证号码进行了核实。由于目前法律、行政法规中并无具体明确的规定要求网络交易平台的提供者负有区分各种情况的义务，故淘宝网公司并未要求杨海林提供其具有经营资质方面的证明没有违反相关规定。淘宝网公司关于不具有审查个人卖家的法定义务和审查能力、无法界定和判断个人卖家是否具有经营目的、已尽合理的主体审查义务的主张，于法有据，本院予以支持。

友谊出版公司出版的涉案图书的单价为32.8元，而杨海林销售涉案图书的价格为 13 元，该价格明显低于友谊出版公司的定价。但是，在淘宝网上销售的商品的数量巨大、种类繁多、情况复杂，法律、行政法规仅明确规定了禁止流通和限制流通的物品，并未要求网络交易平台的提供者负有审查卖家销售商品的价格是否明显低于市场价格的义务，故对于杨海林以明显低于定价的价格销售涉案图书的行为，淘宝网公司并未违反规定。淘宝网公司在接到警告信后，在淘宝网上及时删除了杨海林销售涉案图书的相关信息，已尽合理义务。故友谊出版公司关于淘宝网公司因此为非法销售盗版图书提供渠道和便利、已经参与到杨海林的侵权环节之中的主张，缺乏依据，本院不予采信。

依据本院审理查明的事实，在淘宝网上注册为卖家是免费的，淘宝网公司对于卖家销售商品亦不收取任何费用，原审法院关于淘宝网公司收取服务费用的认定，缺乏依据，本院予以纠正。

淘宝网公司对于杨海林注册为淘宝网个人卖家已尽合理审查义务和事后补救义务，对于杨海林侵犯友谊出版公司就涉案图书享有的专有出版权的行为并未违反法律、行政法规的规定提供便利条件，不构成共同侵权。友谊出版公司关于淘宝网停止侵权、登报致歉、消除影响的诉讼请求，于法无据，本院不予支持。友谊出版公司关于赔偿经济损失及为制止侵权行为支付的合理费用的诉讼请求，于法无据，本院不予支持。

关于友谊出版公司在原审中提出杨海林停止涉案侵权行为的诉讼请求一节，友谊出版公司在原审中认可淘宝网公司已经删除涉案图书上传信息的事实，但未认可杨海林已停止销售涉案图书的行为，据此并不能证明杨海林已经停止销售涉案图书的行为，原审法院以友谊出版公司未举证证明杨海林仍在进行销售行为为由确认杨海林在淘宝网上销售涉案图书的侵权行为已经停止，进而判决驳回友谊出版公司的上述诉讼请求不妥，但鉴于友谊出版公司并未提出上诉，应认为其已经就此问题行使了处分权，故本院对此不予纠正。

关于友谊出版公司在原审中提出杨海林登报致歉、消除影响的诉讼请求，由于友谊出版公司对于涉案图书仅享有专有出版权，并不享有著作人身权，且未能证明杨海林销售涉案图书的行为损害其声誉，故友谊出版社的上述诉讼请求于法无据，本院不予支持。

关于友谊出版公司在原审中提出杨海林赔偿其经济损失及为制止侵权行为支付的合理费用的诉讼请求，由于友谊出版公司未能举证证明其经济损失的数额，淘宝网公司亦未能举证证明杨海林销售涉案图书的数量，原审法院在法定赔偿限额内考虑正版图书的知名度、涉案图书的销售价格等因素酌情确定为 2 000 元，并无不当。本院对此予以认定。

综上所述，淘宝网公司所提上诉理由部分成立，原审判决认定事实不清，适用法律有误，本院予以纠正。本院依据《中华人民共和国民事诉讼法》第153 条第1 款第（3）项，《中华人民共和国民法通则》第130 条，《中华人民共和国著作权法》第10 条第1 款第（6）项、第30 条、第47 条第（2）项、第48 条，《最高人民法院〈关于审理著作权民事纠纷案件适用法律若干问题的解释〉》第19 条之规定，判决如下：

（1）撤销北京市东城区人民法院（2009）东民初字第2461 号民事判决；

（2）杨海林自本判决生效之日起30 日内，赔偿中国友谊出版公司经济损失2 000元；

（3）驳回中国友谊出版公司的其他诉讼请求。

一审案件受理费4 660 元，由中国友谊出版公司负担2 000元，由杨海林负担2 660元；二审案件受理费50 元，由中国友谊出版公司负担。

15. 电影《樱桃》著作权侵权纠纷案
——网乐互联（北京）科技有限公司诉
北京暴风网际科技有限公司

原告（被上诉人）： 网乐互联（北京）科技有限公司
被告（上诉人）： 北京暴风网际科技有限公司
案由： 侵犯著作权纠纷

一审案号： 北京市第一中级人民法院（2009）一中民初字第 4421 号
一审合议庭成员： 芮松艳、佟姝、刘颖杰
一审结案日期： 2009 年 6 月 15 日
二审案号： 北京市高级人民法院（2009）高民终字第 4106 号
二审合议庭成员： 张雪松、李燕蓉、张冬梅
二审结案日期： 2009 年 9 月 23 日

判决要旨

如网站直接提供了电影作品的在线播放，而该网站却主张其提供的仅是搜索、链接服务，在此情况下，其应提供证据证明涉案作品并非由其提供并置于互联网中的，否则可推定其实施了信息网络传播行为。

起诉与答辩

原告网乐互联（北京）科技有限公司（以下简称网乐互联公司）诉称：网乐互联公司依法取得了电影《樱桃》的信息网络传播权，北京暴风网际科技有限公司（以下简称暴风网际公司）未经网乐互联公司许可，在其经营的暴风影音网站上（网址 http：//www.baofeng.com）提供暴风影音播放软件的下载安装，并通过该软件对电影《樱桃》提供在线播放服务，暴风网际公司的该行为构成了对网乐互联公司所享有的信息网络传播权的直接侵犯。据此，请求法院判令暴风网际公司停止侵权并赔偿网乐互联公司经济损失及合理支出人民币 6 万元。

被告暴风网际公司辩称：（1）原告并非本案适格原告。原告的权利来源

于上海电影制片厂东方影视发行有限责任公司，但因该公司所获授权中将信息网络传播权包含在发行权中，不符合《中华人民共和国著作权法》（以下简称《著作权法》）的规定，故其存在授权不明的瑕疵，同时该授权中亦无授权期限，鉴于此该公司不能依据授权书获得涉案电影的信息网络传播权，原告当然亦不可能从该公司处获得涉案电影的信息网络传播权。（2）鉴于信息网络传播权控制的是"交互式传播行为"，即将作品以各种方式上载或上传至服务器中，使公众可以在其个人选定的时间和地点获得作品的行为，故直接的信息网络传播行为的构成须以上载或上传行为为前提，但被告提供的服务是视频信息定位服务，属于《中华人民共和国信息网络传播权保护条例》（以下简称《信息网络传播权保护条例》）第23条所规定的搜索链接服务，被告网站所提供在线播放服务的视频内容均是通过搜索链接技术从被链接网站获得，并非存储于被告网站的服务器中。据此，被告的行为不会构成对于信息网络传播权的直接侵犯。即便被告的行为构成直接侵权，但因被告主观不存在过错，亦仅须承担停止侵权的民事责任，而不须赔偿损失，原告要求被告赔偿损失的诉讼请求于法无据。综上所述，请求法院判令驳回原告的全部诉讼请求。

一审查明事实

原审法院查明：国家广播电影电视总局电影管理局颁发的电影片公映许可证上载明，电影《樱桃》的出品单位及摄制单位均为上海电影集团公司上海电影制片厂、四川腾龙影业有限公司。

网乐互联公司提交的《樱桃》DVD上显示"PRODUCED BY 上海电影集团公司上海电影制片厂、四川腾龙影业有限公司"。

2008年4月25日，上海电影集团公司上海电影制片厂、四川腾龙影业有限公司作为授权方，分别向被授权方上海电影制片厂东方影视发行有限责任公司出具内容相同的授权书。授权书中载明，"授权方是电影《樱桃》的出品方，现授权方将电影《樱桃》在中国大陆地区的著作权（音像制品出版复制发行权、信息网络传播权）授予被授权方行使。本授权书生效后，被授权方独占性享有电影《樱桃》在中国大陆地区的发行权（音像制品出版复制发行权、信息网络传播权）。被授权方有权将上述权利的部分或全部转授权第三方行使。本授权书于2008年4月25日签发生效。"

2008年6月6日，上海电影制片厂东方影视发行有限责任公司作为授权人，向被授权人网乐互联公司出具授权书。授权书中载明，"授权节目：《樱桃》授权内容：授权人授权许可被授权人使用授权节目的信息网络传播权及行使该权利所必需的相关权利，被授权人行使该权利的范围：在互联网、局域网、IPTV、数字电视（除 SITV 外）、无线增值业务、手机业务、手持多媒体广播及相应增值业务等信息网络传播权，并拥有转授权，独立维权打击盗版。被授权人享有的权利仅为对授权节目的整体传播，被授权人不得就授权节目的组成要素比如音乐、对白等版权作品进行单独传播或授权第三方进行传播，否则视为被授权人违约。……被授权人有权单独以自己名义维权（包括但不限于取证、发送律师函、交涉和提起诉讼）授权性质：独占授权许可授权区域：中华人民共和国大陆地区（不包括港澳台地区）授权期限：3 年，即自 2008 年 6 月 7 日起至 2011 年 6 月 7 日止。"

　　2008 年 12 月 25 日，网乐互联公司对暴风影音网站（网址 http：//www.baofeng.com）上在线播放涉案电影《樱桃》的过程进行了公证。在该过程中，用户须首先下载该网站所提供的暴风影音软件，才可获得涉案电影的在线播放。在软件下载界面上有如下显示，"最热最全在线视频，一点即播 最热最全视频总库 2 627 万，高清 12 万，每日新增 500 部。"用户安装该软件后，在暴风影音页面上的空白搜索框中键入"樱桃"进行搜索，可得到相应搜索结果页面。用户点击相应的搜索结果即可得到电影《樱桃》的在线观看。在电影《樱桃》的播放界面上显示有"酷 6 网"、" HYPERLINK 'http：//www.bt5156.com' www.bt5156.com "等标识，在播放器界面上方的边框上显示有"暴风影音——樱桃 DVD（来源 酷 6）"的标识。针对上述公证过程，北京市东方公证处出具了（2009）京东方内民证字第 323 号公证书。

　　另外，在网乐互联公司提交的暴风国际公司网站网页的打印件上还显示有名为"天极网：暴风影音：影视内容同时在线用户达 500 万"的文章，点击进入天极网相应页面，可看到名称为"暴风影音：影视内容同时在线用户达 500 万"、发表时间为 2009 年 3 月 2 日的文章。该文章中显示，"今天，国内著名的在线视频平台暴风影音宣布，自去年 7 月份升级做视频平台以来，每天有超过 500 万人同时通过暴风影视收看视频内容"。

　　暴风国际公司认可其为 HYPERLINK http：//www.baofeng.com 网站的经营者，并认可用户在其网站上可以在线观看涉案电影《樱桃》，但指出其提供的仅是搜索链接服务，涉案电影《樱桃》存储于被链接网站。同时，其认为在线用户 500 万仅是笼统的提法。

　　网乐互联公司为本案诉讼支出了公证费 500 元及律师费 3 000 元。

　　为证明其提供的仅是搜索链接服务，暴风国际公司提交了（2009）京方圆内经证字第 03319 号公证书，该公证书对暴风国际公司网站上在线播放电影《飘》的过程进行了公证。在该过程中，用户点击搜索结果中"推荐结果"项下特定图标下的"tudou.com"即可进入到土豆网相应页面，并在线播放该视频内容。暴风网际公司欲通过该公证过程证明，虽然在暴风影音网站可以播放视频内容，但相关内容并未存储在暴风网际公司的网站上。

此外，暴风网际公司称目前在其网站上已无法在线观看涉案电影《樱桃》，网乐互联公司对此予以认可。

一审审理结果

原审法院认为：

1. 网乐互联公司是否为本案的适格网乐互联公司

《中华人民共和国著作权法》（以下简称《著作权法》）第15条规定，电影作品和以类似摄制电影的方法创作的作品的著作权由制片者享有。

由查明事实可知，涉案电影《樱桃》DVD上有"PRODUCED BY 上海电影集团公司上海电影制片厂、四川腾龙影业有限公司"的标注。鉴于其中"PRODUCE"即有"制片"的含义，故上述标注应为制片者的标注。同时，结合考虑电影片公映许可证上亦载明上海电影集团公司上海电影制片厂、四川腾龙影业有限公司为出品单位及摄制单位这一因素，在暴风网际公司无相反证据的情况下，本院依法认定上海电影集团公司上海电影制片厂、四川腾龙影业有限公司为涉案电影《樱桃》的制片者，享有《樱桃》的著作权。

鉴于上海电影集团公司上海电影制片厂、四川腾龙影业有限公司已将涉案电影《樱桃》的信息网络传播权独占性地授予上海电影制厂东方影视发行有限责任公司行使，且允许该公司转授权，故该公司有权将其享有的信息网络传播权许可给网乐互联公司使用，网乐互联公司基于该授权合法取得涉案电影《樱桃》信息网络传播权。鉴于独占被许可人有权单独起诉，故在网乐互联公司得到的授权为独占许可的情况下，其单独作为网乐互联公司提起本案诉讼，符合法律规定，其为本案适格网乐互联公司。

暴风网际公司认为，网乐互联公司的权利来源于上海电影制片厂东方影视发行有限责任公司，但因该公司所获授权存在授权不明且授权期限不确定的瑕疵，其不能依据授权书获得涉案电影的信息网络传播权，故网乐互联公司当然亦不可能从该公司处获得涉案电影的信息网络传播权。对此，本院认为，虽然依据《著作权法》的规定，发行权与信息网络传播权为两项独立的权项，而在上海电影集团公司上海电影制片厂、四川腾龙影业有限公司为上海电影制片厂东方影视发行有限责任公司出具的授权书中，却将信息网络传播权置于发行权的项下，其表述不符合《著作权法》中的相关规定，但在暴风网际公司无相反证据证明该授权书中所称的信息网络传播权与《著作权法》中有关信息网络传播权的规定不同的情况下，该瑕疵并不影响上海电影制片厂东方影视发行有限责任公司获得涉案电影的信息网络传播权。同时，鉴于法律并未强制要求著作权许可使用合同须有明确的授权期限，故是否有授权期限并不影响许可使用合同的有效性。据此，在上述授权书中已明确该授权的生效日期的情况下，上海电影制片厂东方影视发行有限责任公司自该日起即独占享有涉案电影《樱桃》的信息网络传播权。鉴于上海电影制片厂东方影视发行有限责任公司将信息网络传播权再行独占许可给了网乐互联公司，网乐互联公司依据该授权即合法享有涉案电影《樱桃》的信息网络传播权。据此，暴风网际公司的该主张不能成立，本院不予支持。

2. 暴风网际公司在其网站上提供涉案电影在线播放的行为是否直接侵犯了网乐互联公司所享有的信息网络传播权

根据《著作权法》第 47 条规定，未经著作权人许可，通过信息网络向公众传播其作品的行为构成侵权，应当承担停止侵害、消除影响、赔偿损失等民事责任。

《著作权法》第 10 条第（12）项规定，信息网络传播权，即以有线或者无线方式向公众提供作品，使公众可以在其个人选定的时间和地点获得作品的权利。

本案中，鉴于暴风网际公司通过有线或无线的方式在其网站上为用户提供涉案电影《樱桃》的在线播放服务，该服务使得用户可以在其选定的时间和地点获得涉案电影的在线观看，故在暴风网际公司无证据证明其已取得涉案电影著作权人许可的情况下，暴风网际公司的上述行为已构成对网乐互联公司所享有的信息网络传播权的直接侵犯，应承担相应的民事责任。鉴于目前在暴风网际公司网站上已无法在线观看涉案电影《樱桃》，网乐互联公司对此亦认可，网乐互联公司要求暴风网际公司停止侵权的目的已经达到，故本院不再判令暴风网际公司停止侵权。对于赔偿数额，鉴于网乐互联公司并未举证证明其因暴风网际公司侵权行为所受的损失及暴风网际公司因此所获的利益，故本院将在综合考虑涉案电影的知名度、暴风网际公司侵权行为的情节、性质等因素，对于赔偿数额予以酌定。网乐互联公司主张的赔偿数额过高，本院不予全额支持。对于网乐互联公司为本案而支出的公证费 500 元及律师费 3 000 元，鉴于均在合理的范围内，故本院予以全额支持。

暴风网际公司认为其提供的仅是搜索链接服务，而非信息网络传播行为，故其行为应属于《信息网络传播权保护条例》第 23 条调整的范围，不会构成对网乐互联公司所享有的信息网络传播权的直接侵犯。对于暴风网际公司的上述主张，本院认为，暴风网际公司如主张其所提供的服务为搜索链接服务，其首先应举证证明涉案电影存储于被链接网站的服务器上，而非暴风网际公司网站的服务器上。本案中，虽然在暴风网际公司网站中涉案电影的播放界面上显示有"来源 酷6"字样，亦显示有"酷6网"、"HYPERLINK 'http：//www.bt5156.com' www.bt5156.com"等标识，但上述标注并不能当然的说明涉案电影存储于上述网站中。虽然暴风网际公司提交了证据证明其同样提供在线播放服务的电影《飘》即并不存储在其网站上，但鉴于该证据并不涉及涉案电影《樱桃》，故依该证据不能合法地推知涉案电影《樱桃》亦不存储在暴风网际公司网站。

综上所述，在暴风网际公司未提交其他证据的情况下，本案现有证据无法证明涉案电影存储于被链接网站的服务器上，当然亦无法证明其所提供的是搜索链接服务。此外，即便暴风网际公司在其提供服务的过程中使用了搜索链接技术，暴风网际公司网站上在线播放的涉案电影存储于被链接网站，亦不当然地说明其行为属于《信息网络传播权保护条例》第23条中所规定的搜索链接服务行为。如上所述，暴风网际公司的上述主张不能成立，本院不予支持。

综上所述，本院依据《中华人民共和国著作权法》第10条第（12）项、第47条第（1）项之规定，判决如下：

（1）被告北京暴风网际科技有限公司自本判决生效之日起10日内，赔偿原告网乐互联（北京）科技有限公司经济损失2万元，合理诉讼费用3 500元；

（2）驳回原告网乐互联（北京）科技有限公司的其他诉讼请求。

暴风网际公司不服原审判决，提起上诉，请求二审法院撤销原审判决，依法改判驳回网乐互联公司的诉讼请求。其主要理由为：（1）原审判决认定网乐互联公司为适格原告、享有涉案电影信息网络传播权错误。从2008年4月25日上海电影集团公司上海电影制片厂、四川腾龙影业有限公司出具的授权书上下文理解，只授权给上海电影制片厂东方影视发行有限责任公司音像制品出版复制发行权，而不包括信息网络传播权；上述授权书均未规定授权期限，在网乐互联公司不能证明具体授权期限的情况下，上海电影制片厂东方影视发行有限责任公司即使获得授权，也无权将权利转让给网乐互联公司。（2）原审判决认定暴风网际公司的行为已经构成对网乐互联公司信息网络传播权的直接侵犯错误。暴风网际公司只提供暴风影音软件的下载，而不提供涉案电影的在线播放，属于搜索、链接服务；网乐互联公司的诉因是直接侵权，即应证明暴风网际公司将涉案电影上传或置于自己的服务器，暴风网际公司存在故意，损害后果及因果关系，而网乐互联公司均未予以证明。（3）原审判决错误地适用了《著作权法》第47条的规定，而没有正确适用《信息网络传播权保护条例》第23条等规定认定间接侵权，属于适用法律不当。

网乐互联公司服从原审判决。

二审查明事实

二审法院查明的事实与原审法院查明的事实相同。

另查明：在二审审理中，暴风网际公司提供了两个新证据：证据一是视频流抓取演示光盘，用以证明上诉人提供的是搜索和链接服务、涉案影片的视频存储于被链接网站的服务器，并不存储于暴风网际公司服务器；证据二是被链接网站上涉案影片搜索及播放演示打印件及光盘，用以证明暴风网际公司删除涉案影片后，被链接网站仍存在涉案影片。网乐互联公司认为证据一与本案不具有关联性，对证据二的真实性有异议。本院经审查认定，证据一与本案争议不具有关联性、证据二不具有真实性，故均不予采信。

二审审理结果

二审法院认为：上海电影集团公司上海电影制片厂、四川腾龙影业有限公司为涉案电影《樱桃》的制片者，依法享有该影片的著作权。上海电影集团公司上海电影制片厂、四川腾龙影业有限公司将该影片的信息网络传播权独占性地授予上海电影制片厂东方影视发行有限责任公司，且允许其转授权，网乐互联公司又基于上海电影制片厂东方影视发行有限责任公司的授权，取得了涉案影片的信息网络传播权，故其有权提起本案诉讼。上海电影集团公司上海电影制片厂、四川腾龙影业有限公司给上海电影制片厂东方影视发行有限责任公司的授权书中，虽然在上下文中对授予的具体权利用语存在不统一之处，但均确定无疑地限定为音像制品出版复制发行权、信息网络传播权两种权利。因此，暴风网际公司关于只授权给上海电影制片厂东方影视发行有限责任公司音像制品出版复制发行权，而不包括信息网络传播权的上诉理由无事实依据，本院不予支持。同时，在授权书已明确授权生效日期的情况下，即使未明确授权期限，也不影响授权的有效性。因此，暴风网际公司关于在不能证明具体授权期限的情况下，上海电影制片厂东方影视发行有限责任公司即使获得授权，也无权将权利转授权给网乐互联公司的上诉理由于法无据，本院亦不予支持。

根据我国《著作权法》的规定，信息网络传播权即以有线或者无线方式向公众提供作品，使公众可以在其个人选定的时间和地点获得作品的权利。未经著作权人许可，通过信息网络向公众传播其作品的行为构成侵权，应当承担相应的民事责任。本案中，暴风网际公司未经网乐互联公司的许可，在其网站上提供了涉案电影的在线播放服务，使网络用户可以在其选定的时间和地点在线观看涉案电影，已构成对网乐互联公司对涉案电影作品享有的信息网络传播权的直接侵犯。从网乐互联公司提交的证据显示，涉案电影是在暴风网际公司经营的网站上在线播放，暴风网际公司主张其提供的是搜索、链接服务，但未能提供证据证明涉案电影并非由其提供并置于互联网中，故应推定其实施了信息网络传播行为。原审法院根据案件的具体情况，判令暴风网际公司承担相应的赔偿责任，适用法律和判决结果正确。

综上所述，原审判决认定事实清楚，适用法律正确，依法应予维持。暴风网际公司的上诉理由不能成立，对其上诉请求，本院不予支持。本院依据《中华人民共和国民事诉讼法》第153条第1款第（1）项之规定，判决如下：

驳回上诉，维持原判。

一审案件受理费1 300元，由网乐互联公司负担300元，由暴风网际公司负担1 000元；二审案件受理费388元，由暴风网际公司负担。

16.《卧虎》著作权侵权纠纷案

—— 上海优度宽带科技有限公司诉
北京暴风网际科技有限公司

原告：上海优度宽带科技有限公司
被告：北京暴风网际科技有限公司
案由：侵犯著作权纠纷

一审案号：北京市西城区人民法院（2009）西民初字第 8636 号
一审合议庭成员：赵庆丽、刘志远、武丕显
一审（终审）结案日期：2009 年 10 月 21 日

判决要旨

被告通过影音软件进行视频播放的经营模式，并非单纯依靠搜索技术实行开放式的抓取、链接，而是在网站设置了多个栏目，对视频文件进行包含选择、整理、推荐在内的积极编辑行为，因此，对所提供的视频文件传播是否具有合法性负有认识判断义务。

起诉与答辩

原告上海优度宽带科技有限公司（以下简称优度公司）诉称：2008 年 10 月 24 日，原告发现被告在其经营的网站上（网址 http：//www. baofeng. com）向公众提供专业视频播放软件"暴风影音 2008beta2"版，并通过该软件自带的"暴风影视"组件向公众提供电影《卧虎》的在线播放服务。被告网站提供在线播放服务的涉案电影与原告依法享有著作权的电影作品《卧虎》相同，而原告从未许可被告通过互联网向公众传播涉案电影作品，被告的行为侵犯了原告对电影作品《卧虎》享有的信息网络传播权，给原告造成重大经济损失。现原告诉至法院，要求判令：（1）被告立即停止对原告作品电影《卧虎》的在线播放服务；（2）被告在其经营的网站主页及《中国电视报》上发表声明，向原告赔礼道歉；（3）被告赔偿原告经济损失 10 万元、为调查取证及诉讼维权支出的合理费用 3 万元，共计 13 万元。

被告北京暴风网际科技有限公司（以下简称暴风网际公司）辩称：（1）原告并非本案适格原告。鉴于原告提交的权利证明存在电影公映许可证的公司名称与《关于电影〈卧虎〉作品信息网络传播权有关问题的联合声明》（以下简称《联合声明》）中的公司名称不一致；"正版光盘"没有购买的发票、无法确认其真实性、合法性及《联合声明》并没有委托公证人出具证明并经中国法律服务（香港）有限公司转递的情况，原告无权提起诉讼。（2）被告涉案行为系向终端用户提供搜索链接服务的行为，适用《信息网络传播权保护条例》关于搜索链接服务的规定，不构成侵权。①被告网站向公众提供的"暴风影音2008beta2"版软件具备暴风盒子功能，提供的搜索链接服务包括抓取功能及搜索功能，为终端用户提供快速搜索信息的便利。显示链接的内容均存放于被链接的网站服务器，并非存放在被告服务器内。被告仅存储了链接地址URL，而非链接内容，被告不能控制被链接网站删除被链内容，也无法阻止被链网站关闭服务器，一旦被链接网站删除内容或关闭服务器，则终端用户无法通过点击链接而获取涉案内容。暴风盒子为终端用户提供了选择，即用户可直接点击搜索结果的图片或文字通过暴风影印播放器进行播放，也可点击搜索结果的链接地址，在被链接网站上观看。这两种方式所播放的视频内容与来源均完全一致。暴风影音播放器及暴风盒子多处显示了视频来源，不会造成终端用户的混淆。②被告对关键字搜索结果进行分类的行为属于搜索链接通道服务，对于搜索结果的分类，被告尽可能对于其中具有明显涉案侵权（如处于热映档期影片）链接予以合理关注，鉴于目前根据关键词搜索方式的技术限制不能判定内容是否侵权，而不可能仅凭搜索结果中的若干关键词判断链接结果是否涉嫌侵权。③被告已尽到合理注意义务。暴风盒子搜索对搜索内容的合法性并不具有预见性、识别性、控制性，现行法律也没有规定网络服务提供商监控网络活动的义务。④被告暴风影音软件的终端用户提供所所及链接、播放服务并未向终端用户收取任何费用，未从中获取任何利益。⑤原告在庭审过程中主张被告提供的服务的行为属于直接侵权，但原告未举证证明涉案影片存储与被告的服务器，在庭审中，原告亦明确承认涉案影片来源于被链接的第三方网站tudou.com，因此，被告提供的服务行为不构成侵权。（3）即使原告主体适格，原告要求被告赔偿其经济损失13万元没有任何事实和法律依据。民事赔偿的基本原则为填平原则。在使用法定赔偿原则的情况下，原告应当就其有关损失客观存在的事实进行举证，并就损失的大致范围作出合理说明，但原告没有提供相关证据及进行合理说明。原告自公证涉案影片之日至其提起诉讼有将近8个月的时间，原告对此期间的损失扩大具有明显的故意，此扩大的损失应由原告自己承担。综上所述，请求法院驳回原告的全部诉讼请求。

一审查明事实

原审法院查明：

（1）播放电影《卧虎》DVD 光盘，影片及盘封显示：影片由天津电影制片厂、香港影王朝有限公司联合摄制。2006 年 9 月 22 日，国家广播电影电视总局电影管理局出具的电审故字〔2006〕第 130 号电影片公映许可证写明，片名卧虎［WoHu］，出品单位为天津电影制片厂、香港影王朝有限公司，发行范围为国内外发行等。

（2）2006 年 10 月 15 日，天津电影制片厂、香港影王朝有限公司及原告优度公司出具《联合声明》，《联合声明》明确：天津电影制片厂、香港影王朝有限公司作为该部影片的共同著作权人，双方同意将电影《卧虎》作品的信息网络传播权在中国大陆地区（不包括港澳台地区）独家授权转让给优度公司（授权转让期限为 3 年，自 2006 年 9 月 22 日至 2009 年 9 月 21 日止），该项权利包括该部电影作品的信息网络传播权、与此有关的完整的财产权利，以及由此衍生出来的各项收益权利和处分权利。如果电影《卧虎》作品遭受网络非法传播使用等构成著作权之信息网络传播侵权时，优度公司有权以该部电影作品信息网络传播权人的身份，并且以自己的名义通过诉讼和非诉讼方式进行法律维权行动，依法维护自己的合法权益。该《联合声明》最后写明，此联合声明最后在联合摄制方之一的天津电影制片厂所在地中国天津形成。在《联合声明》尾部"香港影王朝有限公司"处加盖"影王朝有限公司"印章。

虽然，原告优度公司提交的权利证明文件《联合声明》尾部"香港影王朝有限公司"处加盖有"影王朝有限公司"印章；其提供的电影《卧虎》的《电影片公映许可证》中标明的出品人之一为"香港影王朝有限公司"，二者虽有"香港"两字差异，但根据一般社会经验判断，差异系有关部门为区别中国大陆与香港企业名称所作的添加造成，在无相反证据的情况下，可以确认"影王朝有限公司"与"香港影王朝有限公司"为同一家企业。

（3）2008 年 12 月 2 日，上海市静安公证处出具（2008）沪静证经字第5503 号公证书，公证书证明，2008 年 10 月 24 日，在上海市汉口路六八九弄三号五〇一室，由公证员崔玉霞将自行携带的电脑与该办公室的互联网络端口进行链接，经检查上网链接设备无异常后，在公证员及公证处工作人员浦鸿飞监督下，申请人上海天闻律师事务所的代理人戎朝在该电脑上进行了操作，对其从互联网上浏览网页和在线播放视频的过程及内容作证据保全公证。

该公证书显示进行了 27 项操作，其中包括：①进入 windowsXP 系统的命令界面，在光标后输入"ping www. baofeng. com"，按回车键，显现相关内容，进行界面截图。②在地址栏中输入"http：//www. baofeng. com"，进入页面，进行网页截屏。公证书附件第2页显示该项操作的打印结果，截图显示网页上有"暴风新闻"栏目，该栏目下有标题为"李冰冰开启暴风魔盒"的照片；有"暴风影音'2008年度中国最具价值体育广告奖评选'结果揭晓；艾瑞：本土化播放软件暴风影音市场优势明显；百度娱乐：君君携手李冰冰简美妍开创暴风影音新纪元（图）；新浪：暴风网际公司推出暴风2008 Bata版；QQ：李冰冰赈灾歌曲首发暴风影音 传达大爱感觉"文章标题。③点击"网络视听许可证0108298号"，进入页面，进行网页截屏，公证书附件第3、4页显示该项操作的打印结果，截图显示许可证号为0108298的信息网络传播视听节目许可证，开办单位为暴风网际公司；该许可证附页（第1页），标明播出名称：暴风影音；登录地址：60. 28. 15. 175；业务类别：自办播放业务；节目内容：影视剧、文娱、专业类视听节目；播放方式：点播（含下载）；接收终端：计算机；传播网络：国际互联网；传播范围：全国。④第4~11项操作主要显示了"暴风新闻"栏目下的文章内容，查看截图页面显示，相关文章分别源自中国网、和讯网、艾瑞网、百度娱乐，新浪网、腾讯网、硅谷动力、北方网、千龙网等。⑤第12~13项操作，显示内容为对暴风网际公司"http：//www. baofeng. com"网站上的"暴风影音2008 Bata2"软件进行下载、安装及运行的过程。⑥第14项操作为，依次点击"暴风影视"界面中的"首页"、"高清"、"排行"、"原创"、"活动"，进入各页面，对部分页面进行网页截屏。⑦第15、16项操作为，依次点击"暴风影音"界面中的"影视"，进入页面；点击"按地区"项下的"港台"，对部分页面进行网页截屏。⑧第21~24项操作为，返回"十六"操作后的页面，将鼠标移至"卧虎"，显示相关信息；点击"卧虎"，进入页面，对部分页面进行网页截屏；点击电影［卧虎］，进入页面，对部分页面进行网页截屏；点击"播放当前页"进行各视频的播放，播放中用"Camtasia Recorder"软件对部分播放内容进行录制，并对部分播放页面进行网页截屏。⑨第27项操作为，将上述录制的文件刻录到光盘上，并对截屏文件进行编码和打印。与该公证书相黏连的文件（共计104页），所附证物袋内光盘1张，均与实际情况相符。

公证书所附网页截图显示，在暴风影音播放器界面上方的边框上显示有"暴风影音——卧虎（高清晰国语）D（来源：土豆网）"，播放画面上左上方有"tudou . com"水印。在右侧框内，标明：专辑电影［卧虎］（共5个视频），下方为"来源：tudou . com"，右侧为"播放当前页"、"添加当前页"的图标，下方卧虎（高清晰国语）5个视频文件从A至E依次排列，点击视频文件可在线播放。

（4）原告优度公司对其诉讼主张的公证费 1 000 元、差旅费 2 300 元，不能提供相应证据。被告暴风网际公司对原告优度公司的相应主张不认可。

（5）被告暴风网际公司未提供涉案电影《卧虎》著作权另有他人及《联合声明》的签章行为系在中国大陆域外形成的证据。

（6）被告暴风网际公司认可其是网站 http：//www.baofeng.com 的经营者。

（7）被告暴风网际公司称在其网站上已无法在线观看涉案电影《卧虎》，并提供（2009）京方圆内经证字第 09772 号公证书，该公证书写明的公证事项操作时间为 2009 年 2 月 17 日，原告优度公司对此事实予以认可。

一审审理结果

原审法院认为：依据《著作权法》第 15 条规定，电影作品和以类似摄制电影的方法创作的作品的著作权由制片者享有。依据现已查明的事实可以确认，原告优度公司通过《联合声明》，从原始权利人天津电影制片厂、香港影王朝有限公司处继受取得 2006 年 9 月 22 日至 2009 年 9 月 21 日期间涉案电影《卧虎》在中国大陆地区的信息网络传播权。当电影《卧虎》在此期间遭受网络非法传播使用时，优度公司有权以该部电影作品信息网络传播权人的身份，并且以自己的名义通过诉讼，依法维护自己的合法权益。被告暴风网际公司未提供涉案电影《卧虎》著作权另有他人的证据；亦未提供《联合声明》系在中国大陆域外形成的相关证据，故对被告暴风网际公司提出的原告主体不适格的答辩意见，本院不予采信。

根据《著作权法》第 47 条的规定，未经著作权人许可，通过信息网络向公众传播其作品的行为构成侵权，应当承担停止侵害、消除影响、赔礼道歉、赔偿损失等民事责任。《著作权法》第 10 条第（12）项规定，信息网络传播权，即以有线或者无线方式向公众提供作品，使公众可以在其个人选定的时间和地点获得作品的权利。本案中，被告在相关视频的信息网络传播中提供了两种方式供用户选择。其中之一为，网络用户通过下载被告网站所提供的暴风影音软件，即可以获得涉案影片的在线播放，该服务使得用户可以在其选定的时间和地点获得涉案影片的在线观看。原告提供的公证书证明播放全程没有搜索行为，没有跳转到任何第三方网站，虽然被告暴风网际公司网站中涉案影片播放界面上显示有"来源土豆网"字样，但上述标注并不能证明正在播放的涉案影片存储于被告声称被链接网站的服务器上。从被告提交的（2009）京方圆内经证字第 09772 号公证书并不能推定出涉案电影播放时的存储位置。故依据现有证据无法认定被告暴风网际公司提供的仅是搜索链接服务，在被告无证据证明其已取得涉案电影著作权人许可的情况下，被告的上述行为构成对原告优度公司所享有的信息网络传播权的直接侵犯，应承担相应的民事责任。

根据查明的事实可知，被告暴风网际公司网站通过暴风影音软件进行视频播放的经营模式，并非单纯依靠搜索技术在网络空间实行开放式的抓取、链接，而是在其网站设置了多个栏目，对视频文件进行了包含选择、整理、推荐在内的积极编辑行为，并非提供简单的通道服务行为，因此，其对所提供的视频文件传播是否具有合法性负有认知判断义务。在此情况下，如果其传播影视作品的行为未取得合法授权，其链接行为主观上有过错，构成侵权。因此，即使被告暴风网际公司所举证据能够证明其是链接行为，但其涉案行为并不适用《信息网络传播权保护条例》第 23 条的规定。被告答辩称其提供的仅是搜索链接服务，而非信息网络传播行为，不构成对原告所享有的信息网络传播权的直接侵犯，没有事实和法律依据，本院不予采信。

鉴于被告暴风网际公司提供（2009）京方圆内经证字第 09772 号公证书，证明 2009 年 2 月 17 日起其网站已删除了涉案影片，已无法在线观看涉案电影《卧虎》，原告对此事实予以认可，故本院认为在本案中已无判决被告暴风网际公司停止侵害之必要。鉴于被告暴风网际公司在信息传播中并未侵犯原告的人身权利，故原告优度公司要求被告暴风网际公司在其经营的网站主页及《中国电视报》上发表声明向原告赔礼道歉的诉讼请求，没有法律依据，本院不予支持。

对于原告优度公司主张的被告赔偿数额，本院认为，仅仅从被告暴风网际公司网站搜集的其活动宣传的有关文章报道不能证明被告因此涉案影片的网络传播获得的利益数额。鉴于原告优度公司并未举证证明其因被告侵权行为所受的实际损失及被告暴风网际公司因此所获得的利益，故本院将在综合考虑涉案电影的知名度、被告侵权行为的情节、性质等因素，对于赔偿数额予以酌定。对于原告诉讼费用支出，虽然原告优度公司仅提供代理合同，未提供结算代理费的票据，但原告代理人确有律师出庭履行职务的身份，因此本院依据司法部有关律师代理民事案件收费的标准予以酌情确定本案原告代理费用支出。原告主张的费用支出还包括公证费 1 000 元、差旅费 2 300 元，因原告提供的公证书的内容还包含案外其他内容，原告对公证费、差旅费的发生，不能提供相应证据，故本院不予考虑。

综上所述，对原告提出的要求被告赔偿原告经济损失及费用支出的诉讼请求，合法、合理部分本院予以支持；对其不当请求及过高的赔偿数额部分，本院不予支持。本院依据《中华人民共和国著作权法》第 10 条第 1 款第（12）

项、第 47 条第（1）项、第 48 条第 2 款之规定，判决如下：

（1）被告北京暴风网际科技有限公司自本判决生效之日起 10 日内，赔偿原告上海优度宽带科技有限公司经济损失 35 000元；

（2）驳回原告上海优度宽带科技有限公司的其他诉讼请求。

案件受理费 2 900 元，由原告上海优度宽带科技有限公司负担 1 000元，由被告北京暴风网际科技有限公司负担 1 900元。

双方当事人均服从原审判决。

17.《考研英语阅读 80 篇经典》著作权侵权纠纷案
——张磊、王建华诉原子能出版社等

原告：张磊、王建华

被告：原子能出版社、北京文都时代文化传播有限公司

案由：侵犯著作权纠纷

一审案号：北京市海淀区人民法院（2008）海民初字第 34217 号

一审合议庭成员：石必胜、杨德嘉、刘卫星

一审（终审）结案日期：2009 年 10 月 28 日

判决要旨

共有权利人之一对侵权责任的免除，其效力并不能当然及于其他共有权利人，侵权人仍然应当对其他被侵权人依法承担侵权责任。出版者对其出版行为的授权、稿件来源和署名、所编辑出版物的内容等未尽到合理注意义务的，应承担赔偿责任。

起诉与答辩

原告张磊、王建华诉称：张磊和王建华编写了《考研英语阅读 80 篇经典》（以下简称《考》），对该书共同享有著作权。2005 年 3 月 22 日，张磊、王建华与北京文都时代文化传播有限公司（以下简称文都公司）签订了 2006 年版《考》的约稿合同，授权文都公司出版该书，该书于 2005 年 4 月出版。2007 年 2 月，原子能出版社和文都公司未经许可出版了 2008 年版《考》，署名王建华和渝钧。2008 年版《考》的内容大量抄袭了 2006 年版《考》，包括书名、目录、版式、体例、前言、序等，严重侵犯了张磊、王建华的著作权，故请求法院判令原子能出版社、文都公司立即停止出版和销售 2008 年版《考》，连带赔偿张磊、王建华经济损失 78 680 元、调查费、材料印制费等共计 5 000 元、律师费 1 万元。

被告原子能出版社和文都公司辩称：原子能出版社出版 2008 年版《考》获得了王建华的授权，并向王建华支付了稿酬，不构成侵权。原子能出版社依

据 2007 年 1 月与文都公司签订的出版合同出版了 2008 年版《考》，原子能出版社的出版有授权，是合法出版，不承担责任。请求法院驳回张磊、王建华的诉讼请求。

一审查明事实

原审法院查明：2005 年 3 月 22 日，张磊、王建华与文都公司签订了 2006 年版《考》的约稿合同，授权文都公司出版该书。2006 年 3 月 29 日，王建华代表二位作者收取文都公司稿酬共 6 400 元。2005 年 4 月，2006 年版《考》由新华出版社出版，署名主编张磊、王建华，印数 5 000 册，定价 20 元，该书封面上注有"文都教育"、"文都教育考研精品系列"字样。

2006 年，文都公司未经张磊、王建华许可出版了 2007 年版《考》，为此文都公司于 2006 年 7 月 18 日分别赔偿张磊、王建华 4 000 元。

2007 年 2 月，原子能出版社出版 2008 年版《考》，署名主编王建华、渝钧，定价 20 元，封面标有"文都图书"、"考研英语经典图书"字样。原子能出版社、文都公司称，渝钧是文都公司内部负责修改《考》的编辑的笔名。

2008 年版《考》与 2006 年版《考》相比，书名、目录、版式、体例、前言、序相同，并有部分阅读文章的中文译文和试题解析相同。张磊、王建华主张相同部分有 6 万多字，原子能出版社、文都公司则主张相同部分只有 933 行，按照每行 40 字计算，只有 3 万多字，并提交了对比统计表。经查，张磊、王建华主张的内容相同情况具有真实性，本院予以确认。

原子能出版社、文都公司称 2008 年版《考》出版前得到了王建华的授权，并提交了王建华签字的《委托书》，《委托书》内容为："兹全权委托北京文都时代文化传播有限公司代表我们与原子能出版社签订《考研英语阅读 80 篇经典》一书的图书出版合同并处理该书的一切版权事宜。"上述文字为打印。《委托书》上无日期。张磊称，王建华无权代表他向文都公司授权，张磊不认可王建华向文都公司的授权。王建华在庭审中称，在 2008 年版《考》出版前，其并未给原子能出版社、文都公司授权，在 2008 年版《考》已经出版后才在文都公司的《委托书》上签字，对《委托书》的内容并不太清楚，并于 2008 年 1 月收取文都公司给付的稿酬 2 000 元。王建华还称，其收取 2 000 元只是代表他自己，并不代表张磊。原子能出版社、文都公司并未提交证据证明王建华在 2008 年版《考》出版前签署了《委托书》。

张磊称就 2006 年版《考》，其与王建华共同享有著作权，张磊享有 90% 的财产权益，王建华享有 10% 的财产权益，并提交了 2008 年 12 月 21 日王建华和张磊签字的《备忘录》以佐证。但原子能出版社、文都公司对此不予认可，称二人的著作权财产权是平等的，2006 年版、2007 年版的稿酬，张磊和王建华都是相同的。

张磊、王建华称其支出了材料印制费 5 000 元、律师费 1 万元，但未提交相应的证据。

一审审理结果

原审法院认为：原子能出版社、文都公司虽称 2008 年版《考》的出版得到了王建华的授权，但王建华并不认可该书出版前签署了《委托书》，原子能出版社、文都公司亦未证明《委托书》在该书出版前签署，且原子能出版社、文都公司向王建华支付 2008 年版《考》的稿酬亦在 2008 年 1 月即该书出版之后，故本院依证据规则对原子能出版社、文都公司的该主张不予采信。原子能出版社、文都公司在出版 2008 年版《考》前未取得授权，侵犯了张磊、王建华依法对 2008 年版《考》享有的著作权，应依法承担相应的侵权责任。

在侵权行为发生后，文都公司与王建华对侵权出版的行为进行了协商处理，并签署了《委托书》，文都公司已支付王建华 2 000 元稿酬。《委托书》实质上具有和解协议的效力：文都公司向王建华支付稿酬，王建华许可文都公司与原子能出版社就涉案图书的在先出版行为。故王建华再就原子能出版社、文都公司的侵权提起诉讼，应不予支持。虽然原子能出版社、文都公司在侵权行为发生后与王建华就侵权责任承担达成了和解，但并不能改变被告出版、发行行为的侵权性质。共有权利人之一对侵权责任的免除，效力并不能当然及于其他共有权利人，侵权人仍然应当对其他被侵权人依法承担侵权责任。由于王建华出具的《委托书》并未得到张磊认可，故王建华与文都公司对侵权责任的处理并不能免除原子能出版社、文都公司对张磊的侵权责任。张磊要求原子能出版社、文都公司停止侵权、赔偿损失等诉讼请求，有事实和法律依据，本院予以支持。由于张磊和王建华对 2006 年版《考》各自享有著作权的内容并不可分，虽王建华已经同意被告出版发行侵权的 2008 年版《考》，但在张磊要求停止侵权的情况下，原子能出版社、文都公司仍然应当停止侵权行为。故本院对张磊要求停止出版、发行侵权图书的诉讼请求予以支持。

2008 年版《考》与已经公开出版的 2006 年版《考》有大量内容相同或实质性相似，原子能出版社未证明其对 2008 年版《考》著作权权属进行了合理审查，根据《最高人民法院关于审判著作权民事纠纷案件适用法律若干问题的解释》第 20 条的规定，出版者对其出版行为的授权、稿件来源和署名、所编辑出版物的内容等未尽到合理注意义务的，应承担赔偿责任。因此，原子能出版社应与文都公司共同承担侵权责任。张磊要求原子能出版社与文都公司承担连带赔偿责任的诉讼请求，本院予以支持。

至于赔偿数额，本院将综合考虑侵权内容的字数和占全书的比例，以往支付的稿酬数额、侵权情节等因素予以确定，张磊主张的过高赔偿数额，不予支持。张磊称其享有90%的财产权益，但该主张与之前文都公司向二人平均支付稿酬和赔偿款的事实不符，本院不予采信。虽然王建华就侵权得到的赔偿数额为2 000元，但该数额为双方自愿和解而产生的，在张磊不认可的情况下，并不能作为确定对张磊赔偿数额的依据。张磊为诉讼支出的费用，合理部分，本亦应予以支持，但张磊、王建华未提交相应证据证明其实际支出，故对张磊、王建华要求被告负担诉讼支出的请求，证据不足，本院不予支持。

综上所述，本院依据《中华人民共和国民事诉讼法》第 64 条第 1 款，《中华人民共和国著作权法》第 46 条第（5）项、第 47 条第（1）项、第 48 条之规定，判决如下：

（1）原子能出版社、北京文都时代文化传播有限公司停止出版、发行侵犯张磊著作权的《考研英语阅读 80 篇经典》；

（2）原子能出版社、北京文都时代文化传播有限公司共同赔偿张磊经济损失 4 000元（自本判决生效之日起 10 日内付清）；

（3）驳回王建华的全部诉讼请求；

（4）驳回张磊的其他诉讼请求。

案件受理费 2 142 元，由王建华负担 1 071 元，由文都公司负担 1 071 元。

双方当事人均服从原审判决。

18.《大学英语 4 级考试应试词汇听讲听记》著作权侵权纠纷案

——岳德宇诉中国和平出版社

原告（被上诉人）： 岳德宇
被告（上诉人）： 中国和平出版社
案由： 侵犯著作权纠纷

一审案号： 北京市西城区人民法院（2009）西民初字第 2172 号
一审合议庭成员： 田燕、郑沛华、王学增
一审结案日期： 2009 年 6 月 28 日
二审案号： 北京市第一中级人民法院（2009）一中民终字第 11995 号
二审合议庭成员： 彭文毅、苏杭、蒋利玮
二审结案日期： 2009 年 11 月 3 日

判决要旨

著作权法对作品的保护，不是保护作品所体现的主题、思想、情感以及科学原理等，而是保护作者对这些主题、思想、情感以及科学原理以文字、图形等形式所进行的独创性的表达或表现。但是，当这种表达是公知的或者唯一的形式时，则不受著作权法的保护。

起诉与答辩

原告岳德宇诉称：中国和平出版社及其下属的中国和平音像电子出版社出版了《大学英语 4 级考试应试词汇听讲听记》（以下简称《听 4》）一书，该书中数百个单词的记法表达均来自对原告岳德宇作品的抄袭剽窃，该行为严重侵犯了原告的署名权、复制权、修改权和财产权。故起诉至法院，要求判令被告：（1）立即停止《听 4》一书在全国范围内的发行和销售，并在《中国图书商报》上刊登公开声明，召回各地尚未售出的侵权图书，如拒不执行，则要求在《中国图书商报》上刊登禁售令，由被告和平出版社承担费用。（2）在《中国教育报》上刊登公开声明，向原告赔礼道歉。（3）赔偿原告经

济损失以及合理支出共计 1 万元并承担本案诉讼费用。

被告中国和平出版社辩称：（1）被告所出版的涉案图书是由作者独立创作，没有侵犯原告的著作权。对于原告证据材料中所述"联想记法的核心表达完全相同"部分，原告提到的 120 余侵权词条中有 109 条在表达上与原告作品截然不同，被告的表达语境自然、巧妙，比原告作品更有逻辑性。对于原告所述"词根词缀的表达特征完全相同"部分，词根词缀是一种公共的学习资源，使用拆分等记忆法并不是原告独创。由于词根词缀的拆分是固定的，因此单词的含义也是固定的，如果被告作品与原告表达一致应属有限表达。同时，对于英语单词的词根词缀简单拆分并罗列中文含义，不具有独创性，不能构成著作权法所保护之作品。对于原告所述"其他改头换面的高级抄袭"部分，经比对，二者采取的记忆方法并不相同，在表达上也不相同。（2）在创作过程中，参考借鉴是必不可少的，即使个别词条相同或者相似，但相对于被告收录的 3 126 词条来讲并不构成与原告作品实质性相似。（3）和平出版社作为出版者已经尽到了合理注意义务。被告与作者签订的出版合同中已经明确约定作者保证不侵犯他人著作权，对于书中繁多的词条，被告不可能一一核实来源出处。综上所述，被告认为原告的诉讼请求没有事实和法律依据，不同意原告的诉讼请求。

一审查明事实

原审法院查明：

（1）1995 年 6 月，南开大学出版社出版图书《奇思妙想记单词》，该书署名为岳德宇主编。2003 年 12 月，中国出版集团东方出版中心出版《三三速记考研英语词汇》、《三三速记全国英语等级考试词汇》、《三三速记英语四千词》等书，署名均为岳德宇主编。

（2）本院（2008）西民初字第 1650 号民事判决书确认了原告岳德宇对其主编的上述图书享有著作权，该判决书已经发生法律效力。

（3）被告和平出版社下属中国和平音像电子出版社出版了《听 4》CD 光盘，版号 ISBN7 - 900213 - 00 - 7，该光盘配有王长喜主编的《听 4》一书，定价 16.5 元，图书版权页标有"书随光盘赠送"。该书中共收入词条 3 126 条。

（4）2006 年 8 月 10 日，中国和平音像电子出版社与北京北文教育科技有限公司签订"音像电子出版合同"，由中国和平音像电子出版社以 CD 形式出版《听 4》。合同约定，北京北文教育科技有限公司保证拥有权利，如侵犯他人著作权由北京北文教育科技有限公司承担全部法律责任，并赔偿由此给中国和平音像电子出版社造成的损失。

（5）2007 年 12 月 4 日，原告向北京北发电子商务股份有限公司购买《听 4》一书，支出购书费 12.38 元、运费 5 元。

（6）中国和平音像电子出版社是经新闻出版总署批准经营电子出版物出版业务的单位，该单位不具有法人资格，其主办单位为和平出版社。

（7）针对原告主张侵权的内容，合议庭对原被告图书内容进行了比对。在原告证据材料中指出的第一部分"第一，联想记法的核心表达完全相同"内容中共涉及词条 125 条，二者的共同点为在记忆某一英文单词时，均选取了与该词最相近似的单词，然后运用这些英文单词的中文词义形成一句中文表达以帮助记忆。如记忆英文单词"wealth"，双方均选取了与之近形的单词"health"，然后表达为"健康（health）是人们最宝贵的财富（wealth）"。原被告在记忆同一单词时，选取的近形词基本一致，中文表达相同或相近似的词条有 19 条。如：对于单词"wealth"，原告表达为"健康（health）是人们最宝贵的财富（wealth）"，被告表达为"健康（health）是最大的财富（wealth）"；对于单词"boot"，原告表达为"脚（foot）穿长统靴（boot）"，被告表达为"足（foot）登长靴（boot）"；对于单词"liver"，原告表达为"人无肝（liver）脏，难以生存（live）"，被告表达为"没有肝（liver），人便无法生存（live）"等。

在原告证据材料中指出的第一部分"第二，词根词缀的表达特征完全相同或基本相同"内容中共涉及词条 76 条，双方均是运用英文的构词法，对单词词根、词缀加以拆分，其形成的中文表达不尽相同。

在原告证据材料中指出的第二部分"其他改头换面的高级抄袭"内容中共涉及词条 112 条，双方均是对单词予以拆分，然后运用拆分后字母的谐音和单词的中文词义形成一句中文表达以帮助记忆。双方的文字表达方式不尽相同。如对于单词"beard"，原告表达为"［熊（bear）的（d）胡须］"，被告表达为"长满胡子（beard）的人负担（bear）家庭重担；bear（熊）＋d→像熊一样毛茸茸的→胡须"；对于单词"bold"，原告表达为"［勇敢的人们，永远不（b）会老（old）]"，被告表达为"b＋old（年长）→年长的人通常不会太冒失"等。

一审审理结果

原审法院认为：原告对其主编的《奇思妙想记单词》、《三三速记考研英语词汇》、《三三速记中考高考英语词汇》、《三三速记英语四千词》、《三三速记全国公共英语等级考试词汇（1－3 级）》享有著作权的事实已经确认，在被告和平出版社没有相反证据的情况下，本院认为原告对上述作品享有著作权，并有权提起诉讼。

著作权法保护对于思想观念的原创性表述，而不保护思想观念本身。本案所涉及的对英文单词予以拆分的记忆方法、利用单词谐音记忆方法、选择形近词比较记忆方法应属于思想的范畴，并非著作权法保护的客体，但将这些记忆方法用文字予以表达，这些表述就成为著作权法保护的对象。

英文单词的构成以及含义是确定的，一个英文单词可能拆分为两个或者多个单词，并可以找到与之形近的单词，不同的英文单词可能包含相同的词根或者词缀。同时，有些英文单词发音的谐音存在与汉语发音类似的情况。词汇速记类作品与其他作品不同，作者创作时在很大程度上都要遵循已有的构词规则、构词方法，因此，该类作品的独创性主要体现在作者对于素材、情节和表达的选定，而不在于其所使用的方法。

对于原告指出的第一部分"第一，联想记法的核心表达完全相同"内容，原告认为被告的作品与原告作品的核心表达相同，但本院认为，单独举出某一个英文单词，找出与之最相形近的单词数量是很有限的，因此选择最相形近词有一定的局限性，不能认为原告选择了该词被告就不能再选择。同时，词条中的中文表达是基于所选择的英文单词词义而形成，英文单词的词义本身也是确定的，因而原被告双方对于中文表达部分必然会存在表达上的近似。对于原告指出的第一部分"第二，词根词缀的表达特征完全相同或基本相同"和第二部分"其他改头换面的高级抄袭"内容，双方均是运用英文的构词法，对单词词根、词缀加以拆分或将字母与单词拆分，而后形成的中文表达并不相同。因此，就原被告作品来看，不应认定为抄袭。

基于上述意见，本院认为原告岳德宇主张中国和平出版社出版的涉案图书侵犯其著作权，缺乏法律依据，本院不予支持。

综上所述，依据《中华人民共和国著作权法》第 11 条之规定，判决如下：

驳回原告岳德宇的诉讼请求。

岳德宇不服原审判决，提起上诉，请求二审法院撤销原审判决，依法改判并支持原审诉讼请求。其主要上诉理由是：（1）原审判决违背"接触 + 实质性相似"的认定标准。原审判决认定我与对方的作品"中文表达相同或相似的词条有 19 个"，但却以"表达有限"认定被上诉人不构成抄袭。另外，原审判决指出被上诉人作品与我的作品关于联想记法的共同点为在记忆某一英文单词时，均选取了与该词最相近似的单词，然后运用这些英文单词的中文词义形成一句中文表达以帮助记忆，实际上承认了双方作品构成了实质性相似。因

此，"联想记法的核心表达完全相同"的 125 个词条应认定构成抄袭。（2）被
上诉人涉嫌抄袭的词条里大部分是对我的作品文字表达的增减，没有产生性质
上的变化，应认为是抄袭。（3）被上诉人的作品中出现了与我相同的典型表
达特征，是快速确认抄袭的依据。（4）被上诉人作品的独创性部分与我的作
品存在相同或实质性相似。原审判决就"词根词缀的表达特征完全相同或基
本相同"的 76 个词条和"其他改头换面的高级抄袭"的 112 个词条认定属
"双方的文字表达（在非独创性部分）不尽相同"，偷换认定抄袭的司法规则
内涵。（5）原审法院判决违背了举证责任分配的规定。我提交的《抄袭对比
清单》已经证明被上诉人作品构成抄袭，在被上诉人没有提供证据证明二者
作品相同和相似的文字表达是否属于公有领域或表达形式有限的情况下，应承
担举证不能的不利后果。（6）根据已经生效的（2008）西民初字第 1650 号民
事判决书可以确认本案中被上诉人作品里的 15 个词条构成抄袭。（7）原审判
决对我的反驳性意见绝口不提不公平。

中国和平出版社服从原审判决。

二审查明事实

二审法院查明的事实与原审法院查明的事实相同。

二审审理结果

二审法院认为：著作权法对作品的保护，不是保护作品所体现的主题、思
想、情感以及科学原理等，而是保护作者对这些主题、思想、情感以及科学原
理以文字、图形等最终形式所进行的独创性的表达或表现。这种表达或表现的
文字、图形等最终形式或者它们所构成的内容受著作权法的保护。但是，当这
种表达是公知的或者唯一的形式时，则不受著作权法的保护。

根据查明的事实，被上诉人的《听 4》一书与岳德宇的上述多本图书，为
达到有效记忆英文单词的目的，均采用了拆分词根和词缀记忆法、利用谐音或
词之间的联系的联想记忆法以及英文单词拆分等方法。在上述记忆方法的相同
或相近似的运用中，所使用的部分中文文字和联想英文单词相近。

由于在英文语言学习记忆方法中，拆分词根和词缀记忆、利用谐音或词之
间的联系的联想记忆等方法是公知的，不需要予以证明。在此基础上对需记忆
的英语单词进行拆分或联想，所涉及的单词资源有限，最佳的选择近乎唯一。
所以，在本案《听 4》一书存在与岳德宇的上述图书在记忆联想等方法和核心
文字的近似表达时，该公知或者近乎唯一的表达形式的相同或者近似属于思想

或技巧的相同或者近似，不属于著作权法保护的范畴。据此，上诉人相关上诉请求因缺乏法律依据，均不能成立，本院不予支持。

综上所述，原审判决认定事实清楚，适用法律正确，依法应予维持。本院依据《中华人民共和国民事诉讼法》第 153 条第 1 款第（1）项之规定，判决如下：

驳回上诉，维持原判。

一审案件受理费 50 元，由岳德宇负担；二审案件受理费 50 元，由岳德宇负担。

19. 服装图案设计著作权侵权纠纷案

——赵伟轩诉上海马克华菲企业发展有限公司等

原告（被上诉人）： 赵伟轩
被告（上诉人）： 上海马克华菲企业发展有限公司
被告（原审被告）： 北京新奥西郡房地产开发有限公司
案由： 侵犯著作权纠纷

一审案号： 北京市西城区人民法院（2008）西民初字第 11881 号
一审合议庭成员： 武彧、付桂平、刘志远
一审结案日期： 2009 年 3 月 6 日
二审案号： 北京市第一中级人民法院（2009）一中民终字第 10755 号
二审合议庭成员： 彭文毅、苏杭、蒋利玮
二审结案日期： 2009 年 11 月 18 日

判决要旨

以举办比赛的方式征集作品的，举办者并不必然获得参赛作品的著作权或使用权，但约定可以，活动举办者擅自使用参赛作品的行为构成侵犯著作权的行为。

起诉与答辩

原告赵伟轩诉称：2006 年 10 月 7 日，原告从上海马克华菲企业发展有限公司（以下简称马克华菲公司）的宣传杂志上得知被告马克华菲公司在举办"缤纷无限、创意狂欢"的活动。宣传中注明的参与方式为：（1）运用你的疯狂创意，超 IN 的配色图案概念，你可以直接在我们提供的杂志模板上绘画并邮寄过来，材料工具无限制。（2）你也可以在我们官方网站上下载大尺寸模板，通过 PS、ILL 等软件进行创作，作品分辨率为 300dpi。在 2006 年 11 月 15 日截止日期之前，原告用邮件的方式寄上自己的 3 幅作品参加活动。2007 年 3 月，被告在自己官方网站上刊登了原告的 3 幅作品，并注明原告的作品获得一等奖，但原告一直未收到被告邮寄的任何形式的奖状证书、代金券以及印制的

只属于原告自己的 T 恤。

2008 年 6 月 20 日,原告在北京西单大悦城购物中心发现了印有原告参加活动作品的 T 恤后,与被告交涉。2008 年 7 月 18 日,原告收到了被告寄来的印有原告作品的两件衣服和一件印有不是原告作品图案的衣服,没有获奖证书和代金券。

原告参加活动的初衷是为了按照被告宣传为自己印制一件属于自己风格的 T 恤,该作品即使有可能成为下一季的流行,并作为商品投入市场,被告也有义务告知原告并征求原告是否同意使用该图案。

被告虽然在广告最后以"另"字开头注释了作品有机会成为下一季的服装作品而投入生产,并不能作为其使用该作品的依据。本句话独立于广告之外,词语模糊不清,概念不明,且与广告中宣传的制作独一无二的 T 恤,只属于你自己的个性有明显冲突。对"有机会"等歧义词语所产生的法律后果应作出不利于格式合同提供一方,也就是被告的认定,所以被告基于此句话不经过著作权人同意而免费使用这 3 幅作品是没有法律依据的,不能成立。

原告作为该 3 幅作品的创作人拥有该作品的著作权,任何单位和个人未经原告允许不得以营利为目的使用该作品。被告在未经原告授权许可的情况下,将原告的 3 幅作品印制在 T 恤上,分别以 395 元、395 元、355 元的价格出售,违反了《著作权法》第 26 条的规定,给原告造成了很大的经济损失:该作品为原告一系列风格作品 21 张中的其中 3 张。原告的作品全部是手绘作品,花费大量心血;原告已无法再作为版权作品另行使用。原告作为林业大学艺术系的研究生,其作品多次在专业美术杂志上发表,有一定的影响力。故请求法院判令:(1) 被告北京新奥西郡房地产开发有限公司停止销售侵权商品;(2) 被告马克华菲公司赔偿经济损失 15 万元、精神损失 1 万元;(3) 被告马克华菲公司在自己网站显著位置刊登不少于 10 日的道歉声明;(4) 被告马克华菲公司承担本案的全部诉讼费用。

被告马克华菲公司辩称:(1) 答辩人于 2006 年 10 月在刊物 FALLIN FOLLOW 上发布的 T 恤创意设计征集广告为委托创作合同的要约。原告在征集作品约定的时间内提交了作品且答辩人收到了作品,即原告对委托创作合同进行承诺,委托创作合同生效。在已经生效的委托创作合同中,已经表明答辩人有选择是否将委托创作作品用于商业生产销售的权利,答辩人在服装上使用具有合同上的权利依据。此外,2008 年 4 月,答辩人的创意部门人员再次通过电话联系了原告,明确告之将把原告的设计制作成"商品",且原告在其后与答辩人(VIP 中心)的联系中亦未表示反对,反而是索要相应的 T 恤,再次表明原告清楚了解委托创作合同的内容和活动的目的性。(2) 答辩人在委托创作的特定目的范围内使用该作品的行为不构成侵权。将委托设计作品投入生产、销售等商业用途是答辩人委托创作的特定目的。委托人对征集作品在特定范围内的使用不构成侵权。答辩人基于生效的著作权委托创作合同关系使用争议作品且使用范围在委托创作的特定目的范围内，并没有"侵犯著作权"行为，请求法院依法判决驳回原告的诉讼请求。

一审查明事实

原审法院查明：被告马克华菲公司成立于 2003 年 3 月，经营范围为服装、服饰设计、销售等。2006 年 10 月，其在 FALLIN FOLLOW 2007 年 3 月号刊物上刊登"缤纷无限、创意狂欢"活动广告。广告内容：简单的 TEE 也可以拥有自己的个性，我们为你提供自由的平台，来尽情发挥你的想象，还有神秘礼物为你送上，快来加入 MARK 潮人的地带，设计一款世界上独一无二只属你自己的 TEE。广告中"参与方式"写明：（1）运用你的疯狂创意，超 IN 的配色图案概念，你可以直接在我们提供的杂志模板上绘画并邮寄过来，材料工具无限制。（2）你也可以在我们官方网站上下载大尺寸模板，通过 PHOTO-SHOP、ILL 等软件进行创作，作品分辨率为 300dpi。（3）请将设计完成的作品邮寄至以下地址：上海龙漕路 200 弄 28 号 7 楼马克华菲企划部收。截止日期 2006 年 11 月 5 日。广告中最后一句话是："另，每位获奖者都将成为马克华菲 VIP 会员，更有机会让你的作品成为下一季的服装图案设计并且投入生产。"

2006 年 11 月，原告赵伟轩以电子邮件方式将自己的 3 幅作品，名称为"No. 12 ＜I just wanna to sing a song for u, tonight! Because I love u 02＞、No. 14 ＜Mr. Frog 青蛙 & 王子＞、No. 15 ＜Honey, u are so hot!!!＞"邮寄给被告马克华菲公司。2007 年 3 月，被告马克华菲公司在自己官方网站及 FALLIN FOL-LOW2007 年 3 月号刊物上刊登了原告赵伟轩创作的上述 3 幅作品，并注明原告的作品获得一等奖。后被告马克华菲公司将原告赵伟轩获奖的 3 幅作品印制在服装上并投入生产，零售价分别为 395 元、395 元、355 元。

2008 年 6 月 20 日，原告赵伟轩在北京西单大悦城北京马克华菲服饰有限公司柜台购买一件印有其作品的 T 恤，价款 198 元。

另查明，被告北京新奥西郡房地产开发有限公司成立于 2005 年 3 月，西单大悦城是其在北京市西城区西单商圈开发投资地产项目。2007 年 11 月，被告北京新奥西郡房地产开发有限公司（出租方）与北京马克华菲服饰有限公司（承租方）签订中粮西单大悦城商铺租赁合同。被告北京新奥西郡房地产开发有限公司将西单大悦城 4F－01、02、03、04 商铺出租给北京马克华菲企业发展有限公司使用,租期3年。被告马克华菲公司使用原告赵伟轩作品印制的服装,实际是由北京马克华菲服饰有限公司具体负责销售。

一审审理结果

原审法院认为:原告赵伟轩与被告马克华菲公司争议的焦点是原告的作品"No. 12 < I just wanna to sing a song for u, tonight! Because I love u 02 >、No. 14 < Mr. Frog 青蛙 & 王子 >、No. 15 < Honey, u are so hot!!! >"是否为委托创作的作品。

《中华人民共和国合同法》第14条规定:"要约是希望和他人订立合同的意思表示,该意思表示应当符合下列规定:(一)内容具体确定;(二)表明经受要约人承诺,要约人即受该意思表示约束。"从被告马克华菲公司刊登的活动广告内容可以看出,虽然,该活动广告在征集作品的形式、截止时间、奖励标准等内容上作出明确规定,但在征集作品的用途上表述不清。广告语中"更有机会让你的作品成为我们下一季的服装图案设计并且投入生产"一句话中的"更有机会",其表述不明确、不具体,无法表明受要约人一经承诺,要约人即受该意思表示的约束。故此,本院认为,广告语中"更有机会让你的作品成为我们下一季的服装图案设计并且投入生产"一句话,不能引申为被告马克华菲公司为征集服装设计而提出的要约。所谓委托创作作品是指受托人按照委托人的特定要求创作的作品,按照委托人的特定要求进行创作是委托创作作品的一个重要特征。从该项活动的广告语主旨"缤纷无限、创意狂欢"来看,该项活动不过是被告马克华菲公司承诺:"我们为你提供自由的平台,来尽情发挥你的想象的方式",由参与者张扬个性、恣意涂鸦互动活动,而非征集服装设计作品的特定要求,不具有委托创作作品的特征。故此,对被告马克华菲公司辩称其在刊物 FALLIN&FOLLOW 上发布的服装创意设计征集广告为委托创作合同要约的理由,本院不予采信。

我国《著作权法》规定,公民的著作权受法律保护。《著作权法》第11条规定,著作权属于作者,创作作品的公民是作者。故此,本院认为,原告赵伟轩作为涉案3幅作品的创作者,拥有该作品的著作权。我国著作权法规定,未经著作权人许可,不得复制其作品。被告马克华菲公司未经原告赵伟轩许可,将其创作的作品复制在该公司生产的T恤上进行销售,并从中获利的行为,侵犯了原告赵伟轩的著作权,应当承担停止侵害、消除影响、赔礼道歉、赔偿损失的民事责任。鉴于被告马克华菲公司未征得原告赵伟轩许可,擅自使用其作品,尚不属严重违背原告意愿发表其作品,且未给原告的信誉、社会评价带来负面影响,故对原告赵伟轩要求被告马克华菲公司赔偿精神损失的诉请，本院不予支持。原告赵伟轩诉请北京新奥西郡房地产开发有限公司停止销售侵权商品，因其未能提供相应的事实及法律依据，本院亦不予支持。

关于本案的赔偿数额，鉴于原告赵伟轩未能提供其实际损失或被告马克华菲公司违法所得的相应证据，本院将根据侵权行为的情节，酌情予以判决。

综上所述，本院依据《中华人民共和国著作权法》第 10 条、第 11 条、第 24 条、第 47 条第 1 款第（1）项、第 48 条第 2 款之规定，判决如下：

（1）本判决生效后，上海马克华菲企业发展有限公司应即在其自己的网站上刊登向原告赵伟轩的道歉声明，该声明应保留 10 日；

（2）本判决自生效之日起 10 日内，上海马克华菲企业发展有限公司赔偿赵伟轩 3 万元；

（3）驳回赵伟轩其他诉讼请求。

赵伟轩不服原审判决，提起上诉，请求二审法院撤销原审判决，支持其诉讼请求。赵伟轩的主要上诉理由是：（1）原审法院对精神赔偿认定有误。马克华菲公司使用和发表我的作品牟利确实违背我的意愿，并导致作品失去价值，原审法院关于"不算严重违背"的认定和对精神损害的认定错误。我的作品色彩的效果有我付出的大量的精力和财力，对方的使用行为对我的作品艺术效果大打折扣，失去了原本的神韵，并失去了拍卖、评奖的机会，损失很大。我的作品系列已被国内著名水粉画家收藏，所获得的全国头奖也证明其价值，但被如此毁损给我带来的很大精神伤害应当得到法院支持。（2）原审判决的效果没有达到保护知识产权的目的。新奥西郡房地产开发有限公司作为出租方，将经营场地租给侵权人销售非法产品，在收取租金的同时应承担一定的管理责任和义务，应当承担连带责任，至少应当约束此类侵权的发生，停止销售侵权产品。我的作品具有新的概念，具有很高的创作难度，作品保存成本达千元，原审判决赔偿数额过低，不能起到警戒和惩罚的效果。请求二审法院撤销原审判决，支持我的诉讼请求。

马克华菲公司不服原审判决，提起上诉，请求二审法院撤销原审判决，驳回赵伟轩的诉讼请求。其主要上诉理由是：原审法院认定事实不清，适用法律错误。我公司与赵伟轩存在著作权许可使用合同，不存在未经许可的问题。在征集作品的广告中已经明示"每位获奖者都将成为马克华菲 VIP 会员，更有机会让你的作品成为下一季的服装图案设计并且投入生产"。已经表明了可能使用获奖者作品的要约邀请。赵伟轩的投稿行为以及事后的积极认可、索要衣服均证明其与我公司构成了著作权许可使用关系，应当受此约束，我公司的行为不构成侵权。

新奥西郡房地产开发有限公司服从原审判决。

二审查明事实

二审法院查明的事实与原审法院查明的事实相同。

二审审理结果

二审法院认为：首先，马克华菲公司在征集作品的广告中，对征集作品的种类、投稿起止时间、奖励标准等项目规定明确，但其中"更有机会让你的作品成为我们下一季的服装图案设计并且投入生产"只是表明获奖作品有机会被该公司使用，并非约定作品一经获奖马克华菲公司即取得作品的使用权。同时，广告中的"奖项设置"亦未明确为使用获奖作品的报酬。因此，赵伟轩和马克华菲公司之间就作品的使用权问题未能达成合意，马克华菲公司不能依据广告取得赵伟轩作品的使用权。其未经许可使用赵伟轩的作品用于销售，属于擅自使用他人作品的侵权行为，依法应当承担民事责任。马克华菲公司的上诉理由没有法律依据，本院不予支持。其次，关于赵伟轩主张的精神损失以及经济损失赔偿过低问题。因著作权法所规定的损失赔偿标准是基于权利人所受损失的填平原则，所挽回的损失是直接损失，不包括非直接的可能发生或者正在发生的所谓拍卖、获奖等间接损失。原审判决确定的赔偿数额已经充分考虑了涉案作品的艺术价值、侵权人的侵权方式、主观过错程度等因素，所酌情确定的赔偿数额适当。因赵伟轩未证明作品被侵权导致其精神损害的严重后果，通过公开致歉足以对其精神上产生的不良感受予以安慰。新奥西郡房地产开发有限公司作为侵权人所租用的销售场地的出租方，未参与征集作品以及生产、销售使用侵权作品的行为，与涉案著作权侵权后果是间接关系，对侵权人行为的实施不负有法律上的注意义务，不应当对侵权人擅自使用他人作品的行为承担连带责任。因此，赵伟轩的相关上诉理由，因缺乏事实和法律依据，均不能成立，本院不予支持。

综上所述，原审判决认定事实清楚，适用法律适当，审判程序合法，依法予以维持。本院依据《中华人民共和国民事诉讼法》第153条第1款第（1）项之规定，判决如下：

驳回上诉，维持原判。

一审案件受理费3 500元，由赵伟轩负担1 000元，由上海马克华菲企业发展有限公司负担2 500元；二审案件受理费550元，由上海马克华菲企业发展有限公司负担。

20.《大话股神》著作权侵权纠纷案
——北京网尚文化传播有限公司诉北京宝辰饭店有限公司

原告： 北京网尚文化传播有限公司

被告： 北京宝辰饭店有限公司

案由： 侵犯著作权纠纷

一审案号： 北京市东城区人民法院（2009）东民初字第 06901 号

一审合议庭成员： 裴桂华、樊静馨、亓 蕾

一审（终审）结案日期： 2009 年 11 月 19 日

判决要旨

饭店通过交互式电视点播系统向入住客户提供视频点播服务，客户可根据需要选择点播系统所提供的节目，饭店提供点播服务的行为属于信息网络传播行为。

起诉与答辩

原告北京网尚文化传播有限公司（以下简称网尚文化公司）诉称：原告独家享有影视作品《大话股神》（以下简称涉案电影）在中国大陆地区的信息网络传播权。被告未经原告许可，且未支付报酬，在其酒店客房内提供上述影视作品的 HVO 有偿播放服务，其行为严重侵害了原告的信息网络传播权，并造成重大损失，故诉至法院请求判令被告：（1）立即停止侵权行为；（2）赔偿原告经济损失 5 万元；（3）赔偿原告为维权支付的律师费 5 000 元、公证费 1 000 元；（4）承担本案诉讼费用。

被告北京宝辰饭店有限公司（以下简称宝辰饭店公司）辩称：（1）被告与上海东方宽频传播有限公司（以下简称上海东方宽频公司）有合作协议，由上海东方宽频公司保证播放影片具有合法来源。后上海东方宽频公司将合作协议中的权利义务转让给北京同方易豪科技有限公司（以下简称同方易豪公司）。同方易豪公司与百事通网络电视技术发展有限责任公司（以下简称百事通公司）存在合作协议，百事通公司向同方易豪公司提供了涉案电影并确保

享有涉案电影的授权。因此，被告播放的涉案电影有合法来源。（2）涉案电影于2008年7月存入HVO系统，时间并不长。且诉讼后，被告已经将涉案电影删除。（3）HVO系统未开始收取点播费用，被告未获得经济利益。故不同意原告的诉讼请求。

一审查明事实

原审法院查明：

1. 涉案电影权属情况

2007年6月8日，国家广播电影电视总局电影管理局颁发了涉案电影的《电影片公映许可证》，证载：出品单位和摄制单位为上海华林影视文化有限公司。2007年8月15日，上海华林影视文化有限公司出具《授权书》，将涉案电影的独家信息网络传播权（具体指网络点播、直播、IPTV、NVOD、无线增值业务等网络信息传输范畴）、转授权、二次改编权及在网络打击盗版、追究非法使用涉案电影的权利，独家授予北京世纪星途文化传播有限公司，授权期限自2007年8月28日至2010年8月28日。2007年8月16日，北京世纪星途文化传播有限公司将其获得的涉案电影的授权全部独家授予原告，授权期限自2007年8月28日至2010年8月28日。

2. 被告宝辰饭店公司使用涉案电影情况

2009年4月7日，原告的委托代理人赵广义、吴党辉在北京市方正公证处公证人员的监督下对被告宝辰饭店公司房间内提供涉案电影的点播服务进行了证据保全，主要内容有：入住宝辰饭店公司进入房间后，打开房间的电视机，电视机屏幕左边出现6个选项，分别是"1精彩宝辰"、"2付费影院"、"3免费影院"、"4北京风情"、"5电视频道"、"6 ENGLISH"，屏幕右边显示"HVO吃喝玩乐"；用电视机遥控器选择"2付费影院"，进入后出现《大话股神》等影片名称；选择涉案电影后进入，涉案电影即开始播放，播放屏幕下方出现对话框"优惠套餐98元4小时内"、"按1确认购买A套餐"；通过电视机遥控器确认购买A套餐后，出现一个提示对话框"请在2009年4月7日22：30分44秒前使用"。涉案电影播放完毕后，赵广义办理退房手续，被告宝辰饭店公司出具发票，发票记载付款单位为原告、房费656元，发票号码为12171961。同时被告宝辰饭店公司出具了消费清单，清单上显示：房费558元、OI - misc. income 98元，清单上无赵广义签字。

经勘验，公证保全的涉案影片与原告主张权利的影片具有同一性。

庭审中，被告宝辰饭店公司称其并未收取点播费用，并提供2008年4月7日出具的号码为12171962的发票，付款单位为个人，房费606元。该发票无"全国统一发票监制章"。同时，被告宝辰饭店公司提交了有"赵广义"签字的消费清单，清单上显示：房费 558 元、Minibar 48 元。原告对消费清单上"赵广义"的签字系其本人签字不予认可。

3. 被告宝辰饭店公司点播系统制作情况

2006 年 4 月，被告宝辰饭店公司与上海东方宽频公司签订关于酒店视频点播业务之合作协议，双方约定：上海东方宽频公司负责视频点播业务整体运营，提供用于视频点播的节目内容资源、设备及相应的技术支持；被告宝辰饭店公司负责提供开展视频点播业务的场地，按照客户实际购买的资源收取使用费，并向上海东方宽频公司分成结算；双方结算比例为 8：2；合作期限为 5年。2007 年 12 月 20 日，经被告北京宝辰饭店公司同意，上海东方宽频公司将上述协议中的权利义务转让给同方易豪公司。

2008 年 1 月，同方易豪公司与百事通公司签"内容合作协议"，双方约定：百事通公司同意同方易豪公司在酒店视频点播系统中播出具备合法版权的节目，授权性质为非独家使用权不含转授权，其中授权节目单中包含了涉案电影。原告称并未授权百事通公司使用涉案电影。

4. 原告支出费用情况

原告为本案支出公证费 1 000 元，法律服务费 5 000 元。

一审审理结果

原审法院认为：电影作品和以类似摄制电影的方式创作作品的著作权由制片者享有。著作权人可以自己行使著作权，也可以授权他人行使著作权。除法定情形外，任何人未经许可使用他人作品应承担相应的法律责任。本案中，涉案作品《大话股神》系电影作品，根据《电影片公映许可证》和电影的片尾署名，可以确认上海华林影视文化有限公司系涉案电影的制片者，依法享有涉案电影的著作权。原告通过授权方式，依法取得涉案电影独家专有的信息网络传播权，并可以自己的名义对未经授权使用涉案电影的行为追究法律责任。

本案的争议焦点在于被告宝辰饭店公司提供的点播行为是否侵犯了原告享有的信息网络传播权。本院认为，被告提供的点播行为侵犯了原告的信息网络传播权，理由如下：

（1）信息网络传播权是以有线或者无线的方式向公众提供作品，使公众可以在其个人选定的时间和地点获得作品的权利。信息网络传播权是公众根据个人需要，自主选择信息的权利，属于以交互式手段传播作品的权利。被告宝辰饭店公司提供的视频点播系统，入住客户可根据需要选择点播系统所提供的节目，因此，被告宝辰饭店公司提供的点播服务行为属于信息网络传播行为。

（2）被告宝辰饭店公司虽与同方易豪公司存在合作关系，但双方的合作协议仅能约束合同双方，不能约束合同之外的第三人。且同方易豪公司的合作方百事通公司并未提供获得涉案电影授权的证明。因此，被告宝辰饭店公司与同方易豪公司之间的合作协议不能成为被告宝辰饭店公司免责的抗辩事由。

（3）原告提交的证据保全公证书所载的发票和消费清单，虽与被告提交的发票和消费清单不一致，但根据公证过程显示被告宝辰饭店公司提供的是"付费电影"，并根据相应付费情况可以证明被告宝辰饭店公司提供点播服务并收取费用的事实。

综上所述，被告宝辰饭店公司未经原告许可使用涉案电影，侵犯了原告的信息网络传播权，应当承担停止侵权、赔偿损失的责任。关于赔偿数额，由于原、被告均未提供充分证据证明损失或获利情况，本院将综合考虑涉案电影的知名度、上映时间、被告使用涉案电影的方式、被告主观过错程度等因素，酌情予以确定。关于合理支出，本院亦酌情考虑。

综上所述，本院依据《中华人民共和国著作权法》第 10 条第 1 款第（12）项、第 2 款、第 15 条第 1 款、第 47 条第（1）项、第 48 条，《最高人民法院〈关于审理著作权民事纠纷案件适用法律若干问题的解释〉》第 7 条第 2 款、第 25 条第 1、2 款、第 26 条之规定，判决如下：

（1）自本判决生效之日起，被告北京宝辰饭店有限公司停止提供涉案电影《大话股神》的点播服务；

（2）自本判决生效之日起 10 日内，被告北京宝辰饭店有限公司赔偿原告北京网尚文化传播有限公司经济损失 1 万元及诉讼合理支出 5 000 元；

（3）驳回原告北京网尚文化传播有限公司的其他诉讼请求。

案件受理费 1 200 元，由原告北京网尚文化传播有限公司负担 200 元，由被告北京宝辰饭店有限公司负担 1 000 元。

双方当事人均服从原审判决。

21.《体育建筑设计规范》著作权侵权纠纷案

——中国建筑工业出版社诉北京万方数据股份有限公司等

原告（被上诉人）： 中国建筑工业出版社
被告（上诉人）： 北京万方数据股份有限公司
被告（上诉人）： 北京工业大学
被告（上诉人）： 北京交通大学
被告（上诉人）： 同济大学
案由： 侵犯著作权纠纷

一审案号： 北京市朝阳区人民法院（2009）朝民初字第 31130 号
一审合议庭成员： 谢甄珂、苏志甫、李自柱
一审结案日期： 2009 年 9 月 16 日
二审案号： 北京市第二中级人民法院（2009）二中民终字第 20778 号
二审合议庭成员： 冯刚、张剑、葛红
二审结案日期： 2009 年 11 月 20 日

判决要旨

国家标准分为强制性标准和推荐性标准。《体育建筑设计规范》属强制性标准，是具有法规性质的技术性规范，由建设部依法发布并监督实施。为保证标准的正确发布实施，建设部依职权将强制性标准的出版权授予中国建筑工业出版社，这既是一种出版资格的确认，排除了其他出版单位的出版资格，同时也应认定是出版经营权利的独占许可。万方公司未经建筑工业出版社许可，亦未支付报酬，将《体育建筑设计规范》扫描录入其制作的《中国标准全文数据库》，客观上损害了中国建筑工业出版社的民事权益，应当承担停止侵害、赔偿损失的民事责任。

起诉与答辩

原告中国建筑工业出版社（以下简称建工出版社）诉称：经建设部和建设部标准定额研究所的专有授权，我社对所出版的《体育建筑设计规范》享

有专有出版权利。而北京万方数据股份有限公司（以下简称万方公司）却在未经许可的情况下，擅自将该标准以扫描录入的方式制作成电子书籍，收录在其制作的"万方数据库"内，并出售给北京工业大学（以下简称北工大）、北京交通大学（以下简称北京交大）和同济大学。该三所学校在其局域网内为公众提供该标准的浏览、下载服务。万方公司非法复制、汇编、传播该标准，北工大、北京交大和同济大学非法传播该标准，均侵犯了我社对该标准享有的专有出版权利。为此，我社起诉要求万方公司、北工大、北京交大、同济大学停止侵权，销毁侵权制品；要求万方公司在《法制日报》及其网站（http：//www.wanfangdata.com.cn）首页公开赔礼道歉；要求万方公司赔偿经济损失13 300元，律师费、公证费、交通费等共计131元。

被告万方公司、北工大、北京交大、同济大学共同辩称：标准不是著作权法保护的范围，建设部和建设部标准定额研究所也无权授予建工出版社标准的专有出版权等权利。万方公司使用国家颁布的标准是合法的，并未侵犯建工出版社的著作权。即使构成侵权，责任也应由万方公司承担，北工大、北京交大和同济大学不应承担任何侵权责任。综上所述，我们不同意建工出版社的诉讼请求。

一审查明事实

原审法院查明：2003年，国家体育总局、建设部批准《体育建筑设计规范》为行业标准，编号为JGJ 31—2003，该标准为强制性标准。由建设部标准定额研究所组织建工出版社出版发行。建工出版社据此出版了《体育建筑设计规范》单行本。

万方公司将建工出版社出版的该标准单行本扫描录入其制作的《中国标准全文数据库》，并提供给北工大、北京交大、同济大学在各自学校局域网内供用户浏览、下载。万方公司未就此征得许可，也未支付费用。建工出版社对北工大、北京交大、同济大学局域网传播包含涉案标准在内的多个标准的《中国标准全文数据库》的情况进行了公证，并支付公证费2 800元。此外，建工出版社还为包括本案在内的多起诉讼支出律师费3万元。

另查明，1999年8月26日，建设部办公厅给国家新闻出版署图书司《关于中国建筑工业出版社和中国计划出版社享有工程建设国家标准与有关行业标准专有出版权的函》中明确："由我部主管的工程建设国家标准、行业标准和经济定额等，其出版和发行工作我部均分别委托中国建筑工业出版社和中国计划出版社，两社的分工为：建设部系统的工程建设国家标准和行业标准，以及有关的经济定额等由中国建筑工业出版社出版发行；国务院其他部门的工程建设国家标准、全国统一基础定额，安装定额和项目评价方法和参数等由中国计划出版社出版发行。"

2007 年 9 月 18 日，建设部标准定额研究所出具授权书，载明："附件中所列标准（以下简称'该系列标准'）均由建工出版社专有出版，且本单位专有授权许可建工出版社对该系列标准进行复制、汇编和网络传播。任何单位或个人，以任何形式复制该系列标准的任何部分，或将该系列标准通过网络进行传播，或汇编该系列标准，均必须事先征得建工出版社的书面同意。对于该系列标准被侵权后的维权工作，均由建工出版社负责，且建工出版社有权以自己的名义对侵权单位或个人提起诉讼。"该授权书附件中的标准包括涉案标准。

一审审理结果

原审法院认为：国家标准分为强制性标准和推荐性标准。强制性标准是具有法规性质的技术性规范，建工出版社所获得的专有的出版权利，也非著作权法意义上的专有出版权，但建工出版社对此享有出版经营权利的独占许可，排除了其他出版单位的出版资格。万方公司将该标准扫描录入其制作的《中国标准全文数据库》的行为，在客观上仍然损害了建工出版社基于出版经营资格的独占而获得经济收益的权利。因此，万方公司应当承担停止使用，赔偿经济损失的责任。

就具体的赔偿数额，本院将综合考虑涉案标准的内容、万方公司的侵权过错程度、侵权情节等因素酌情判处。同时，万方公司还应赔偿建工出版社为诉讼支出的合理费用，数额将根据赔偿数额的标准酌情确定。因赔礼道歉通常是在侵犯他人人身权利或商誉的情况下适用的民事责任方式，而万方公司的涉案行为仅侵犯了建工出版社的财产权利，故对于建工出版社要求万方公司赔礼道歉的主张，本院不予支持。

同时，考虑到北工大、北京交大和同济大学局域网内的《中国标准全文数据库》中含有涉案侵权标准，故其应当承担停止侵权的责任。

综上所述，本院依据《中华人民共和国民法通则》106 条第 2 款、《中华人民共和国著作权法》第 5 条之规定，判决如下：

（1）北京万方数据股份有限公司、北京工业大学、北京交通大学、同济大学停止使用《体育建筑设计规范》；

（2）北京万方数据股份有限公司自本判决生效之日起 10 日内，赔偿中国建筑工业出版社经济损失 246 元；

（3）北京万方数据股份有限公司自本判决生效之日起 10 日内，赔偿中国建筑工业出版社合理费用 100 元；

（4）驳回中国建筑工业出版社的其他诉讼请求。

建工出版社不服原审判决，提出上诉，请求二审法院撤销原审判决第二、四项；全部支持建工出版社的经济赔偿请求；一、二审案件受理费由万方公司承担。其主要上诉理由是：（1）建工出版社自行设计完成了涉案标准的版式设计，应享有版式设计权，万方公司未经许可扫描录入该标准侵犯了建工出版社的版式设计权，原审判决未明确认定这一事实；（2）万方公司的侵权行为主观恶意明显、侵权范围广泛，严重影响建工出版社行使权利，原审判决确定的赔偿数额过低，应参照相关稿酬标准赔偿建工出版社的经济损失。

万方公司不服原审判决，提出上诉，请求二审法院撤销原审判决；驳回建工出版社的全部诉讼请求；案件受理费由建工出版社承担。其主要上诉理由是：强制性标准不属于著作权法保护范围，建工出版社无权根据建设部和建设部标准定额研究所的所谓授权取得任何民事权利或权益。万方公司使用公开发布实施的、不受著作权法保护的涉案标准无须经过许可，也不侵犯建工出版社的权益。

北工大、北京交大、同济大学同意上诉人万方公司的上诉主张。

二审查明事实

二审法院查明的事实与原审法院查明的事实相同。

二审审理结果

二审法院认为：涉案标准为强制性标准，是具有法规性质的技术性规范，由建设部依法发布并监督实施。为保证标准的正确发布实施，建设部依职权将强制性标准的出版权授予建工出版社，这既是一种出版资格的确认，排除了其他出版单位的出版资格；同时也应认定是出版经营权利的独占许可。万方公司未经建工出版社许可，亦未支付报酬，将涉案标准扫描录入其制作的《中国标准全文数据库》的行为，客观上损害了建工出版社的民事权益，应当承担停止侵害、赔偿损失的民事责任。鉴于原审被告北工大、北京交大、同济大学局域网内的《中国标准全文数据库》中含有涉案标准，故应当承担停止侵害的民事责任。万方公司关于建工出版社无权根据建设部和建设部标准定额研究所的授权取得任何民事权利或权益及万方公司使用涉案标准无须经过许可，也不侵犯建工出版社的权益的上诉主张，依据不足，本院予以不予支持。

建设部于1996年组织制定并印发的《工程建设标准编写规定》和《工程建设标准出版印刷规定》对于相关标准编写和出版的文本格式、标准的排列格式、幅图尺寸、字号、字体、封面及扉页格式等内容均有明确规定，所有相关标准均应依据该规范进行编写。即使涉案标准在细节方面与上述规定载明的文本格式存在差别，该变化也是基于使用规定文本格式前提下的变化，并非新的版式设计。因此，建工出版社主张其自行设计完成了涉案标准的版式设计，应享有版式设计权，万方公司未经许可扫描录入该标准侵犯了建工出版社的版式设计权的上诉主张，依据不足，本院不予支持。

关于赔偿经济损失的数额问题，建工出版社所提赔偿请求数额过高，亦未提供充分证据予以证明，原审法院综合考虑涉案标准的内容、万方公司的侵权过错程度、侵权情节、建工出版社为本案支出的合理费用等因素酌情确定的赔偿数额并无不当。建工出版社提出的关于原审判决确定的赔偿数额过低，应参照相关稿酬标准赔偿其经济损失的上诉主张，缺乏依据，本院不予支持。

鉴于建工出版社在本案中主张的权利属于财产性质的权利，并不具有人身属性，故其要求万方公司在《法制日报》及其网站首页公开赔礼道歉的诉讼请求缺乏依据，本院不予支持。

综上所述，上诉人建工出版社和万方公司所提上诉理由均不能成立，其相应的上诉请求本院均不予支持。原审判决认定事实清楚，适用法律正确，依法应予维持。本院依据《中华人民共和国民事诉讼法》第 153 条第 1 款第（1）项之规定，判决如下：

驳回上诉，维持原判。

一审案件受理费 50 元，由北京万方数据股份有限公司负担；二审案件受理费 50 元，由中国建筑工业出版社负担 25 元，由北京万方数据股份有限公司负担 25 元。

22.《大学者们的"奇谈怪行"》著作权侵权纠纷案
——魏剑美诉北京龙源网通电子商务有限公司

原告（被上诉人）： 魏剑美
被告（上诉人）： 北京龙源网通电子商务有限公司
案由： 侵犯著作权纠纷

一审案号： 北京市朝阳区人民法院（2009）朝民初字第 25282 号
一审合议庭成员： 普翔、李自柱、苏志甫
一审结案日期： 2009 年 9 月 18 日
二审案号： 北京市第二中级人民法院（2009）二中民终字第 20556 号
二审合议庭成员： 何暄、宋光、梁立君
二审结案日期： 2009 年 11 月 20 日

判决要旨

　　电子期刊网站未经著作权人授权，仅获得无权许可的报社、期刊社许可使用他人作品的，该使用行为构成侵犯著作权人的信息网络传播权。

起诉与答辩

　　原告魏剑美诉称：我是湖南师范大学副教授，是杂文作家和小说家。我先后在《杂文报》等多家报刊主持杂文专栏并发表了大量作品。我的作品曾被《读者》、《青年文摘》、《作家文摘》、《新华文摘》等转载。我写作的杂文，辛辣幽默，别具风格，在全国具有一定影响，多次入选年度最佳杂文和中小学教材。北京龙源网通电子商务有限公司（以下简称龙源电子公司）系"龙源期刊网"（网址 http://cn.qikan.com）的经营者。龙源电子公司在"龙源期刊网"首页开设了《名家名作》栏目，将我列为名家，配以我的照片与介绍，将我的作品《大学者们的"奇谈怪行"》及我的其他作品编辑在一起，形成了"魏剑美的作品专卖店"，按每篇文章点击一次收费 0.1 元的方式提供给用户阅读与复制。此外，我还发现龙源电子公司还将上述内容提供给其他图书馆使

用。作品《大学者们的"奇谈怪行"》的作者是我，我是该文的著作权人，龙源电子公司未经许可编辑我的作品并提供给用户阅读且收取费用的行为，侵犯了我享有的汇编权、信息网络传播权和获得报酬的权利。为此我诉至法院，请求法院判令龙源电子公司立即停止侵权行为，赔偿经济损失 3 000 元，为制止侵权所支付的律师费 1 000 元，公证费、交通食宿费、复印费合计 300 元。

被告龙源电子公司辩称：（1）我公司使用魏剑美的文章都有登载文章的期刊社给予的授权。（2）按照我公司和期刊社的约定，我公司向期刊社支付稿酬，再由期刊社将相应的稿酬转付给魏剑美。（3）魏剑美起诉的赔偿数额过高，没有相应依据，不应得到法院的支持。综上所述，我公司不同意魏剑美对我公司的诉讼请求，请求法院驳回魏剑美的全部诉讼请求。

一审查明事实

原审法院查明：《大学者们的"奇谈怪行"》系杂文，全文 1 800 字，由魏剑美创作完成。

龙源电子公司曾在 2007 年 6 月与吉林省青少年报刊总社签订一份"网络电子版合作协议书"，该协议书约定：吉林省青少年报刊总社提供《作文与考试》杂志给龙源电子公司，龙源电子公司作为吉林省青少年报刊总社网络电子版的全球总代理；龙源电子公司将杂志电子版订阅收入的 30% 作为版税和收益汇给吉林省青少年报刊总社，其中 10% 属于期刊社作品汇编著作权费、10% 属于刊物版式权费、10% 属于作者著作权费。龙源电子公司与吉林省青少年报刊总社签订上述协议前，只是审查了吉林省青少年报刊总社的出版资质，并未审查过吉林省青少年报刊总社是否有权利处置其登载文章的著作权。诉讼中，龙源电子公司表示对吉林省青少年报刊总社是否有权处置其登载的涉案文章的著作权，没有证据提交。

"网络电子版合作协议书"签订后，吉林省青少年报刊总社向龙源电子公司提供了其出版杂志的电子版，龙源电子公司向吉林省青少年报刊总社支付了约定的版税和收益，包括 10% 属于作者的著作权费。魏剑美表示其从未收到过吉林省青少年报刊总社支付的上述费用。

网址 http：//cn.qikan.com 的"龙源期刊网"系龙源电子公司所有和经营。2009 年 6 月 9 日，登录"龙源期刊网"，在首页点击"名家名作"链接进入该栏目。在该栏目搜索框中输入"魏剑美"进行搜索，得到"魏剑美的作品专卖店"的链接，点击该链接可以进入名为"魏剑美的作品专卖店"网页。"魏剑美的作品专卖店"网页有魏剑美 58 部作品的集合，其中包括涉案《大学者们的"奇谈怪行"》文章全文，并注明出自《作文与考试》杂志。在"龙源

期刊网"上每阅读 2 500 字需要交纳费用 0.1 元。此外，龙源电子公司还将
"龙源期刊网"的链接地址提供给其他单位使用。

另查明，为本案诉讼魏剑美与其代理人约定支付律师费 1 000 元，魏剑美
还支付了包括本案在内的 58 件案件的公证费 800 元、复印费 394 元、交通费
1 186 元、住宿费 150 元和餐饮费 60 元。

一审审理结果

原审法院认为：《大学者们的"奇谈怪行"》文章系魏剑美创作完成，其
作为作者享有文章的信息网络传播权和获得报酬的权利。他人未经魏剑美许
可，不得使用上述权利。

龙源电子公司答辩其在"龙源期刊网"上使用涉案作品有杂志社的授权，
并支付了费用。本院认为，龙源电子公司对涉案文章的使用既不属于法定许可
使用，也不属于合理使用，其在互联网中对涉案文章的使用应当取得合法授
权。龙源电子公司取得了吉林省青少年报刊总社的使用授权，但没有证据表明
吉林省青少年报刊总社有权将《大学者们的"奇谈怪行"》一文的信息网络传
播权许可给龙源电子公司使用。除非杂志社和作者之间有约定，否则杂志社不
能仅仅因为转载了他人文章就获得对被转载文章的著作权进行处置的权利。本
案中，龙源电子公司在其网站上登载《大学者们的"奇谈怪行"》一文并对该
文的阅读进行收费的行为，未经权利人魏剑美的许可，侵犯了魏剑美享有的信
息网络传播权，其应当承担停止侵权和赔偿经济损失的责任。另外，龙源电子
公司辩称其对使用的文章已委托杂志社将稿酬支付作者。对此，本院认为，
（1）没有证据表明魏剑美收到了该费用；（2）即使龙源电子公司支付了该笔
费用，也不代表其涉案行为因此合法，其仍然应当取得权利人的许可。关于赔
偿损失部分，魏剑美主张的赔偿数额依据不足，本院不予全额支持。本院将考
虑涉案文章的字数、国家相关稿酬标准以及龙源电子公司的过错程度，酌情判
处。合理费用部分，本院对与本案相关的合理部分，酌情予以支持。

对于魏剑美主张龙源电子公司侵犯其文章汇编权一节，龙源电子公司在其
经营网站设立"魏剑美的作品专卖店"网页，只是汇集魏剑美的部分作品，
便于读者搜索和阅读，并没有形成新的作品，故不侵犯魏剑美的汇编权。对于
此项诉讼请求，本院不予支持。

综上所述，本院依据《中华人民共和国著作权法》第 26 条、第 47 条第
（1）项、第 48 条之规定，判决如下：

（1）北京龙源网通电子商务有限公司自本判决生效之日起，在其经营的
网址为 http：//cn.qikan.com 的"龙源期刊网"上停止使用魏剑美的作品《大

学者们的"奇谈怪行"》一文；

（2）北京龙源网通电子商务有限公司自本判决生效之日起10日内，赔偿魏剑美经济损失120元；

（3）北京龙源网通电子商务有限公司自本判决生效之日起10日内，赔偿魏剑美诉讼合理费用245元；

（4）驳回魏剑美的其他诉讼请求。

龙源电子公司不服原审判决，提起上诉，请求二审法院撤销原判，驳回魏剑美的诉讼请求。龙源电子公司的上诉理由是：由于期刊杂志涉及的作者众多，出版周期短，使得网络从业者要直接获得作者的授权在现实中不具有操作性。我公司通过与期刊社签订协议的方式获得了涉案作品的网络发行权利并且支付了相应费用。期刊社之所以与我公司签订协议必然是建立在其有授权的基础上。因此，法院应考虑到网络的特性以及我公司与期刊社签约的事实，认定我公司的涉案行为获得了充分授权。此外，原审判决确定的赔偿标准没有依据。本案是网络使用，虽然目前国家并未就此规定付酬标准，但原审依据纸质作品的付酬标准确定的本案赔偿数额并不合适。我公司认为应以客观记录的点击率结合下载收费额作为我公司的获利实际情况，并以此为依据确定相应的赔偿额。

魏剑美服从原审判决。

二审查明事实

二审法院查明的事实与原审法院查明的事实相同。

二审审理结果

二审法院认为：被上诉人魏剑美系涉案作品的作者及著作权人，其就涉案作品所享有的信息网络传播权受我国法律保护。任何组织或个人将涉案作品通过信息网络向公众传播，均应取得魏剑美的许可并支付报酬。

根据本案查明的事实，上诉人龙源电子公司在其"龙源期刊网"上登载了涉案作品并收取了费用，该公司没有就其实施的涉案行为取得魏剑美的许可，也没有向魏剑美支付报酬。虽然该公司与刊登涉案作品的吉林省青少年报刊总社签订了相关协议并支付了费用，但并没有证据证明该社就其将涉案作品信息网络传播权授权龙源电子公司行使一节取得了魏剑美的授权或许可，也没有证据证明魏剑美收取了该社转付的龙源电子公司所称的费用。因此，龙源电子公司的涉案行为属于未经魏剑美的许可而实施的侵犯其信息网络传播权的侵权行为，原审法院据此判决该公司承担停止侵权、赔偿魏剑美经济损失及合理诉讼支出的民事侵权责任是正确的，所确定的赔偿数额亦无不妥。

综上所述，上诉人龙源电子公司的上诉理由不能成立，对其上诉请求，本院不予支持。原审判决认定事实清楚，适用法律正确，依法应予维持。本院依据《中华人民共和国民事诉讼法》第 153 条第 1 款第（1）项之规定，判决如下：

驳回上诉，维持原判。

一审案件受理费 50 元，由北京龙源网通电子商务有限公司负担；二审案件受理费 50 元，由北京龙源网通电子商务有限公司负担。

23. 电视剧《关东金王》著作权侵权纠纷案

——中视影视制作有限公司诉中国电信集团公司等

原告（被上诉人）： 中视影视制作有限公司
被告（上诉人）： 中国电信集团公司
被告（上诉人）： 北京掌上通网络技术有限公司
案由： 侵犯著作权纠纷

一审案号： 北京市西城区人民法院（2009）西民初字第 3674 号
一审合议庭成员： 赵庆丽、冯强、孟红梅
一审结案日期： 2009 年 8 月 25 日
二审案号： 北京市第一中级人民法院（2009）一中民终字第 15905 号
二审合议庭成员： 芮松艳、殷悦、周波
二审结案日期： 2009 年 11 月 23 日

判决要旨

《中华人民共和国信息网络传播权保护条例》（以下简称《信息网络传播权保护条例》）第 23 条的适用条件是，搜索链接服务提供者对于被搜索链接到的网站的内容客观上不具有控制能力，其既无法决定被链接网站上传何种内容到其服务器中，亦无法对被链接网站是否已获得其所上传内容权利人的许可进行审查。如果搜索链接服务提供者与被链接网站之间存在内容上的合作关系，考虑到搜索链接服务提供者在客观上对于被链接网站中所提供的内容已具有一定程度的主动控制能力，其已并非被动地提供搜索及链接服务，则此种情况下的搜索链接服务提供行为，已不属于《信息网络传播权保护条例》第 23条规定的搜索链接服务行为，不受该条款调整。

起诉与答辩

原告中视影视制作有限公司（以下简称中视公司）诉称：中视公司是影视作品《关东金王》的信息网络传播权所有人，依法对该作品享有信息网络

传播权。中国电信集团公司（以下简称中国电信）、北京掌上通网络技术有限公司（以下简称掌上通公司）未经中视公司许可且未支付报酬，以营利为目的，通过互连星空北方站（http://bf.vent.cn/）提供该作品的在线观看服务。中视公司认为，中国电信、掌上通公司的行为侵犯了其享有的影视作品《关东金王》的信息网络传播权，给其造成巨大损失。故请求法院判令中国电信和掌上通公司：（1）停止侵权行为；（2）赔偿经济损失 10 万元；（3）赔偿为制止侵权行为而支付的合理费用包括公证费 2 880 元、律师费 2 万元，共计22 880 元。

被告中国电信辩称：（1）中视公司的陈述与事实和证据不符，中国电信的互联星空北方站未曾在线播放涉案电影；（2）中视公司所提交的公证书记载的网站是其代理人都无法辨认的不明网站；（3）中视公司指控中国电信的两个行为，提供搜索服务和收费渠道，中国电信都不应当承担侵权责任；（4）播放涉案电影的是"激动宽频"网站，中国电信与其不存在任何关系。请求驳回中视公司的诉讼请求。

被告掌上通公司辩称：同意中国电信的答辩意见。掌上通公司"八频道网站"（域名：8channel.com）是一个影视内容聚合网站。掌上通公司网站通过采集整合国内多家在线影视网站的内容向用户提供影视作品搜索与观看的链接服务，不存储播放内容，对内容本身没有实质的管理权限。为保障掌上通公司网站所收录链接的内容的有效性、合法性，掌上通公司对收录链接的内容均会进行授权审查。中视公司所诉的《关东金王》一片实际是由上海激动通信有限公司（以下简称上海激动公司）提供，掌上通公司"八频道网站"只进行链接。作为内容链接方，掌上通公司已经在网站页面中明确了内容的提供者，在中视公司提交的证据中已经证明"八频道网站"页面上有相关说明，掌上通公司尽到了告知义务。在掌上通公司"八频道网站"链接《关东金王》时，上海激动公司已经向掌上通公司提供其授权证明，上海激动公司的授权系通过《关东金王》的原始著作权人桦甸市华宣文化信息产业有限公司（以下简称华宣公司）的授权层层获得，掌上通公司尽到了审核义务，在中视公司向中国电信提出版权质疑后，掌上通公司已经将内容的链接断开，尽到了管理义务。

综上所述，作为内容的链接方，掌上通公司已经尽到应尽的义务。中视公司所提出的中国电信与掌上通公司在"互连星空北方站"提供《关东金王》的在线播放一节与事实不符，要求驳回中视公司的诉讼请求。

一审查明事实

原审法院查明：

1. 电视剧《关东金王》著作权属事实

（1）2004 年 11 月 12 日，中视公司（甲方）与华宣公司（乙方）为共同投资拍摄电视剧《关东金王》有关事宜签订电视剧合作摄制合同，约定：该剧由双方合作摄制、联合出品，甲方享有该剧的首轮电视播映权及收益权，除此之外，该剧的版权及发行收益权归乙方所有；该剧由中央电视台文艺节目中心影视部申报立项，并使用中央电视台文艺节目中心影视部拍摄许可证，该剧制作完成后由甲方负责申办发行许可证……2006 年 10 月 30 日，中视公司（甲方）与华宣公司（乙方）通过签订"补充协议"将原合同中对版权归属和收益分配的约定更改为：乙方拥有本剧完成片的二轮标清电视播映版权、音像制品发行版权及海外发行版权，该两项权利乙方拥有期限为 5 年，本剧完成片的其他版权属甲方所有；乙方可获得本剧完成片的二轮电视播映版权、音像版权及海外版权销售所得的所有收益，本剧完成片的首轮销售由甲方完成，首轮销售收入甲方分配 1 250 万元，乙方分配 600 万元，除此之外的其他版权销售收入归甲方所有。

（2）2006 年 9 月 13 日，中央电视台所发（央）剧审字（2006）第 030 号《国产电视剧发行许可证》显示：剧目名称关东金王，长度 37 集；制作单位中央电视台文艺节目中心影视部，合作单位桦甸市华宣文化信息产业有限公司；电视剧制作许可证编号甲第 002 号。

（3）2006 年 10 月 30 日，中视公司（甲方）与华宣公司（乙方）签订"《关东金王》合作拍摄合同"之补充协议（以下简称补充协议），补充协议规定：第二条　本剧在原合同中约定双方的版权归属双方通过本协议更改为：乙方拥有本剧完成片的二轮标清电视播映版权、音像制品发行版权及海外发行版权，该两项权利乙方拥有期限为 5 年（注：乙方在发行音像制品时应在音像制品外包装上注明"总监制：李建 出品人　高建民 本剧版权归属　中视影视制作有限公司、桦甸市华宣文化信息产业有限公司所有"）；本剧完成片的其他版权属甲方所有。——第五条其他条款按照原合同执行，原合同与本协议约定不同的按照本协议执行。

（4）2008 年 5 月 27 日，中央电视台文艺节目中心影视部出具《版权证明》，主要内容为：电视剧《关东金王》的标清版电视媒体独家首次广播权、中央电视台的永久广播权中央电视台购买并拥有（央视国际网站 http：//www.cctv.com 有权无偿使用该剧信息网络传播权），该剧其他全部版权仍归投资单位享有，即中视影视制作有限公司和桦甸市华宣文化信息产业有限公司享有；因该剧制作及中央电视台之外其他媒体播出所发生的纠纷概由该剧投资单位负责处理解决，与中央电视台无关。

（5）2009年5月6日，中国国际电视总公司出具"电视剧《关东金王》著作权证明"，证明内容为中视影视制作有限公司为该公司的全资子公司，具备独立法人资格。该公司对中视影视制作有限公司以自己的名义承担该公司电视剧、电影、其他电影电视节目及行使所制作剧目权利承担相关义务之事宜，于2008年2月19日给予过整体授权。电视剧《关东金王》，国产电视剧发行证编号：（央）剧审字（2006）第030号，属于上述整体授权范围之内。因此，电视剧《关东金王》的著作权利由中视影视制作有限公司享有，收益亦归中视影视制作有限公司所有。

（6）在本案审理中，中视公司提供上海市卢湾公证处（2008）沪卢证经字第1598号证明书，证明中视公司提交的中视公司与华宣公司之间签订的电视剧《关东金王》的"电视剧合作摄制合同"（于2004年11月12日签订的）复印件与原件一致。

2. 涉案有关事实

（1）中视公司提供（2008）经中信内经政资03270号公证书，证明进入信息产业部ICP/IP地址/域名信息备案管理系统（网址http：//www.miibeian.gov.cn），查明，"8频道网站"（网址http：//www.8channel.com）所有者为北京掌上通网络通信有限公司，备案/许可证号为京ICP备08001041号。

（2）2008年4月30日，北京市中信公证处出具（2008）经中信内经证字03269号公证书，公证书载明：中视公司委托代理人向该公证处申请对其在互联网上浏览网页、在线播放影片的过程及内容进行证据保全。2008年4月30日在该公证处，在公证员唐骞及公证人员于祺的面前，中视公司委托代理人米传猛使用该公证处办公用的电脑，中视公司委托的代理人黄丽洁使用该公证处摄像机进行了操作。操作完毕，现场取得打印结果30页，光盘1张，原件现存于该公证处。与该公证书相粘连的附件30页均为米传猛（中视公司委托代理人）现场操作过程中实时打印所得原件的复印件，与该公证书相粘连的光盘复制于黄丽洁（中视公司委托的代理人）现场所取得光盘，均与实际情况相符。

经审查，该公证书中第1～11项操作与本案有关，通过截屏取得并保存的与本案有关的页面文档内容共计24页。在本案审理中，通过核实该公证书及附件的内容，查明事实如下：

①打开浏览器，在地址栏中输入"http：//www.vent.cn"，显示出"互连星空"门户网站首页的内容，在"互连星空"网站首页下方显示内容包括："'互连星空全国各站'，其中有'北方'站；中国电信的企业标识；'免责声

明：本（栏目、频道）内容由 SP 提供，欢迎大家对侵犯版权等不合法和不健康的内容进行监督和举报'；［增值电信业务经营许可证 A2. B1B2 – 20040001］"等。点击"［增值电信业务经营许可证 A2. B1B2 – 20040001］"，显示编号为 A2. B1B2 – 20040001 的增值电信业务经营许可证为中国电信持有。

②从"互连星空"网站首页点击"北方"进入"互连星空北方站"。从该公证书附件第 7 ~ 17 页显示来看，"互连星空北方站"首页上部有"全站免费最后一天，胆大包天不看不行"的广告；在"互连星空北方站"首页下部有"'8 频道'的图标栏目及免责声明：本站只提供影视内容聚合导航服务，所列内容和服务均由第三方网站提供。'8channel,自身不储存、控制、编辑或修改被链接的第三方网页的信息和内容，所链接内容的合法性及健康性由服务方保障。如果您在使用中遇到问题，请直接与服务方联系"。

③从该公证书附件中没有找到该公证书所指第 6 项操作内容，即点击"用户指南"所得下载内容。从公证书附件第 7 ~ 16 页内容看，显示内容为胆大包天的"使用指南"，"使用指南"写明中国电信特别推出"胆大包天 反转星空"，为主题的超值影视服务。"胆大包天"以"一元包天"的形式向广大消费者"不限时、不限量"放送互连星空全部精品视频节目。用户只需 1 元，就可以在以后的 24 小时内尽情欣赏"互连星空胆大包天网站"所有的影视服务。公证书附件第 17 页显示，在互连星空北方站首页点击"通讯录"，出现两种登录方式，供用户选择登录方式。

④该公证书第 8、9 项操作，通过"互连星空北方站"首页，点击"影视"进入下一页面 8channel（网址 http：//movie. 8channel. com/baotian/defauit/0_ htm）网站网页，在"胆大搜索"栏目，输入"关东金王"，点击"搜索"，按钮，进入下一页面；在附件第 22 页所在的页面点击"电视剧"后的"关东金王"，进入下一个页面（网址 http：//movie. 8channel. com/baotian/html/3_ 60/20755. htm），即附件第 24 页内容，该页内容有电视剧《关东金王》的栏目介绍，包括有导演、主演、类型、地区等，在线观看网址、资费说明、影片剧情，其中"在线观看网址"写明："播放地址（激动影业，仅支持 Mediaplayer 播放器）"；"资费说明"写明：全站免费（免费观看本站所有影片）。

⑤该公证书写明第 11 项操作为点击"播放地址"进入下一个页面，在线播放电视剧《关东金王》，同时使用该公证处的摄像机对播放过程进行实时摄像，内容详见与该公证书相黏贴的光盘。

⑥在庭审中，打开与该公证书相黏贴的光盘进行播放。打开其中视频文件"APR、30，2008 9：56 AM"，播放内容为该公证处摄像机摄制的电视剧《关

东金王》的网络在线播放的录像。从现场播放图像的情况看，原、被告三方当事人确认，无法看清播放电视剧《关东金王》的网页网址，只能看到录像中视频上方显示有"Megajoy 激动宽频"的字样内容。从该视频文件中，无法查明该视频文件在线播放时所在的网站及网页。

中国电信、掌上通公司存在网站合作关系，掌上通公司"八频道（域名8channel.com）网站"向中国电信"互连星空北方站"提供了影视内容接入。"八频道网站"（域名：8channel.com）是一个影视内容聚合网站，其中包括"胆大搜索"引擎功能，通过采集整合国内多家在线影视网站的内容向用户提供影视作品搜索与观看的链接服务。"八频道网站"页面对电影、电视剧进行了分类，网页上有电视剧《关东金王》的栏目介绍。

掌上通公司认可"8频道（域名：8channel.com）网站"曾链接过上海激动公司"激动宽频网站"的《关东金王》，在中视公司向中国电信提出版权质疑后，已经断开与"激动宽频网站"的《关东金王》的链接。对此，中视公司未持异议。

在本案诉讼中，中视公司没有提供付费登陆中国电信、掌上通公司网站观看《关东金王》的证据。

一审审理结果

原审法院认为：实践中，涉案国产影视作品的署名包括：出品单位、承制单位、联合拍摄单位、协助拍摄单位等，存在署名方式混乱，导致影视作品著作权人出现难以确认的问题。因此，对具体影视作品的著作权需要具体情况具体分析。根据目前情况，现有证据表明，中视公司与华宣公司系涉案电视剧《关东金王》的共同投资方，该剧发行许可证上载明的制作单位中央电视台文艺节目中心影视部也已确认除标清版电视媒体独家首次广播权和中央电视台的永久广播权外，其余版权均归投资单位享有，相关纠纷亦由投资单位负责处理解决，再根据中视公司与华宣公司签订的补充协议可以认定，除二轮标清电视播映版权、音像制品发行版权及海外发行版权之外的其他版权及其销售收入都归中视公司所有，故中视公司主张其对电视剧《关东金王》依法享有信息网络传播权。

虽然，中视公司提供的北京市中信公证处出具（2008）经中信内经证字03269号公证书及附件中，无法看清公证书所附光盘播放的电视剧《关东金王》的网页网址。从该视频文件中，只能看到录像中视频上方显示有"Megajoy 激动宽频"的字样内容，无法查明该视频文件在线播放时所在的网站及网页；中视公司并未提供证据证明中国电信、掌上通公司涉案网站的服务器上存储有涉案的电视剧《关东金王》，但鉴于现有证据可以证明，中国电信"互连星空北方站"与掌上通公司的"8 频道网站"存在内容接入合作关系；掌上通公司的网站与上海激动公司网站存在内容接入合作关系，"8 频道网站"的网页上有影视作品分类、电视剧《关东金王》的栏目介绍等内容，掌上通公司对影视作品有选择和编排；掌上通公司认可"八频道（8channel.com）网站"曾链接过上海激动公司"激动宽频网站"的《关东金王》（后断链），因此，本院认为可以认定"互连星空北方站"、"8 频道网站"以搜索和深度链接的方式对上海激动公司网站的电视剧《关东金王》进行了网络信息传播。按照《信息网络传播权保护条例》有关规定，中国电信、掌上通公司的行为应认定为直接的信息网络传播行为。由于中国电信与掌上通公司对其传播涉案电视剧《关东金王》的信息网络传播行为未经中视公司认可，故被告中国电信与掌上通公司应与被链接网站共同承担侵权责任。中国电信、掌上通公司未尽到合理注意义务，其行为已构成对中视公司信息网络传播权的侵犯，应承担停止侵权、赔偿损失的民事责任。鉴于中国电信、掌上通公司已从网站上断开与涉案电视剧作品的链接，即侵权行为实际已经停止，已无判决停止之必要。

鉴于中视公司所遭受的实际损失或者被告所获得的利益均无法查清，本院综合涉案作品的类型、播映期、知名度的高低以及被告主观过错程度、侵权行为的方式等因素酌情确定被告应承担的赔偿数额。关于赔偿费用支出的数额，因中视公司举证并不充分，本院将考虑费用支出的必要性和案件的专业性，考虑判决确定的赔偿数额与诉讼请求数额比例酌情确定。

综上所述，本院依据《中华人民共和国民法通则》第 30 条，《中华人民共和国著作权法》第 47 条第（1）项、第 48 条，《信息网络传播权保护条例》第 23 条之规定，判决如下：

（1）被告中国电信集团公司、被告北京掌上通网络技术有限公司自本判决生效之日起 10 日内，赔偿中视影视制作有限公司经济损失 2.5 万元；

（2）驳回中视影视制作有限公司的其他诉讼请求。

中国电信和掌上通公司均不服原审判决，提起上诉，请求二审法院撤销原审判决，驳回中视公司的诉讼请求。其主要理由是：（1）中国电信经营的"互联星空北方站"与掌上通公司经营的"8 频道网站"之间并不存在深层链接关系，而"8 频道"与"激动宽频网站"之间亦不存在深层链接关系，因此，原审法院认定"互联星空北方站"及"8 频道网站"构成对"激动宽频网站"的深层链接的认定有误。（2）"互联星空北方站"及"8 频道网站"均仅提供了涉案电视剧的链接行为，且掌上通公司经营的"8 频道网站"在提供链接服务时亦审查了被链接网站"激动宽频网站"对涉案电视剧的授权文件，因此，中国电信及掌上通公司对于被链接网站"激动宽频网站"提供的涉案电视剧是否构成侵权并非明知或应知，因此，依据《信息网络传播权保护条例》的规定，中国电信提供的链接服务并不构成侵权，原审判决认定中国电信的链接行为构成直接的信息网络传播行为，并据此判令中国电信承担相应的民事责任，该认定有误。

中视公司服从原审判决。

二审查明事实

二审法院认定原审法院查明的事实，另查明：中视公司公证的被控侵权网站的侵权过程如下：

进入"互联星空北方站"首页，点击页面上的"影视"栏目，进入"8频道网站"页面。

从上述页面中可以看出，"互联星空北方站"首页及进入的"8频道网站"页面上均显示有"全站免费最后一天　胆大包天不看不行"字样。

在"8频道网站"页面上的胆大搜索框中键入《关东金王》进行搜索，可以进入该电视剧的介绍页面。

点击该页面上的图标，最终可进入"激动宽频网站"页面下的播放界面。经本院组织双方当事人勘验，中视公司及掌上通公司均认可，虽然该播放网页的地址栏中所显示网址并不清楚，但亦可以辨认出系被链接"激动宽频网站"的网址。

在掌上通公司原审程序中所提交的涉及《关东金王》的《委托发行授权书》中有如下记载，"被授权方以自己的名义发行本剧"。该授权书的授权方为桦甸市华宣文化信息产业有限公司（系涉案电视剧的国产电视剧发行许可证中所载明的合作单位），被授权方为北京金色海华影业传媒有限公司。"激动宽频网站"所获得的权利来源根源于该《委托发行授权书》。

二审审理过程中，中视公司认为，鉴于北京金色海华影业传媒有限公司依据该授权书，仅获得《关东金王》的发行权，并未获得信息网络传播权，因此，其后续的授权中亦不可能包括信息网络传播权。而"激动宽频网站"的权利来源的根源即为该授权书，因此，"激动宽频网站"亦不享有《关东金王》的信息网络传播权。

二审审理过程中，掌上通公司表示，其与"激动宽频网站"之间存在合作关系，"激动宽频网站"为其所经营的"8频道网站"提供内容，"8频道网站"为"激动宽频网站"提供用户，但双方并无书面协议。

二审审理结果

二审法院认为：本案涉及以下焦点：

（1）中国电信经营的"互联星空北方站"及掌上通公司经营的"8频道网站"是否提供了深层链接服务。

深层链接服务行为，是指设链网站所提供的链接服务使得网络用户在未脱离设链网站页面的情况下，即可获得被链接网站上的内容，此时在网页地址栏里显示的是设链网站的网址，而非被链接网站的网址。但相应内容系存储于被链接网站，而非设链网站。

本案中，鉴于中视公司在二审程序中认可涉案电视剧的播放界面网页地址栏中的网址为"激动宽频网址"，而非"8频道网站"的网址，故本院由此认定，掌上通公司所经营的"8频道网站"所提供的服务并非深层链接服务。鉴于在中国电信所经营的"互联星空北方站"上点击"影视"频道，亦直接进入"8频道网站"页面中，而"互联星空北方站"与"激动宽频网站"并无直接的链接关系，故"互联星空北方站"与"8频道网站"及"激动宽频网站"之间亦非深层链接关系。据此，原审法院所作出的"互联星空北方站"与"8频道网站"提供了深层链接服务的认定有误，本院依法予以纠正。

（2）中国电信经营的"互联星空北方站"及掌上通公司经营的"8频道网站"所提供的链接服务是否构成侵权，是否应承担民事责任。

《信息网络传播权保护条例》第23条规定，网络服务提供者为服务对象提供搜索或者链接服务，在接到权利人的通知书后，根据本条例规定断开与侵权的作品、表演、录音录像制品的链接的，不承担赔偿责任；但是，明知或者应知所链接的作品、表演、录音录像制品侵权的，应当承担共同侵权责任。

中国电信与掌上通公司均主张，其所提供的是链接服务，依据上述法律规定，只有在主观上为明知或应知所链接的作品、表演、录音录像制品侵权的情况下，才须承担赔偿责任，在掌上通公司已审查了"激动宽频网站"所提供的授权文件的情况下，中国电信与掌上通公司主观上已尽到合理的注意义务，不应承担赔偿责任。

对此，本院认为，《信息网络传播权保护条例》第23条之所以规定，搜索及链接服务提供者对于其提供的搜索及链接服务行为在一定条件下可以免除赔偿责任，系考虑到搜索链接服务提供者对于被搜索链接到的网站的内容客观上不具有控制能力，其既无法决定被链接网站上传何种内容到其服务器中，亦无法对被链接网站是否已获得其所上传内容权利人的许可进行审查，在此情况下，如果要求搜索链接服务提供者无论主观有无过错，均须对被链接网站所实施的侵权行为承担责任，则客观上会对搜索链接技术的发展造成巨大障碍。鉴于此，《信息网络传播权保护条例》第 23 条规定在一定条件下搜索链接服务提供者可以免除赔偿责任。

但上述法律规定并不能理解为只要在其服务中使用了搜索链接技术，其所提供的服务行为即当然地受该条款调整。如果搜索链接服务提供者与被链接网站之间存在内容上的合作关系，考虑到搜索链接服务提供者在客观上对于被链接网站中所提供的内容已具有一定程度的主动控制能力，其已并非被动地提供搜索及链接服务，则此种情况下的搜索链接服务提供行为，已不属于《信息网络传播权保护条例》第 23 条规定的搜索链接服务行为，不受该条款调整。

本案中，从查明事实可知，在"互联星空北方站"首页点击"影视"即可进入到"8 频道网站"页面且该页面下有"8 频道"的图标，在"8 频道网站"的涉案电视剧的介绍页面中，明确标有"互联星空北方站"的标识。此外，"互联星空北方站"与"8 频道网站"的页面上亦均同时显示有"全站免费最后一天　胆大包天不看不行"字样，而胆大包天系互联星空网站所推出的一项服务。结合考虑上述因素，本院合理认定中国电信所经营的"互联星空北方站"与掌上通公司所经营的"8 频道网站"之间具有内容上的合作关系。在此基础上，结合考虑掌上通公司明确认可其与"激动宽频网站"之间具有事实上的内容合作关系这一因素，本院认为，"互联星空北方站"与"8 频道网站"所提供的服务并非被动地、单纯地提供搜索链接服务的行为，其不属于《信息网络传播权保护条例》第 23 条规定的搜索链接服务，不受该条款调整。上述网站之间的内容合作关系的存在可以视为两网站与"激动宽频网站"共同实施了内容提供行为。在此情况下，如"激动宽频网站"所提供的内容未经权利人合法授权，"互联星空北方站"的经营者中国电信与"8 频道网站"的经营者掌上通公司应对此承担连带责任。

为证明"激动宽频网站"已获得涉案电视剧的合法授权，掌上通公司提供了相应的授权文件。对于其提交的由涉案电视剧的权利人桦甸市华宣文化信息产业有限公司所出具的《委托发行授权书》，本院认为，鉴于其中明确记载，"被授权方以自己的名义发行本剧"，而依据《著作权法》第 10 条的规定，著作权中的发行权与信息网络传播权并非同一权利，其所控制的著作权人的专有行为亦并不相同，故在掌上通公司无证据证明此处的"发行"应理解为"信息网络传播行为"的情况下，本案现有证据无法证明该授权书的被授权方获得了涉案电视剧的信息网络传播权。鉴于"激动宽频网站"的权利来源根源于该授权书，在该授权书所指向的权利并不包括信息网络传播权的情况下，"激动宽频网站"当然亦无法据此获得涉案电视剧的信息网络传播权。综上所述，掌上通公司提供的授权文件无法证明"激动宽频网站"传播涉案电视剧已获得权利人的许可，故"激动宽频网站"的传播行为已构成对中视公司所享有的信息网络传播权的侵犯。鉴于"互联星空北方站"与"8频道网站"及"激动宽频网站"之间具有内容合作关系，故"互联星空北方站"及"8频道网站"虽未直接实施内容的上传行为，上述两网站的经营者中国电信与掌上通公司的行为亦同样构成对中视公司所享有的信息网络传播权的侵犯，其应对此承担连带责任。中国电信及掌上通公司认为其所提供的链接行为并未构成侵权，不应承担赔偿责任的主张不能成立，本院不予支持。

综上所述，原审法院虽认定事实有误，但鉴于未影响案件结论，故本院依法予以维持。本院依据《中华人民共和国民事诉讼法》第153条第1款第（1）项之规定，判决如下：

驳回上诉，维持原判。

原审案件受理费2 758元，由中国电信、掌上通公司负担；二审案件受理费425元，由中国电信、掌上通公司负担。

24. "RealPlayer" 媒体播放器软件及其组件著作权侵权纠纷
——瑞尔数码公司诉北京暴风网际科技有限公司

原告（被上诉人）：瑞尔数码公司
被告（上诉人）：北京暴风网际科技有限公司
案由：侵犯计算机软件著作权纠纷

一审案号：北京市第一中级人民法院（2008）一中民初字第 4070 号
一审合议庭成员：彭文毅、江建中、赵明
一审结案日期：2008 年 12 月 10 日
二审案号：北京市高级人民法院（2009）高民终字第 1924 号
二审合议庭成员：张雪松、张冬梅、李燕蓉
二审结案日期：2009 年 11 月 26 日

判决要旨

被诉侵权的网站所有者主张他人冒用自己名义实施被诉侵权行为的，应就此承担举证责任。被诉侵权的计算机程序的文件使用了原告相关程序相同文件的名称，且其版权属性表明原告拥有相关程序的著作权，可以认定被诉侵权程序使用了原告享有权利的计算机程序。

起诉与答辩

原告瑞尔数码公司（以下简称瑞尔公司）诉称：瑞尔公司研制开发并发行了 RealPlayer 媒体播放器软件（以下简称 RealPlayer 软件），该软件包含各种计算机程序组件如各种版本的 .dll 文件等，并且瑞尔公司合法地拥有 Real-Player 软件及其组件的著作权。由于中国和美国同为《保护文学和艺术作品伯尔尼公约》的成员国，瑞尔公司的计算机软件作品的著作权在中国受中国法律保护。北京暴风网际科技有限公司（以下简称暴风网际公司）的暴风影音媒体播放器软件（以下简称暴风影音软件）未经瑞尔公司许可，包含了瑞尔公司拥有著作权的 RealPlayer 软件的计算机程序组件，且暴风网际公司在其网

站 http：//www.baofeng.com 上提供暴风影音软件的下载服务，其行为侵犯了瑞尔公司的著作权。故瑞尔公司诉至法院，请求法院判令：（1）暴风网际公司立即停止侵犯瑞尔公司 RealPlayer 软件著作权的行为；（2）暴风网际公司在《计算机世界》刊物及新浪网上向瑞尔公司公开赔礼道歉，消除影响；（3）暴风网际公司赔偿瑞尔公司经济损失 50 万元；（4）暴风网际公司支付瑞尔公司的诉讼合理支出 33 395元。

被告暴风网际公司辩称：（1）RealPlayer 软件的下载网站所有者为北京瑞奥视科技有限公司，该公司应该是 RealPlayer 软件在中国的权利人。（2）暴风网际公司不是 http：//www.baofeng.com 网站的所有者和暴风影音软件的开发者，不应承担暴风影音软件的责任。http：//www.baofeng.com 网站的所有者是 Bap 公司，而暴风影音软件系酷热科技有限公司（以下简称酷热公司）开发的，均与暴风网际公司无关。（3）瑞尔公司公证下载的暴风影音软件并非软件开发者授权的版本，有可能是被他人修改后提供的版本，不能据此向暴风影音软件开发者或其他利害关系人主张权利。暴风网际公司与酷热公司签订合同，授权暴风网际公司在其网站提供暴风影音软件的下载。（4）关于赔偿数额，RealPlayer 软件是免费提供下载的，暴风网际公司提供的暴风影音软件也是免费的，不存在营利，无法采取法定赔偿。（5）关于赔礼道歉，瑞尔公司没有证明暴风网际公司侵犯了其人身权利，不应被支持。（6）关于合理支出，暴风网际公司不同意其诉讼请求，其支出均应由其自行承担。

一审查明事实

原审法院查明：2007 年 6 月 1 日，暴风网际公司与酷热公司签订了《商务合作协议》，该协议载明暴风网际公司注册地址为北京市海淀区中关村东路 18 号财智国际大厦 C 座 16 层 1911 室，酷热公司的办公地址为北京市海淀区中关村东路 18 号财智国际大厦 C 座 16 层 1910 室，双方约定酷热公司负责设计开发暴风影音软件，并使其不断升级更新，酷热公司授权暴风网际公司在其运营的网站中提供该软件的相应版本的下载。

2007 年 11 月 13 日，美国版权局出具 3 份《注册证明》，载明："作品名称为 RealPlayer 10.5、曾用或别名为 RealPlayer 10、RealPlayer Plus 10、首次发表时间为 2004 年 8 月 16 日、注册编号为 TX6 - 813 - 863、以往注册记录及时间为 TX5 - 358 - 218 2001 年、此为作品更新版本"、"作品名称为 RealPlayer 10.6 简体中文版、首次发表时间为 2006 年 11 月 21 日、注册编号为 TX6 - 813 - 859"、"作品名称为 RealPlayer 10.5，6.0.12.1509、曾用或别名为 Real-Player 10、RealPlayer Plus 10、RealPlayer 10.5、首次发表时间为 2007 年 2 月

28 日、注册编号为 TX6 – 813 – 860”；上述 3 个软件的创作者及版权声明者均为瑞尔公司，首次发表国家均为美国、注册生效日期均为 2007 年 11 月 14 日、均是作品更新版本，以往注册记录及时间均为 TX5 – 358 – 218 2001 年。

2007 年 12 月 25 日，黄小临使用长安公证处的电脑上网进入“http：//www. baofeng. com ”网站，下载了暴风影音 3.1 软件，并打印了相关网页。长安公证处对上述过程予以公证，并出具（2007）长证内经字第 12392 号公证书。2008 年 5 月 23 日，黄小临使用长安公证处的电脑上网进入“http：//www. baofeng. com ”网站，打印了相关网页。长安公证处对上述过程予以公证，并出具（2008）京长安内经证字第 4222 号公证书。2008 年 6 月 4 日，黄小临使用长安公证处的电脑上网进入“http：//www. baofeng. com ”网站，下载了暴风影音软件 3.5、3.6、3.15、3.3、3.2 等版本，并打印了相关网页。长安公证处对上述过程予以公证，并出具（2008）京长安内经证字第 4706 号公证书。经查，公证下载的暴风影音 3.5、3.6、3.15、3.3、3.2、3.1 等版本软件，在软件安装过程中，暴风影音《用户许可协议》明确该协议是用户与暴风网际公司之间关于暴风影音软件产品的法律协议，并称该软件产品之著作权及其他知识产权等相关权利或利益皆为暴风网际公司所有，该软件产品系暴风网际公司独立开发，该协议结尾落款为暴风网际公司；上述软件中的“Storm Ⅱ”、“codec”、“Real”、“Codecs”文件夹包含 68 个与 RealPlayer 10.5 等涉案版本软件名称相同的计算机程序组件“. dll”文件，其中上述暴风影音版本软件有 65 个计算机程序组件“. dll”文件属性均显示版本为 RealNetworks，Inc. 1995 – 2004；其实时打印网页载明：“http：//www. baofeng. com ”网站的“京 ICP 证 070364”、“2007 年，酷热与原暴风影音团队合并，成立北京暴风网际科技有限公司，并迅速成为最大的中国互联网影音播放解决方案提供商”、“目前，公司旗舰产品——暴风影音已经成为中国互联网最流行的互联网应用软件之一”、“‘暴风’正在与包括新浪、搜狐、腾讯、金山等众多的互联网行业领航者一起紧密合作，共同开创中国互联网的美好未来”、“北京暴风网际科技有限公司，致力于为互联网用户提供优质的互联网影音娱乐解决方案，拥有‘暴风影音’播放软件的著作权”、“您可将简历邮寄至北京市海淀区中关村东路 18 号财智国际大厦 B 座 23 层”、“怎么来暴风网际公司？财智大厦方位地图”等。

2007 年 12 月 25 日，瑞尔公司支付北京市柳沈律师事务所 3 395 元公证服务费。2008 年 2 月 1 日，瑞尔公司支付北京市柳沈律师事务所 3 万元律师费。

2008 年 4 月 24 日，杨顺义使用北京市方圆公证处的电脑上网进入“realplayer. cn. real. com”（Real 官方下载网站）、“http：//www. bca. gov. cn”（北

京市通信管理局网站）、"http：//www. stormcodec. com"（暴风影音网站）、"http：//www. net. cn"（中国万网），打印了相关网页。北京市方圆公证处对上述过程予以公证，并出具（2008）京方圆内经证字第 13918 号公证书。经公证下载的实时打印网页，载明："realplayer. cn. real. com" 的京 ICP 证 060338 号；北京市通信管理局网站载明京 ICP 证 060338 号的单位名称北京瑞奥视科技有限公司；"http：//www. stormcodec. com" 下载的暴风影音 3 用户完美版的《用户许可协议》载明该协议是用户与酷热公司之间的法律协议，并表明了该软件的著作权人为酷热公司；在 "http：//www. net. cn" 网站查询 "baofeng. com" 的域名创建日期为 2001 年 6 月 24 日，变更日期为 2008 年 1 月 14 日，注册单位为 "Beijing Bapfeng Inc. "。

2008 年 5 月 23 日，黄小临使用长安公证处的电脑上网进入 "http：//www. bca. gov. cn" 网站，打印了相关网页。长安公证处对上述过程予以公证，并出具（2008）京长安内经证字第 4223 号公证书。经公证下载的实时打印网页，载明京 ICP 证 070364 的单位名称北京暴风网际科技有限公司。

在诉讼过程中，瑞尔公司向本院提供了 RealPlayer 10. 5、RealPlayer 10. 6 版可执行文件。暴风网际公司向本院提供了如下证据：（1）《房屋租赁合同》，签约方为暴风网际公司与河南创裕置业有限责任公司，签约日期为 2007 年 5 月 11 日；用以证明其主要办事机构在河南省郑州市金水区河南科技市场数码港第 16 层；（2）申请号为 6062057 的图形商标、申请号为 6062059 的 "暴风影音 www. baofeng. com" 商标的注册申请受理通知书，载明申请人均为酷热公司；（3）《计算机软件著作权登记证书》，软件名称为暴风影音媒体播放器软件 V2. 1〔简称：暴风影音〕，著作权人酷热公司，首次发表时间为 2007 年 1 月 15 日，颁证日期为 2007 年 4 月 26 日。

庭审中，瑞尔公司与暴风网际公司均认可涉案 RealPlayer 软件及暴风影音软件向互联网用户提供免费下载服务。

庭审后，根据暴风网际公司的申请，本院向北京万网志成科技有限公司调查 "baofeng. com" 的域名注册情况。北京万网志成科技有限公司于 2008 年 11 月 17 日回复称：该域名于 2008 年 1 月 14 日转入北京万网志成科技有限公司。转入时，该域名的相关信息显示注册人为 "Beijing BaoFeng Inc. "、注册人地址为北京市海淀区中关村东路 18 号财智国际大厦 C 座 16 层 1910 室。

一审审理结果

原审法院认为：中国和美国均是《伯尔尼保护文学和艺术作品公约》的成员国，根据《中华人民共和国著作权法》第 2 条第 2 款及《伯尔尼保护文学和艺术作品公约》第 3 条第 1 款第（a）项的规定，我国有义务对美国国民的作品在中国给予保护。美国版权局出具的"RealPlayer10.5"、"RealPlayer 10.5，6.0.12.1509"、"RealPlayer10.6"等计算机软件的《注册证明》明确载明，瑞尔公司系上述软件的著作权人，故其享有的著作权理应受到我国法律保护。

虽然北京瑞奥视科技有限公司持有 RealPlayer 官方下载网站"realplayer.cn.real.com"因特网信息服务业务许可证（ICP），但暴风网际公司提供的网站内容并未显示北京瑞奥视科技有限公司系 RealPlayer 软件的著作权人，故暴风网际公司据此否认瑞尔公司享有的 RealPlayer 软件的著作权，缺乏事实和法律依据，本院不予采信。http：//www.baofeng.com 网站刊载了大量有关暴风网际公司与酷热公司相关信息、暴风网际公司的招聘信息，并提供标注著作权人为暴风网际公司的暴风影音 3.5、3.6、3.15、3.3、3.2、3.1 等软件的下载服务，相关公众有理由相信该网站与暴风网际公司、酷热公司存在某种特定联系。况且，基于暴风网际公司与酷热公司之间存在商务合作的紧密关系、酷热公司与"BAOFENG.COM"域名注册人 Beijing BaoFeng Inc. 的办公地址相同、暴风网际公司的业务范围包括暴风影音软件的下载服务、"http：//www.baofeng.com"网站关于公司介绍等内容与客观情形基本相符等诸多情形，本院推定暴风网际公司与该网站必然存在紧密联系。

综上所述，暴风网际公司作为上述网站信息的受益方，仅仅以该网站的注册人非暴风网际公司主张上述暴风影音软件与己无关，缺乏相应的事实和法律依据。因暴风影音 3 用户完美版及暴风影音 V2.1 软件并非瑞尔公司指控的侵权软件，故该软件与本案无关，本院不予采信。

瑞尔公司公证下载的"暴风影音 3.5、3.6、3.15、3.3、3.2、3.1"等版本软件包括 68 个与"RealPlayer10.5"、"RealPlayer 10.5，6.0.12.1509"、"RealPlayer10.6"等涉案版本软件名称相同的计算机程序组件".dll"文件。并且，上述".dll"文件的版本属性亦表明瑞尔公司拥有上述计算机程序组件的著作权。暴风网际公司未经瑞尔公司的许可，在其声称享有著作权的上述版本的暴风影音软件中擅自使用瑞尔公司享有著作权的"RealPlayer10.5"等涉案版本的计算机程序组件".dll"文件并提供网络下载服务，侵犯了瑞尔公司享有的计算机软件复制权、发行权、信息网络传播权，理应承担停止侵权、赔偿损失的民事责任。暴风网际公司称上述暴风影音软件有可能被他人修改，但未提供相应的证据，本院不予采信。

关于赔礼道歉、消除影响的问题，本院认为暴风网际公司使用瑞尔公司享有著作权的 65 个相关计算机程序组件".dll"文件，虽然在".dll"文件版本属性标注了瑞尔公司的著作权人身份，但相关公众施以一般注意力无法知道上述文件的著作权人为瑞尔公司。而且，"暴风影音3.5、3.6、3.15、3.3、3.2、3.1"等软件的用户许可使用协议明确声明其著作权人为暴风网际公司，并未对该软件使用他人计算机程序组件的情况予以说明，相关公众一般不会想到其软件存在部分计算机程序组件著作权归属于瑞尔公司的情形，因此，暴风网际公司的上述行为客观上造成了瑞尔公司的声誉损失，理应承担消除影响的民事责任。鉴于暴风网际公司在《计算机世界》刊登声明、消除影响，已足以弥补瑞尔公司所遭受的声誉损失，故瑞尔公司主张暴风网际公司公开赔礼道歉并在新浪网消除影响，本院不再支持。关于本案的赔偿数额问题，在审理侵犯著作权纠纷案件中，当被侵权的权利人或者被侵害的经营者的损失难以计算，侵权行为人的利润无法查明时，人民法院可以根据权利人或者被侵害的经营者遭受的实际情形酌情确定赔偿数额。因此，本院将根据暴风网际公司的侵权行为性质、持续时间、影响范围、主观过错程度、RealPlayer及暴风影音软件向互联网用户提供免费下载的情况、瑞尔公司因本案诉讼而产生的合理开支等具体情况，酌定赔偿数额。瑞尔公司要求暴风网际公司赔偿的数额过高，本院不予全额支持。

本院依据《伯尔尼保护文学和艺术作品公约》第3条第1款（a）项、《中华人民共和国著作权法》第2条第2款、第10条第1款第（5）、（6）、（12）项、第47条第（1）项、第48条之规定，判决如下：

（1）被告北京暴风网际科技有限公司立即停止侵犯原告瑞尔数码公司享有的"RealPlayer10.5"、"RealPlayer 10.5，6.0.12.1509"、"RealPlayer10.6"计算机软件著作权的行为；

（2）被告北京暴风网际科技有限公司自本判决生效之日起30日内，在《计算机世界》刊物刊登声明，消除影响；

（3）被告北京暴风网际科技有限公司自本判决生效之日起15日内，赔偿原告瑞尔数码公司经济损失20万元；

（4）驳回原告瑞尔数码公司的其他诉讼请求。

暴风网际公司不服原审判决，提起上诉，请求二审法院撤销原审判决，改判驳回瑞尔公司的诉讼请求。其主要理由是：（1）原审判决对于涉案软件认定事实不清。①原审判决对于涉案软件的表述存在前后不一致的情况，有时表述为"RealPlayer10.5、RealPlayer10.5，6.0.12.1509、RealPlayer10.6等计算机软件"，有时却表述为68个与"RealPlayer10.5"、"RealPlayer10.5，6.0.12.1509"、"RealPlayer10.6"等涉案软件名称相同的计算机程序组件".dll"文件；②原审法院没有查明RealPlayer10.5、RealPlayer10.5，

6.0.12.1509 和 RealPlayer10.6 计算机软件中是否均包括上述 68 个程序组件
".dll"文件,也没有对这些".dll"文件除了名称相同之外是否具有同一性进
行判别,最终判定暴风网际公司侵犯了瑞尔公司的计算机软件著作权显然没有
依据;③原审判决对于暴风网际公司的软件所包含的与瑞尔公司的软件名称相
同的计算机程序组件".dll"文件个数的认定前后矛盾,究竟是 68 个还是 65
个并未查清;④原审判决对于涉案暴风影音软件中存在涉案".dll"文件的文
件夹表述为"Storm Ⅱ"、"codec"、"Real"、"Codecs"与事实不符。(2)原
审判决对于涉案网站的归属这一关键事实没有查清,只是以存在密切联系进行
推论,没有遵循以事实为依据,以法律为准绳的判案原则。(3)原审判决适
用法律不当。①原审法院通过粗暴推论得出暴风网际公司与该网站必然存在紧
密联系,从而要求暴风网际公司承担侵权责任,违反了民法关于责任自负的基
本原则。②原审判决直接引用《伯尔尼保护文学和艺术作品公约》判案,引
用法律不当。

　　瑞尔公司服从原审判决。

二审查明事实

　　二审法院认定原审法院查明的事实,另查明:在本案二审审理过程中,暴
风网际公司对于瑞尔公司在本案中主张权利的涉案软件持有异议,认为没有证
据证明瑞尔公司向法院提供的 RealPlayer 10.5、RealPlayer 10.6 版可执行文件
出自于瑞尔公司主张权利的 3 个 RealPlayer 软件版本。对于下载被控侵权软件
的"http://www.baofeng.com"网站与暴风网际公司的关系的问题,暴风网
际公司主张,同 RealPlayer 软件的下载网站的 ICP 所有者为北京瑞奥视科技有
限公司一样,暴风网际公司虽然是下载涉案暴风影音软件的网站的 ICP 所有
者,但不能据此推定暴风网际公司是涉案暴风影音软件的所有者;因为从公开
的渠道可以查到网站的 ICP 证号,故他人可能会冒用暴风网际公司的名义。瑞
尔公司下载的暴风影音软件并非软件开发者授权的版本,有可能是被他人修改
后提供的版本,不能据此认为暴风网际公司侵犯了瑞尔公司的软件著作权。

　　瑞尔公司在原审审理过程中向法院提供了 RealPlayer 10.5、RealPlayer
10.6 版可执行文件,并将 RealPlayer 10.5、RealPlayer 10.6 版可执行文件与下
载的暴风影音软件中的".dll"文件的大小及版本进行了比较,向原审法院提
交了"比较表"。该表显示:被控侵权的暴风影音软件中的 68 个".dll"文件
中,有 66 个文件使用了与瑞尔公司的相关 RealPlayer 软件相同的文件名,其
中有 65 个文件的属性均显示版权为 RealNetworks,Inc.1995-2004,有 62 个
".dll"文件的大小和文件版本号均与瑞尔公司的相关文件完全相同。暴风网

际公司在本院开庭审理过程中对瑞尔公司提交的"比较表"提出异议，认为瑞尔公司提供的 RealPlayer 10.5、RealPlayer 10.6 版可执行文件的光盘中仅仅有 56 个".dll"文件。经本院组织双方当事人现场勘验，暴风网际公司对"比较表"载明的上述事实不再持有异议。

在原审审理过程中，瑞尔公司与暴风网际公司均认可涉案 RealPlayer 软件及暴风影音软件向互联网用户提供免费下载服务。

2007 年 12 月 25 日，瑞尔公司向北京市柳沈律师事务所支付 3 395 元公证服务费。2008 年 2 月 1 日，瑞尔公司向北京市柳沈律师事务所支付 3 万元律师费。

二审审理结果

二审法院认为：我国和美国均是《伯尔尼保护文学和艺术作品公约》的成员国，根据我国《著作权法》和相关法律规定，美国国民的作品受我国法律保护。

瑞尔公司在本案中主张其对"RealPlayer10.5"、"RealPlayer 10.5，6.0.12.1509"、"RealPlayer10.6"等计算机软件享有著作权，并为此提交了美国版权局出具的《注册证明》；针对其指控的暴风网际公司的侵权行为涉及的具体的软件内容，其又提交了 RealPlayer 10.5、RealPlayer 10.6 版计算机软件的相关可执行文件，上述证据足以证明其对涉案软件享有著作权。暴风网际公司虽对相关可执行文件是否来自于上述 3 个 RealPlayer 软件版本持有异议，但并未提供相反证据，故本院对其主张不予支持。暴风网际公司关于原审判决对于涉案软件是"RealPlayer10.5、RealPlayer10.5，6.0.12.1509、RealPlayer10.6 等计算机软件"，还是有关计算机程序组件".dll 文件"，前后表述不一致的上诉主张，属于对瑞尔公司所主张的计算机软件著作权的权利内容的错误理解，故其上述主张不能成立。

瑞尔公司在本案中指控暴风网际公司的侵权行为系暴风网际公司在其运营的"http：//www.baofeng.com"网站上提供暴风影音相关版本软件下载的行为。根据本院查明的事实，经公证下载的暴风影音 3.5、3.6、3.15、3.3、3.2、3.1 等版本软件在安装过程中弹出的《用户许可协议》明确载明该协议是用户与暴风网际公司之间关于暴风影音软件产品的法律协议；"http：//www.baofeng.com"网站的 ICP 证号"京 ICP 证 070364"的所有者为暴风网际公司；"http：//www.baofeng.com"网站页面上明确载明了"2007 年，酷热与原暴风影音团队合并，成立北京暴风网际科技有限公司，并迅速成为最大的中国互联网影音播放解决方案提供商"、"目前，公司旗舰产品——暴风影音已经成为中国互联网最流行的互联网应用软件之一"等宣传内容；暴风网际公司与酷热公司的《商务合作协议》亦载明"双方约定酷热公司负责设计开发暴风影音软件，并使其不断升级更新，酷热公司授权暴风网际公司在其运营的网站中提供该软件的相应版本的下载"，综合考虑上述事实，本院认为足以认定暴风网际公司在"http：//www.baofeng.com"网站上实施了提供被控侵权软件下载的侵权行为。暴风网际公司关于原审判决其承担侵权责任违反了民法关于责任自负的基本原则的上诉主张，于法无据，本院不予支持。暴风网际公司关于原审判决对于"http：//www.baofeng.com"网站的归属问题没有查清，他人可能会从公开的渠道查到暴风网际公司网站的 ICP 证号从而冒用暴风网际公司的名义、应当根据"baofeng.com"域名的归属确定网站的归属的上诉主张，缺乏事实依据，本院不予支持；暴风网际公司还主张被控侵权软件安装过程中的《用户许可使用协议》所包含的权利人系暴风网际公司的内容，有可能是被他人修改后提供的版本内容，瑞尔公司不能据此向暴风网际公司主张权利，但是，暴风网际公司并未就此主张提供相应的证据，故对其相关主张本院不予支持。

瑞尔公司在本案中指控其下载的"暴风影音 3.5、3.6、3.15、3.3、3.2、3.1"等版本软件中的 68 个".dll"文件构成对其享有的计算机软件著作权的侵犯。经对瑞尔公司提交的 RealPlayer 10.5、RealPlayer 10.6 版可执行文件与被控侵权的暴风影音软件中的".dll"文件进行对比，被控侵权的 68 个".dll"文件中的 66 个文件使用了与瑞尔公司相关 RealPlayer 软件相同的文件名，其中有 65 个".dll"文件的版权属性表明瑞尔公司拥有上述计算机程序组件的著作权。原审法院据此认定暴风网际公司使用了瑞尔公司享有著作权的65 个相关计算机程序组件".dll"文件是正确的。暴风网际公司上诉主张原审法院应该对名称相同的".dll"文件在内容上是否具有同一性进行判别，但是暴风网际公司在原审审理过程中并未就名称相同的".dll"文件在内容上不具有同一性一节提出任何抗辩，故本院对其上诉主张不予支持。

暴风网际公司未经瑞尔公司的许可，在其声称享有著作权的涉案暴风影音软件中擅自使用瑞尔公司享有著作权的"RealPlayer10.5"等涉案版本的计算机程序组件".dll"文件，并在其运营的"http：//www.baofeng.com"网站上提供涉案暴风影音软件的网络下载服务，侵犯了瑞尔公司享有的计算机软件的复制权和信息网络传播权，其行为违反了《中华人民共和国著作权法》、《中华人民共和国计算机软件保护条例》、《中华人民共和国信息网络传播权保护条例》的有关规定，应当承担停止侵权、赔偿损失的民事责任。鉴于暴风网际公司在涉案被控侵权软件的《用户许可使用协议》中明确声明其为著作权人，未对该软件使用他人计算机程序组件的情况予以说明，其上述行为客观上造成了瑞尔公司的声誉损失，应当承担消除影响的民事责任。原审法院根据暴风网际公司的侵权行为性质、持续时间、影响范围、主观过错程度、Real-Player 及暴风影音软件向互联网用户提供免费下载的情况、瑞尔公司因本案诉讼而产生的合理开支等具体情况酌情确定的赔偿数额并无不当。

综上所述，原审法院认定事实基本清楚，案件处理结果正确，但其直接依据《伯尔尼保护文学和艺术作品公约》作出判决欠妥，本院予以纠正。暴风网际公司的主要上诉理由不能成立，对其上诉请求，本院不予支持。本院依据《中华人民共和国民事诉讼法》第 153 条第 1 款第（1）项之规定，判决如下：

驳回上诉，维持原判。

一审案件受理费 9 134 元，由瑞尔公司负担 4 134 元，暴风网际公司负担 5 000 元；二审案件受理费 4 300 元，由暴风网际公司负担。

25.《张爱玲画话》著作权侵权纠纷案

——皇冠文化出版有限公司诉天津社会科学院出版社等

原告：皇冠文化出版有限公司
被告：天津社会科学院出版社
被告：北京国林风图书有限公司
案由：侵犯著作权纠纷

一审案号：北京市海淀区人民法院（2009）海民初字第 5557 号
一审合议庭成员：卢正新、蒋强、刘卫星
一审（终审）结案日期：2009 年 12 月 2 日

判决要旨

合理使用是著作权法授权他人可以在不经许可、不付报酬的情形下使用作品，是著作权法对著作权人作出的强行性限制。合理使用必须以必要性为前提。在"适当引用"情形下，引用的内容必须是介绍、评论、说明的主要对象，而不能是次要对象或者仅具有其他作用。在满足必要性条件后，"适当引用"还要对使用作品的数量、方式、范围作出限制，避免"适当引用"的作品与原作品在市场上产生竞争，以免对著作权人造成不合理的损害。

起诉与答辩

原告皇冠文化出版有限公司（以下简称皇冠公司）诉称：北京市高级人民法院（2005）高民终字第 1267 号民事判决书依法认定：著名作家张爱玲逝世后，宋淇、宋邝文美依据张爱玲的遗嘱取得了张爱玲作品著作权中的财产权，皇冠公司依据宋淇、宋邝文美的授权取得了张爱玲作品的专有出版权。天津社会科学院出版社（以下简称天津社科社）未经许可，擅自出版发行了《张爱玲画话》，侵犯了皇冠公司的合法权利，依法应承担损害赔偿责任。北京国林风图书有限公司（以下简称国林风公司）未经许可，擅自销售上述出版物，侵犯了皇冠公司的合法权利，其行为与天津社科社构成共同侵权，依法应当承担侵权责任。诉讼请求：（1）请求法院判令天津社科社、国林风公司

立即停止侵害；（2）请求法院判令天津社科社消除影响，在《中国图书商报》上公告停止出版、发行涉案图书，并函告各地新华书店及经销商停止销售涉案图书；（3）请求法院判令天津社科社赔偿损失 7 万元。

被告天津社科社辩称：《张爱玲画话》是作家止庵、万燕合作撰写的关于张爱玲的研究型著作，止庵、万燕是研究张爱玲的著名作家，多次发表研究文章，并在媒体上作讲座介绍张爱玲。《张爱玲画话》是作者从张爱玲文字作品中的"插图"入手，研究张爱玲其人其著，是一部严肃认真的、体现了作者独特创见的学术研究著作，具有开创性。本书引用插图的目的，是引用张爱玲的作品表现其文章中的人物以及作家眼中的众生相，深入挖掘其艺术特色和社会意义。书中引入插图 61 幅，主要来自《倾城之恋》（即《传奇》和《流言》）二书，在《张爱玲画话》中所占比例不到整个作品的 13%，在原著和本书中均属非实质部分，作者完全是为了合理使用而适当引用。皇冠公司出版《流言》时，将其原作中的图片删除了，可见皇冠公司认为这些插图可有可无。《张爱玲画话》高度颂扬了张爱玲的创作思想和艺术成就，促进了张爱玲作品的销售，对皇冠公司没有造成任何损害。《张爱玲画话》引用插图是符合《著作权法》第 22 条第 2 款规定的合理使用，可以不经允许，不付报酬。故不同意皇冠公司的诉讼请求。

被告国林风公司辩称：我公司销售的书籍有合法的来源，不同意原告的诉讼请求。

一审查明事实

原审法院查明：张爱玲系著名作家，于 1920 年 9 月 30 日出生于我国，1960 年 7 月 12 日加入美国国籍。1992 年 2 月 14 日，张爱玲立下遗嘱，载明：如本人去世，将所有财产遗赠给宋淇和宋邝文美。1995 年 9 月 8 日，张爱玲在美国洛杉矶市去世。

2006 年 1 月 16 日，北京市高级人民法院（2005）高民终字第 1267 号民事判决书认定：宋淇、宋邝文美依据张爱玲的遗嘱取得了张爱玲作品著作权中的财产权，从而皇冠公司依据宋淇、宋邝文美的授权取得了张爱玲作品的专有出版权。根据宋淇、宋邝文美的授权，皇冠公司所享有的专有出版权不限时间、地区、版数、印数。

2006 年 8 月 25 日，皇冠出版公司和北京市乾坤律师事务所在《中国图书商报》上发布声明。2006 年 8 月 30 日，皇冠出版公司和北京市乾坤律师事务所在《中华读书报》上发布声明。两份声明内容大致为：皇冠出版公司取得了张爱玲作品在全世界范围内独家使用权，他人未经其许可不得出版、发行使用张爱玲作品的图书。

《流言》初版时并无插图，后来出版的《倾城之恋》、《流言》曾有少量插图。

2003 年 10 月，天津社科社出版了《张爱玲画话》一书，定价 26 元，版权页显示字数为 120 千字，作者署名止庵、万燕。该书主要内容分为两部分：前一部分是止庵著的《〈传奇〉人物图赞》，后一部分是万燕著的《生命有它的图案》。

《〈传奇〉人物图赞》部分写作体例为：首先是张爱玲绘画作品，其次是与该幅绘画作品相关的张爱玲文字作品片段，再次是止庵创作的正文部分。综观《〈传奇〉人物图赞》全文，绘画只是个引子，由绘画引出张爱玲作品的对应片段，由对应片段引出止庵对张爱玲相关作品或张爱玲本人的评论，绘画不是评论的必要基础，也不是评论的主要对象。具体来讲又可大致分为 3 种类型：（1）评论仅仅点出绘画的出处，其他内容与绘画无直接关联，如第 6~11 页的《聂传庆与言丹朱》；（2）评论对绘画作了简要介绍，其他内容与绘画无直接关联，如第 16~19 页的《许小寒与段绫卿》；（3）评论内容与绘画无直接关联，如第 28~31 页的《白流苏（一）》。

《生命有它的图案》部分写作体例与《〈传奇〉人物图赞》基本相同。综观《生命有它的图案》全文，也是由绘画引出张爱玲作品的对应片段，由对应片段引出万燕对张爱玲相关作品或张爱玲本人的评论。但是，万燕创作的正文内容主要是对绘画的介绍和评论，兼议及张爱玲作品或张爱玲本人。具体而言：（1）部分内容是对一幅绘画的评论，如第 114~119 页的《某同学之甜梦》；（2）部分内容是对多幅或多组绘画的评论，如第 156~163 页的《青春·势力·物伤其类·活泼》；（3）部分内容绘画较多而评论较少，如第 206~221 页的《时装》，共有 12 幅绘画，而评论正文只有不满 4 页；（4）部分内容将张爱玲绘画的人身部分和张爱玲的头像结合在一起，如第 120~125 页的《算命者的预言》，其中第 124 页提到"却一直没有人知道那是张爱玲画的"、"里面三十多幅卡通肖像都是张爱玲画的"，原告认为是张爱玲作品，被告认为不是张爱玲作品；（5）部分内容是张爱玲为《杂志》绘制的封面，如第 240~252 页的《封面》，被告认为属于封面设计，著作权归杂志社享有，原告认为属于独立的美术作品，著作权归张爱玲享有。

《张爱玲画话》共使用绘画作品 150 幅，除对第 120~125、240~252 页绘画持有上述不同意见外，双方当事人均认可其他绘画为张爱玲享有著作权的美术作品。全书共 252 页，其中使用张爱玲绘画的占 70 页。

国林风公司从天津社科社购进并销售了天津社科社出版的《张爱玲画

话》，皇冠公司从国林风公司购买了《张爱玲画话》。

被告提交的王进文（止庵）、万燕"作者关于《张爱玲画话》的说明"称：两人都是张爱玲的研究者，《张爱玲画话》是两人合作完成；《〈传奇〉人物图赞》系从张爱玲小说中的人物画像入手，分析张爱玲塑造的人物形象的艺术特色和社会意义；《生命有它的图案》系从《流言》中张爱玲所绘漫画入手，分析张爱玲眼中的众生相，并深入挖掘其艺术特色和社会意义；两文均是严肃认真的、体现研究者独特创见的学术文章，具有开创性。

《现代汉语词典》关于"插图"的释义为："插在文字中间帮助说明内容的图画，包括科学性的和艺术性的。"

一审审理结果

原审法院认为：已为人民法院发生法律效力的裁判所确认的事实，当事人无须举证证明，除非有相反证据足以推翻。北京市高级人民法院（2005）高民终字第1267号生效民事判决书确认皇冠出版公司所享有张爱玲作品不限时间、地区、版数、印数的专有出版权，被告对此未提出异议，故本院依据现有证据确认皇冠出版公司取得张爱玲作品的专有出版权。《张爱玲画话》涉及的绘画作品中，被告对其中两部分的著作权权属持有异议：第120～125页《算命者的预言》部分，鉴于万燕在第124页提到"却一直没有人知道那是张爱玲画的"、"里面三十多幅卡通肖像都是张爱玲画的"，在无相反证据的情况下，本院对张爱玲的作者身份予以确认；第240～252页的《封面》部分，虽曾被用做封面设计，但仍可作为美术作品独立使用并独立产生价值，本案使用方式是美术作品性质并非封面设计性质，故应认定这部分内容使用了张爱玲的作品。鉴于双方对张爱玲系其他绘画作品作者的事实不持异议，本院结合上述分析认定《张爱玲画话》中涉案绘画作品的著作权均属皇冠公司享有。

根据《中华人民共和国著作权法》第22条第（2）项的规定：为介绍、评论某一作品或者说明某一问题，在作品中适当引用他人已经发表的作品，可以不经著作权人许可，不向其支付报酬。这属于著作权合理使用制度的一种情形，通常称为"适当引用"。被告以此为由辩称合理使用，原告不予认可，本院对其使用行为的必要性和适当性予以分析。

1. 必要性

合理使用是著作权法授权他人可以在不经许可、不付报酬的情形下使用作品，是著作权法对著作权人作出的强行性限制。鉴于此项规定将对著作权人的权利造成较大影响，合理使用必须以必要性为前提。因此，在"适当引用"情形下，引用的内容必须是介绍、评论、说明的主要对象，而不能是次要对象或者仅具有其他作用。根据庭审查明的事实,《〈传奇〉人物图赞》部分中,绘画只是个引子,绘画的主要作用是引出张爱玲作品的对应片段,文章的正文主要是止庵对张爱玲相关作品或张爱玲本人的评论,绘画不是评论的必要基础,也不是评论的主要对象。引用绘画的目的和功能,主要是引出下文、衔接过渡、辅助说明、装饰美化。《生命有它的图案》部分中,正文主要内容是对绘画的介绍和评论,兼议及张爱玲作品或张爱玲本人。除引子、衔接、辅助、美化外,绘画还是介绍、评论的主要对象。因此,《生命有它的图案》对绘画的引用,符合创作必要性的条件。

2. 适当性

《中华人民共和国著作权法实施条例》第21条规定:依照著作权法有关规定,使用可以不经著作权人许可的已经发表的作品的,不得影响该作品的正常使用,也不得不合理地损害著作权人的合法利益。由此可见,在满足必要性条件后,"适当引用"还要对使用作品的数量、方式、范围作出限制,避免"适当引用"的作品与原作品在市场上产生竞争,以免对著作权人造成不合理的损害。《张爱玲画话》虽是对张爱玲绘画的介绍、评论和由张爱玲绘画展开的对张爱玲作品或张爱玲本人的介绍、评论,但书中两部分内容共使用张爱玲绘画作品150幅,插图页占全书页比例近1/3,数量较大,几乎把张爱玲创作的绘画作品全部收录,并大量出版发行,显然未对使用数量、范围、方式进行有效限制,将对张爱玲作品著作权人正当行使权利造成不合理的损害。

综上所述,天津社科社的行为不符合必要性和适当性条件,不属于著作权法规定的合理使用。虽然止庵、万燕在张爱玲研究领域具有较高声望,《张爱玲画话》也具有较高学术价值和艺术价值,但书中大量使用张爱玲绘画作品超出必要限度,仍应经过著作权人许可,对著作权人给以法律上应有的尊重。天津社科社作为《张爱玲画话》的出版者,明知张爱玲绘画作品受著作权法保护,而未就其出版发行行为经过著作权人授权履行合理的审查义务,具有主观过错,侵犯了皇冠公司享有的著作权,依法应当承担停止侵权、赔偿损失的法律责任。至于赔偿数额,本院将综合考虑涉案图书的作品价值、市场影响、合理利润及天津社科社的主观过错、侵权情节等因素酌定,不再全部支持皇冠公司的诉讼请求。《张爱玲画话》具有较高的学术价值、艺术价值,书中使用绘画作品的主要目的是展开对张爱玲及其作品的评论,并非主要利用绘画作品直接谋利,被告的主观过错和侵权后果都相对较轻,本院对此等从轻情节一并予以考虑。皇冠公司请求天津社科社消除影响等,无法律依据,本院不予支持。国林风公司的销售行为有合法来源,已尽合理审查义务,本院不再判令国林风公司承担赔偿责任,但国林风公司不得继续销售涉案图书。

综上所述，本院依据《中华人民共和国著作权法》第 47 条第（2）项、第 48 条、第 52 条、《中华人民共和国著作权法实施条例》第 21 条之规定，判决如下：

（1）在征得皇冠公司许可之前，天津社科社停止出版发行《张爱玲画话》一书，国林风公司停止销售《张爱玲画话》一书；

（2）本判决自生效之日起 10 日内，天津社科社赔偿皇冠公司经济损失 2 万元；

（3）驳回皇冠公司其他诉讼请求。

案件受理费 1 550 元，由皇冠公司负担 550 元，由天津社科社负担 1 000 元。

26.《霍元甲》电影作品著作权侵权纠纷案

——安乐影片有限公司诉北京时越网络技术有限公司等

原告（被上诉人）：安乐影片有限公司
被告（上诉人）：北京时越网络技术有限公司
被告（上诉人）：北京悠视互动科技有限公司
案由：侵犯著作权纠纷

一审案号：北京市第二中级人民法院（2008）二中民初字第 10396 号
一审合议庭成员：刘薇、冯刚、梁立君
一审结案日期：2008 年 9 月 21 日
二审案号：北京市高级人民法院（2009）高民终字第 3034 号
二审合议庭成员：张雪松、李燕蓉、张冬梅
二审结案日期：2009 年 12 月 4 日

判决要旨

我国著作权法规定的"信息网络传播权"针对的是"交互式"的网络传播行为，即网络用户对何时、何地获得特定作品可以主动选择，而非只能被动地接受传播者的安排。定时在线播放服务和定时录制服务，网络用户只能在该网站安排的特定时间才能获得特定的内容，而不能在个人选定的时间得到相应的服务，因此，该种网络传播行为不属于信息网络传播权所限定的信息网络传播行为。该种行为不能由《著作权法》第 10 条第 1 款所明确列举的其他财产权所调整，属于《著作权法》第 10 条第 1 款第（17）项"应当由著作权人享有的其他权利"调整的范围。

起诉与答辩

原告安乐影片有限公司（以下简称安乐影片公司）诉称：原告享有影片《霍元甲》的著作权。二被告通过"悠视网"（域名：uusee.com）和"UUSee 网络电视"软件向公众提供该影片的定时在线播放服务，侵犯了原告的著作权。故请求法院依法判令被告：（1）立即停止侵害；（2）在其经营的网站主

页和《中国电视报》上发表声明，向原告赔礼道歉；（3）赔偿原告经济损失30万元及诉讼合理支出3万元；（4）承担本案全部诉讼费用。

被告北京时越网络技术有限公司（以下简称时越网络公司）答辩称：涉案网站已经停止对涉案影片的在线播放服务。原告主张的是著作财产权，不应赔礼道歉。原告索赔33万元过高，缺乏依据。请求法院酌情考虑。

被告北京悠视互动科技有限公司（以下简称悠视互动公司）答辩称：涉案网站的经营者是时越网络公司，与悠视互动公司无关。请求法院判决驳回原告对悠视互动公司的诉讼请求。

一审查明事实

原审法院查明：2004年12月，北京电影制片厂出具《声明书》，称：该厂作为影片《霍元甲》的联合出品人之一，确认影片《霍元甲》的版权（修改权、署名权、国内外电影节参展权等不可转让的权利除外）归属于另一出品人星河投资有限公司，该影片的国内外发行权及发行收入亦全部由该公司所有；并同意星河投资有限公司可以将其享有的权利、权益全部或部分转让、许可、授权任何第三方。

2005年，辽宁文化艺术音像出版社出版了《霍元甲》光盘，该光盘上印有"中国电影集团北京电影制片厂及星河投资有限公司联合出品"和"中国电影集团第一制片公司及星河投资有限公司联合摄制"字样。

2006年4月7日，星河投资有限公司发表声明，称其于2006年2月16日将影片《霍元甲》在中国大陆的著作权中的网络传播权和音像制品发行权转让给HERO CHINA INTERNATIONAL LIMITED。同日，HERO CHINA INTERNATIONAL LIMITED将影片《霍元甲》在中国大陆地区的著作权中的信息网络传播权转让给安乐影片公司。

2006年10月19日，安乐影片公司取得了《著作权登记证书》，该证书记载：安乐影片公司提交的文件符合规定要求，对由中国电影集团公司第一制片分公司与星河投资有限公司于2005年12月摄制完成，于2006年1月25日在中国首次公映的电影作品《霍元甲》，安乐影片公司以被转让人身份依法享有该作品在中国大陆地区的信息网络传播权。

2007年12月10日，星河投资有限公司、HERO CHINA INTERNATIONAL LIMITED与安乐影片公司共同出具了《关于电影〈霍元甲〉之权利转让的声明书》，称：星河投资有限公司向HERO CHINA INTERNATIONAL LIMITED转让的影片《霍元甲》的中国信息网络传播权及HERO CHINA INTERNATIONAL LIMITED向安乐影片公司转让的影片《霍元甲》的中国信息网络传播权，包括但不限于通过有线和无线方式向公众提供作品的权利，通过有线和无线方式按照事先安排之时间表向公众传播、提供作品的定时在线播放、下载、传播的权利；通过有线和无线方式按照公众个人选定的时间和地点具有互动性的在线播放、下载、传播之权利；任何基于 IP 网络、3G 技术向公众传播、提供作品的权利；以 PC、STB、手机、PDA 和手持播放设备以及其他新媒体为终端传播、提供作品的权利等。此声明为对当时文件的解释，具有溯及力。

2008 年 2 月 28 日，上海市静安区公证处制作了（2007）沪静证经字第 6216 号公证书。该公证书记载：域名为 uusee.com 的网站的经营者为时越网络公司。该网站的首页上显示："悠视网 UUSee.com" 和 "安装悠视网络电视 UUSee 看 500 多路特色频道，1 000多个节目"。在 "客服中心" 栏目中提供了 "UUSee 网络电视" 软件的使用方法和在线帮助的内容。在 "媒体报道" 栏目中的多篇文章介绍了 "悠视网 UUSee.com" 和 "悠视网" 的流量和收入等内容。

在该网站的 "电影" 栏目中显示了影片《霍元甲》的一幅图片和影片的简介，显示播放时间分别为 07：18、08：58、10：37、12：16、13：56、15：35、17：15、18：54，并提供该影片的在线播放和录制服务。在线播放必须安装 "UUSee 网络电视" 软件，涉案网站的多个页面均提供该软件的下载。在该软件的安装协议中显示："本 '协议' 是用户与悠视网及其运营合作单位之间关于用户下载、安装、使用、复制 'UUSEE' 软件所的订立的协议。"《"UUSee" 网络电视 2007 软件安装协议》中显示："重要须知：北京悠视互动科技有限公司（以下简称 '悠视网'）在此特别提醒用户认真阅读本《软件许可协议》。……本《协议》是用户与悠视网及其运营合作单位之间关于用户下载、安装、使用、复制 'UUSEE' 软件所订立的协议。知识产权声明：本 '软件' 是由悠视网开发。"

安装完成并运行 "UUSee 网络电视" 软件，显示影片《霍元甲》的播放时间分别为 07：18、08：58、10：37、12：16、13：56、15：35、17：15、18：54。点击播放后，该软件即开始播放影片《霍元甲》，但并未从起始时间开始而是按照上述时间表预订的时间进行播放。该软件还提供录制服务。在播放影片《霍元甲》的同时，该软件滚动地显示："牛皮癣——首药抗复发！！！"、"中国中医院——根治口臭！"、"高血压——中医研发获突破！" 等内容。

另查明，安乐影片公司为本案诉讼支出公证费 1 000元、公证转递费港币 5 900元、律师费 3 万元。

一审审理结果

原审法院认为：根据涉案正版光盘上的署名及北京电影制片厂、星河投资有限公司、HERO CHINA INTERNATIONAL LIMITED 的声明和星河投资有限公司、HERO CHINA INTERNATIONAL LIMITED 与安乐影片公司的共同声明，本院认定，原告安乐影片公司对涉案影片《霍元甲》享有的著作权包括：通过有线和无线方式向公众提供作品的权利，通过有线和无线方式按照事先安排之时间表向公众传播、提供作品的定时在线播放、下载、传播的权利；通过有线和无线方式按照公众个人选定的时间和地点具有互动性的在线播放、下载、传播之权利；任何基于 IP 网络、3G 技术向公众传播、提供作品的权利；以 PC、STB、手机、PDA 和手持播放设备以及其他新媒体为终端传播、提供作品的权利等内容。原告安乐影片公司据此享有的著作权应受法律保护。

被告时越网络公司作为涉案网站"悠视网"（域名：uusee. com）的经营者，在该网站上向公众提供涉案影片《霍元甲》的定时在线播放服务和定时录制服务，使网络用户可以在该网站确定的时间和用户选定的计算机终端上观看和下载涉案影片《霍元甲》。被告时越网络公司的上述行为侵犯了原告安乐影片公司对该影片享有的著作权中的通过有线和无线方式按照事先安排之时间表向公众传播、提供作品的定时在线播放、下载、传播的权利，依法应当承担停止侵害、赔偿损失的民事责任。

鉴于"悠视网"提供影片的定时在线播放服务和定时录制服务必须通过被告悠视互动公司的"UUSee 网络电视"软件实现，以及"悠视网"与"UUSee 网络电视"软件之间具有的密切关联关系，本院认定，被告悠视互动公司与被告时越网络公司合作，共同向公众提供涉案影片《霍元甲》的定时在线播放服务和定时录制服务，因此，被告悠视互动公司应与被告时越网络公司应就共同侵权行为共同承担停止侵害、赔偿损失的民事责任。

鉴于被告时越网络公司和悠视互动公司的涉案侵权行为并未侵犯原告安乐影片公司的人身性权利，故原告安乐影片公司关于被告时越网络公司和悠视互动公司公开致歉的诉讼请求，于法无据，本院不予支持。

鉴于原告安乐影片公司所提赔偿请求数额过高，且未能提交充分的证据予以证明，本院对其上述主张不予全额支持，本院将根据涉案影片的影响、涉案网站的规模、侵权行为的性质、持续时间、范围和后果等情节确定其应承担的具体数额。

综上所述，本院依据《中华人民共和国著作权法》第 10 条第 1 款第 (17) 项、第 47 条第 (1) 项、第 48 条，《中华人民共和国民法通则》第 130 条之规定，判决如下：

（1）北京时越网络技术有限公司和北京悠视互动科技有限公司自本判决生效之日起，立即停止涉案侵权行为；

（2）北京时越网络技术有限公司和北京悠视互动科技有限公司自本判决生效之日起10日内，共同赔偿安乐影片有限公司经济损失8万元及合理诉讼费用2万元；

（3）驳回安乐影片有限公司的其他诉讼请求。

时越网络公司不服原审判决，提起上诉，请求二审法院撤销原审判决，予以改判。其上诉理由为：（1）原审法院判令上诉人立即停止涉案侵权行为不当，因为上诉人已经停止播放涉案影片，被上诉人要求停止侵权的上诉请求已经实现；（2）原审判决上诉人赔偿的数额过高。由于上诉人的播放方式系定时定集播放，用户不能在其选定的时间观看未播放的内容，其影响范围较小；上诉人播放涉案影片的持续时间不长，而且已经过了影片的黄金播放档期；媒体报道的文章不足以作为认定涉案网站规模的依据。因此，原审判决的赔偿数额明显与侵权行为的情节不符。

悠视互动公司不服原审判决，提起上诉，请求二审法院撤销原审判决，予以改判。其上诉理由是：（1）"UUSee网络电视"软件是一个通用软件，与侵权行为没有法律上的因果关系。该平台和软件也曾提供给cctv.com等网站使用，是一个可以供任何内容运营商使用的通用软件。（2）上诉人没有实施侵权行为，也不存在任何过错。该平台和软件只是播放工具，不可能对版权问题进行判断。

安乐影片公司服从原审判决。

二审查明事实

二审法院查明："悠视网"《媒体报道》栏目中有下列内容："悠视网是国内知名的P2P视频网站。今年年初，悠视网成功完成了第二轮融资，创下了国内视频网站融资规模之最"；"新版本上线测试仅10天，悠视网已经超过500万的点击量"；"2006年，悠视网的收入接近5 000万元。这一数字虽然要略低于悠视网当初的预期，但是仍然远远高于同时期国内其他网络电视企业的营业额"。

在"悠视网"《电影频道》显示涉案影片《霍元甲》时，同时显示最高等级为五级的"热度"中，该片"热度"为4级。

本案二审审理过程中，上诉人时越网络公司表示放弃关于原审法院判令其停止侵权行为不当的上诉理由。

二审法院查明的其他事实，与原审法院查明的事实相同。

二审审理结果

二审法院认为：根据《著作权法》的规定，信息网络传播权是指以有线或者无线方式向公众提供作品，使公众可以在其个人选定的时间和地点获得作品的权利。根据上述定义，我国《著作权法》规定的"信息网络传播权"针对的是"交互式"的网络传播行为，即网络用户对何时、何地获得特定作品可以主动选择，而非只能被动地接受传播者的安排。本案中，"悠视网"提供的是对涉案电影作品定时在线播放服务和定时录制服务，网络用户只能在该网站安排的特定时间才能获得特定的内容，而不能在个人选定的时间得到相应的服务，因此，该种网络传播行为不属于信息网络传播权所限定的信息网络传播行为。同时，因该种行为亦不能由《著作权法》第 10 条第 1 款所明确列举的其他财产权所调整，故原审法院认定其属于《著作权法》第 10 条第 1 款第（17）项"应当由著作权人享有的其他权利"调整的范围是正确的。由于根据涉案电影作品《霍元甲》著作权人的授权，安乐影片公司已享有该电影作品通过有线和无线方式按照事先安排之时间表向公众传播、提供作品的定时在线播放、下载、传播等权利，因此，时越网络公司作为涉案"悠视网"的经营者，其未经许可提供了该电影作品的在线播放和录制服务，构成对安乐影片公司所享有的该项著作财产权的侵犯。

通过悠视互动公司在"悠视网"上的声明，以及"悠视网"与悠视互动公司开发的"UUSee 网络电视"软件之间的密切联系可以认定，悠视互动公司与时越网络公司共同提供了涉案电影作品的服务，悠视互动公司对涉案侵权行为应为明知，两上诉人应当承担共同侵权责任。悠视互动公司关于"UUSee 网络电视"软件只是一个通用软件，其不具有主观过错的上诉理由无事实依据，本院不予支持。

我国《著作权法》规定，权利人的实际损失或者侵权人的违法所得不能确定的，由人民法院根据侵权行为的情节，判决给予 50 万元以下的赔偿。本案中，原告享有权利的涉案电影作品《霍元甲》是一部具有较高票房的影片，这在酌定赔偿数额时应有充分考虑；即使原告进行涉案公证时间已距该片首映有一段时间，但考虑该片的影响，以及"悠视网"显示该片播放的热度等因素，均使本院确信在酌定赔偿数额时不能因此而明显降低。相反，由于涉案影片公映时间与涉案公证时间的距离，并结合"悠视网"的经营规模，使本院进一步注意到了涉案侵权持续的时间之长、范围之广和后果较严重等情节。因此，原审法院根据涉案影片的影响、涉案网站的规模、侵权行为的性质、持续时间、范围和后果等情节确定时越网络公司和悠视互动公司应承担的具体赔偿数额是适当的。时越网络公司关于原审判决赔偿数额过高的上诉理由无事实和法律依据，本院不予支持。

综上所述，原审判决认定事实清楚，适用法律正确，依法应予维持。时越网络公司、悠视互动公司的上诉理由不能成立，对其上诉请求本院不予支持。本院依据《中华人民共和国民事诉讼法》第 153 条第 1 款第（1）项之规定，判决如下：

驳回上诉，维持原判。

一审案件受理费 6 250 元，由安乐影片有限公司负担 2 250 元，由北京时越网络技术有限公司和北京悠视互动科技有限公司共同负担 4 000 元；二审案件受理费 2 300 元，由北京时越网络技术有限公司和北京悠视互动科技有限公司共同负担。

27.《无可大师》著作权侵权纠纷案
——人民出版社诉北京书生网络技术有限公司、 对外经济贸易大学等

原告（被上诉人）： 人民出版社
被告（上诉人）： 北京书生数字技术有限公司
被告（原审被告）： 北京书生网络技术有限公司
被告（原审被告）： 对外经济贸易大学
被告（原审被告）： 北京书生电子技术有限公司
案由： 侵犯著作权纠纷

一审案号： 北京市朝阳区人民法院（2009）朝民初字第 12840 号
一审合议庭成员： 普翔、曹俊英、李小香
一审结案日期： 2009 年 9 月 4 日
二审案号： 北京市第二中级人民法院（2009）二中民终字第 19842 号
二审合议庭成员： 冯刚、张剑、葛红
二审结案日期： 2009 年 12 月 7 日

判决要旨

学校从合法经营的公司购买"数字图书馆系统"用于经营，主观上并无过错，但应承担删除侵权作品的责任。

起诉与答辩

原告人民出版社（以下简称人民社）诉称：我社（我社的副牌是东方出版社）通过与作者的合同，取得了图书《无可大师》的信息网络传播权，同时我社还是该书的版式设计人。2007 年 8 月，我社发现在北京书生电子技术有限公司（以下简称书生电子公司）所有的网站（http：//www.shusheng.cn）上全文使用了图书《无可大师》，在对外经济贸易大学（以下简称外经贸大学）由北京书生网络技术有限公司（以下简称书生网络公司）制作、北京书生数字技术有限公司（以下简称书生数字公司）销售的书生电子图书馆中全

书扫描使用了图书《无可大师》。我社认为上述 4 被告的行为侵犯了我社的权利。为此，我社诉至法院，请求判令 4 被告停止侵权、删除侵权使用的作品、赔偿经济损失 20 197 元、通过《中国新闻出版报》和网址 http://www.shusheng.cn 的网站赔礼道歉、消除影响，支付合理诉讼费用 812.5 元。

被告书生网络公司辩称：我公司经营的网站网址是 http://www.sursen.com，该网站有介绍书生数字图书馆系统的内容，但与书生数字图书馆系统的经营并无任何法律关系。人民社所起诉的外经贸大学的书生数字图书馆系统与我公司无关，我公司不应成为本案的适格诉讼主体，请求法院驳回人民社对我公司的诉讼请求。

被告外经贸大学辩称：我校购买书生数字图书馆系统是为了教学科研目的，不应承当侵权责任；我校的书生数字图书馆系统用户仅为在校局域网内的在线浏览，且没有从该系统中直接获得经济利益，我校不存在侵权行为，请求法院驳回人民社对我校的诉讼请求。

被告书生数字公司辩称：书生数字公司是书生数字图书馆系统的开发者和经营者，外经贸大学是该系统的用户，与书生数字图书馆系统有关的法律纠纷应当由书生数字公司承担，与本案其他 3 被告无关；即使书生数字公司构成侵权，人民社提出的赔偿数额也过高，没有相应依据。

被告书生电子公司辩称：我公司主要经营电子公文业务和 http://www.du8.com 网站。我公司与外经贸大学的书生数字图书馆系统无关，不是本案适格的诉讼主体，请求法院驳回人民社对我公司的诉讼请求。

一审查明事实

原审法院查明：2004 年 4 月 10 日，姚尚友与东方出版社签订《图书出版合同》，约定姚尚友将《无可大师》以图书形式、电子出版物形式（包括通过网络向读者提供可供个人电脑下载、打印和阅读的电子图书形式）出版发行的专有使用权授予东方出版社，授权期限为 5 年，东方出版社采用版税的方式向姚尚友支付稿酬。2004 年 10 月，东方出版社出版了《无可大师》一书。《无可大师》字数 490 千字，定价 48 元，署名作者为姚尚友。

2006 年 6 月 12 日，书生数字公司与外经贸大学签订书生用户协议书，约定由外经贸大学购买书生数字图书馆系统。

2008 年 5 月 22 日，进入外经贸大学图书馆使用该馆电脑可以进入书生数字图书馆系统，可以阅读《无可大师》一书的电子版。该书的电子版与纸质版的书名、封面、版式设计和内容等完全相同。对上述事实，人民社申请公证处进行了公证，支付了公证费 788 元。书生数字公司认可其在书生数字图书馆系统收录《无可大师》一书并无任何授权。

另查一，1985 年 6 月 11 日，文化部"文出字（85）第 929 号"文件同意人民社设副牌为"东方出版社"。

另查二，人民社对书生电子公司所有的网站（http：//www. shusheng. cn）上全文使用了图书《无可大师》的诉称，并未提交证据证明。

一审审理结果

原审法院认为：依据图书出版合同和《无可大师》图书的署名，可以认定《无可大师》的作者将该作品在信息网络中传播的权利独家许可给了东方出版社。人民社的副牌是东方出版社，故人民社作为权利人在本案中主张信息网络传播权系适格主体。同时作为专有出版的单位，人民社还对图书的版式设计享有权利。

本案中，外经贸大学的图书馆安装了书生数字公司的书生数字图书馆系统，其中包含了《无可大师》一书完整的电子扫描版，图书内容和版式设计均与人民社出版的图书《无可大师》相同。由于书生数字公司未经授权，故其行为侵犯了人民社享有的对《无可大师》作品的信息网络传播权。人民社出版《无可大师》时，对该图书的文字排列、排版材料选用、版面布局等方面付出了劳动，书生数字公司未经许可使用了上述版式设计内容，结果上损害了人民社享有的权益，依据公平原则，书生数字公司对此也应承担相应责任。

没有证据表明，书生网络公司和书生电子公司与人民社起诉的侵权行为有关联，故人民社对上述二公司的诉讼请求，本院不予支持。

外经贸大学自书生数字公司处购买了书生数字图书馆系统，主观上并无过错。书生数字图书馆系统中包含的内容侵权，应当由书生数字公司自己承担赔偿责任。但鉴于外经贸大学购买的书生数字图书馆系统中确有侵权内容，故其应承担删除侵权内容的责任。

人民社主张的赔偿数额，属于合理范畴，本院予以支持。公证费 788 元一共包括 4 本书，本院将支持与本案相关部分。

人民社享有的信息网络传播权和版式设计的权利系财产性权利，人民社就此主张赔礼道歉缺乏相应依据，本院不予支持。

综上所述，本院依据《中华人民共和国著作权法》第 35 条、第 47 条第（1）项、第 48 条之规定，判决如下：

（1）被告北京书生数字技术有限公司停止使用《无可大师》的内容及版式设计；

（2）被告北京书生数字技术有限公司自本判决生效之日起 10 日内赔偿人

民社经济损失 20 197 元；

（3）被告北京书生数字公司自本判决生效之日起 10 日内支付人民社合理诉讼费用 197 元；

（4）被告外经贸大学删除其购买的书生数字图书馆系统中的作品《无可大师》；

（5）驳回原告人民社的其他诉讼请求。

书生数字公司不服原审判决，提起上诉，请求二审法院撤销原审判决第 1、2 项；上诉案件受理费由被上诉人人民社承担。其主要上诉理由是：（1）书生数字公司的侵权行为仅局限于学校局域网，仅供在校学生、老师为教学研究使用，且对涉案图书实施了不许下载、不许打印、不许复制的技术保护措施，收到起诉状后及时予以删除，原审判决没有充分考虑上述因素，确定的赔偿数额过高；（2）书生数字公司在原审审理期间已经自行停止使用涉案图书，原审判决停止使用错误。

人民社、书生电子公司、外经贸大学、书生网络公司服从原审判决。

二审查明事实

二审法院确认原审法院查明的事实。另查明：书生数字公司与外经贸大学于 2006 年 6 月 12 日签订了"书生用户协议书"，约定：书生数字公司为外经贸大学提供局域网版书生数字资源数据库，并提供安装、数字化和其他技术服务。

二审审理结果

二审法院认为：我国《著作权法》规定，图书出版者对于著作权人交付出版的作品，按照合同约定享有专有权。被上诉人人民社以其副牌东方出版社的名义与涉案作品《无可大师》的作者姚尚友签订图书出版合同并支付了稿酬，依约在授权期限内取得了涉案作品图书形式、电子出版物形式（包括通过网络向读者提供可供个人电脑下载、打印和阅读的电子图书形式）出版发行的专有使用权。同时，人民社在出版涉案作品《无可大师》时，对该作品的文字排列格式、字号、字体、版面布局、封面及扉页格式等方面进行了编排设计，享有该作品的版式设计权。人民社对涉案作品《无可大师》所享有的上述权利受我国著作权法的保护。

信息网络传播权，是指以有线或者无线方式向公众提供作品，使公众可以在其个人选定的时间和地点获得作品的权利。根据本案查明的事实，上诉人书生数字公司为外经贸大学提供局域网版书生数字资源数据库，并提供安装、数字化和其他技术服务，实施了将该数据库上载至网络的行为，侵犯了人民社对涉案作品所享有的信息网络传播权，应承担相应的民事责任。

鉴于书生数字公司为外经贸大学的图书馆安装的局域网版书生数字资源数据库中包含了涉案图书《无可大师》的电子扫描版，且其内容和版式设计均与人民社出版的涉案图书《无可大师》完全相同，故书生数字公司的上述行为侵犯了人民社对涉案图书享有的版式设计权，亦应承担相应的民事责任。

上诉人书生数字公司虽提出在原审审理期间已经自行停止使用涉案图书，原审判决停止使用错误的上诉主张，但其并未举证证明相关事实，被上诉人人民社对此亦不予认可，因此，书生数字公司的上述主张事实依据不足，本院不予支持。

关于赔偿经济损失的数额问题，原审法院考虑本案事实认定人民社主张的赔偿数额属于合理范畴并予以支持，并无不当。书生数字公司提出的关于原审判决没有充分考虑涉案侵权行为仅局限于学校局域网、仅供在校学生、老师为教学研究使用、对涉案图书实施了不许下载打印复制的技术保护措施、收到起诉状后及时予以删除等因素，确定赔偿数额过高的上诉主张，依据不足，本院不予支持。

鉴于人民社在本案中主张的权利属于财产性质的权利，并不具有人身属性，故其关于公开赔礼道歉的诉讼请求缺乏依据，本院不予支持。

综上所述，上诉人书生数字公司所提上诉理由不能成立，其相应的上诉请求本院不予支持。原审判决认定事实清楚，适用法律正确，依法应予维持。本院依据《中华人民共和国民事诉讼法》第153条第1款第（1）项之规定，判决如下：

驳回上诉，维持原判。

一审案件受理费325元，由北京书生数字公司负担；二审案件受理费310元，由北京书生数字公司负担。

28.《魔鼓乱武林》著作权侵权纠纷案

——北京三面向版权代理有限公司诉
北京零时达科技有限公司

原告：北京三面向版权代理有限公司
被告：北京零时达科技有限公司
案由：侵犯著作权纠纷

一审案号：北京市海淀区人民法院（2009）海民初字第 2249 号
一审合议庭成员：王宏丞、陈萍芳、宋力华
一审（终审）结案日期：2009 年 12 月 8 日

判决要旨

提供信息存储空间的网络服务提供者确实难以对每一部作品进行详尽的权利核实，但合理的注意义务没有因此免除。由上传者一次将整部作品上传，且网站同时有同一作者 6 部均曾正式出版的长篇作品，经营者应当对此情况特别加以注意，并通过查询确认是否取得合法授权。

起诉与答辩

原告北京三面向版权代理有限公司（以下简称三面向公司）诉称：我公司依法取得刘帮华（笔名墨阳子）《魔鼓乱武林》等 9 部作品和戴延庆（笔名独孤残红）《销魂一指令》等 14 部作品的信息网络传播权等项权利，由银冠电子出版公司出版发行光盘《三面向作品集》，收录了上述作品，我公司享有上述作品的著作财产权，并对外发布了版权声明和作品许可使用费标准。北京零时达科技有限公司（以下简称零时达公司）未经许可在其经营的小说网（网址 http：//www.xiaoshuo.com）传播上述内容。我公司针对《魔鼓乱武林》一书进行诉讼，该书字数为 571 千字，请求法院判令零时达公司赔偿经济损失 5.71 万元，支付公证费 2 000 元，查档费 30 元，调查取证费 280 元和声明费用 300 元。

被告零时达公司辩称：三面向公司提交的版权转让合同无法确定与三面向

公司签约的刘帮华就是涉案图书的作者，合同条款中没有约定转让价金和支付方式等内容，不符合转让合同的法定格式，不具有法律效力，且未明确授权范围包括信息网络传播权，因此无法证明三面向公司享有涉案图书的上述权利。我公司经营的小说网仅提供存储空间，是公益性网站，涉案内容由网友上传，网站明确要求上传内容应有版权保证。小说网没有因此获益，且因上传作品数量庞大，无法对所有上传内容的版权一一进行审查。网站现已删除涉案内容，不应承担侵权责任。另外，三面向公司提出的赔偿数额过高。涉案图书价值不高，且在互联网随处都可搜索到。

一审查明事实

原审法院查明：三面向公司与刘帮华（曾用名刘邦华，笔名墨阳子）于2007年1月16日签订版权转让合同，约定刘帮华将其《魔鼓乱武林》等9部武侠小说作品在中国大陆地区的相关著作权转让给三面向公司，除署名权、影视改编权的其他权利都属于三面向公司所有，修改权和保护作品完整权亦由三面向公司行使。上述权利的有效期限为从作品完成之日起到合同期10年届满之日止。上述作品均曾正式出版，时间在1993年至1998年间，出版社多为长春出版社、远方出版社等，涉案作品为远方出版社1998年出版。刘帮华保证此前未曾从其他网络传播者处获得报酬，合同期内亦不能许可第三方使用。转让费的具体数额未在合同中体现，双方另行约定。同年，三面向公司在《中国版权》杂志刊登作品许可使用公告，明确三面向公司针对刘帮华等作者的作品（含涉案作品）享有的权利，使用需经许可，费用为每千字100元。此后，北京银冠电子出版有限公司出版《三面向作品集》光盘，版号为ISBN978-7-89499-623-7/I.036，其中包括墨阳子武侠全集（9种，含涉案图书）和独孤残红江湖系列合集（14种），标明版权属三面向公司所有，作品许可使用公告中明确授权使用的收费标准为千字100元，光盘标明售价为300元。

2007年11月19日，宜宾市作家协会出具证明，证实刘帮华是该协会会员，笔名墨阳子，自1994年开始在多个出版社出版了多部长篇历史科幻武侠小说，与三面向公司签约转让版权。该协会将刘帮华的作品列明，并表示在宜宾市政府网站文艺网页可以查找到相关材料。

2007年2月9日，三面向公司委托北京市海淀第二公证处进行公证，输入网址 http://www.xiaoshuo.com 进入小说网，注册成为会员后，点击主页的"武侠"进入页面，输入"墨阳子"进行搜索，共有6部作品，其中包含《魔鼓乱武林》，点击打开页面有内容简介，最后更新日期为2006年6月23日，下载次数为 3 532次，所需点数为 1，推荐等级为 4 级（读者选择推荐），有下载和在线阅读的选项；下载阅读器后，点击涉案图书等 6 部图书进行打印。小说网没有广告，零时达公司为该网站的经营者，网站首页有"用手机阅读小说网"和"充值"等可点击图标选项。

对上述证据零时达公司表示，内容简介系由上传者编写提供，用户自己更新，小说网仅提供存储空间，由用户上传内容。三面向公司表示不认可小说网仅提供存储空间，认为零时达公司作为经营者没有尽到审查义务，而且小说网有推荐书房标签，下载需点数，且设有为手机阅读充值区。零时达公司表示手机阅读与登录小说网阅读只是浏览方式不同。充值就是针对点数。

三面向公司提交了公证费 2 000元，查档费 30 元，调查费 280 元，声明费 300 元的相关票据。零时达公司认为上述费用并非均针对本案。

零时达公司提交（2008）京方圆内经证字第 20123 号公证书及其主营业务的证明材料，包括公司介绍、商业计划等，意图证实小说网是非营利性的公益性网站，但证据内容显示，小说网将自身定位于以互联网信息技术为核心，集软件开发等高新技术，传播优秀文化，以电子图书为切入点，探索网络、文化与商业的完美结合，打造宽带与移动时代的高品质产业链，设置全自动信息产品的即时销售平台，基于各种商业网络的软件、电子图书、音像、游戏娱乐等新模式销售，倡导零时达、零成本的概念，建立新兴的增值电信业务平台，利用电信的网络优势和收费功能，并希望融资 70 万～100 万美元。上述内容与其陈述中意图证明的事项有较大差异。

零时达公司提交（2006）京证经字第 20233 号、（2008）京方圆内经证字第 06129 号公证书，证实用户在小说网注册上传内容的过程，选择所述种类等均由用户在上传时选择确定，小说网对内容没有进行编辑和修改，并要求上传者对版权负责，设定了权利人投诉的点击程序，如发生侵权可通知删除。对此三面向公司认为，小说网有充值项目，是营利性网站，零时达公司没有尽到网站管理者应当尽到的注意义务，即便没有因此获利，也不能侵权。

零时达公司提交（2009）京方圆内证经字第 01722 号公证书，证实小说网已经删除了涉案作品，并向三面向公司送达上传者信息的快递及查询记录，并提供上传者信息。三面向公司认可零时达公司已经删除涉案作品，但认为零时达公司仍应承担责任。

一审审理结果

原审法院认为：三面向公司与刘帮华签订版权转让合同，约定刘将其《魔鼓乱武林》等 9 部武侠小说作品在中国大陆地区的相关著作权转让给三面向公司，该合同现尚在有效期内。三面向公司在《中国版权》杂志刊登作品许可使用公告确认权利，并出版光盘标明版权属三面向公司所有。因此，三面向公司在合同有效期内，独家享有涉案作品在中国大陆地区的相关著作权。

零时达公司答辩称其无法确定刘帮华就是作者墨阳子本人，合同条款中没有约定转让价金和支付方式等内容，不具有法律效力，且未明确授权包括信息网络传播权。但签约过程经过公证，并有作者所在地作协的相关证明，零时达公司没有对合同提出合理怀疑的理由。从版权转让合同看，作者的授权内容明确表述为在合同有效期内，除了署名权和影视改编权，其他权利均转让给三面向公司。虽然转让价金和支付方式没有在合同中注明，但合同中将此定为双方的商业秘密，另行约定，以此否认合同的有效性明显不当。因此，零时达公司的上述辩解意见本院不予采信。

零时达公司认为小说网仅提供存储空间，是公益性网站，要求网友对上传内容负责，小说网没有因此获益，无法对所有上传内容的版权进行一一审查，且已删除涉案内容，不应承担侵权责任。从本案的相关证据看，小说网设置的用户上传的方式虽然属于提供网络存储空间的形式，但该网站并非如其所述为公益性网站，其自行提供证据证实小说网将自身定位于以互联网信息技术为核心，以电子图书为切入点，打造宽带与移动时代的高品质产业链，设置全自动信息产品的即时销售平台，基于各种商业网络的软件、电子图书、音像、游戏娱乐等新模式销售，并倡导零时达、零成本的概念，建立新兴的增值电信业务平台，利用电信的网络优势和收费功能，并提出明确的融资目标。其所称以电子图书为切入点的基础，就是所谓的"零成本"，即以其所称网友无偿上传的形式获得内容资源。其网站首页设置通过手机阅读小说网和充值等选项，也证实其处于经营状态。

零时达公司作为小说网的经营者，网站的点击量对网站的经营及发展起到至关重要的作用。虽然小说网通过明示上传者注意版权、为作者设置发现侵权前后的处理手段等方式对作品的权利保护给予了一定程度的注意，但此种程度明显没有达到该网站使用作品的规模和程度所应当匹配的注意义务。小说网包含的作品内容已经达到了一定的规模。虽然在如此大量的作品拥有量的前提下，网站经营者确实难以就每一部作品进行详尽的权利核实，但网站的合理的注意义务没有因此免除。涉案作品为正式出版物，由上传者一次性将整部小说上传，且网站同时有同一作者的 6 部完整长篇作品，均曾正式出版，上述情况和正常意义下原创作品陆续上传修改的情形有异，经营者应当对此种情形特别加以注意，并通过查询确认是否取得合法授权。零时达公司在应当注意到上述非正常状态的情况下，未尽到网站经营者合理的注意义务，以消极的方式放任侵害结果的发生，允许用户阅读下载的行为存在过错，侵犯了三面向公司享有的信息网络传播权，应当承担侵权责任。

现双方均认可涉案图书已经从小说网删除，三面向公司所诉停止侵权的请求内容已经实现，本判决主文对此不再赘述。关于赔偿损失，三面向公司要求的赔偿金额较高，但本案涉及的作者知名度不高，涉案作品出版时间较早，已超过 10 年，此后未再出版，价值一般；零时达公司的侵权性质应定性为帮助侵权，过错程度较低。本院将综合参考相关稿酬支付标准，涉案作品的价值，零时达公司的注意能力、使用情况及过错程度等因素，对赔偿数额酌予认定。本案三面向公司所作公证涉及多本图书，刊登声明等结果并非仅针对本案使用，本院对其合理支出予以酌定。对于三面向公司所提诉讼请求过于超出本院实际支持的部分，应由三面向公司自行承担部分诉讼费用。

据此，本院依据《中华人民共和国著作权法》第 10 条第（12）项、第 47 条第（1）项、第 48 条之规定，判决如下：

（1）零时达公司赔偿三面向公司经济损失及合理支出 9 000 元（自本判决生效后 10 日内付清）；

（2）驳回三面向公司其他诉讼请求。

案件受理费 1 278 元，由三面向公司负担 600 元，由零时达公司负担 678 元。

双方当事人均服从原审判决。

29.《你到底爱谁》等8首作品著作权侵权纠纷案
——优胜风林（北京）音乐文化有限公司诉
北京我乐信息科技有限公司

原告： 优胜风林（北京）音乐文化有限公司
被告： 北京我乐信息科技有限公司
案由： 侵犯著作权纠纷

一审案号： 北京市朝阳区人民法院（2009）朝民初字第 22278 号
一审合议庭成员： 李自柱、杨凯萍、李德良
一审（终审）结案日期： 2009 年 12 月 11 日

判决要旨

如被控侵权作品显示由网友上传，且著作权人表示并未许可他人在网络传播其作品，被控侵权人也未举证证明上传的作品已经权利人许可，则可以认定该被控侵权作品系侵权作品。

起诉与答辩

原告优胜风林（北京）音乐文化有限公司（以下简称优胜风林公司）诉称：音乐专辑《你到底爱谁》中的歌曲是刘嘉亮创作并演唱的原创音乐作品。我公司通过授权，享有该专辑中音乐作品的著作权、表演者权和录音制作者权。2009 年，我公司在我乐信息公司的域名为 www.56.com 的网站（以下简称我乐网）上发现了该专辑中的《亲爱的不要离开我》、《就这样》、《爱你实在太累》、《你到底爱谁》、《伤透我的心》、《不要让我难过》、《爱远走》、《我说我爱你》共 8 首歌曲。我公司认为我乐信息公司为上述歌曲提供了信息存储空间服务，但不符合免责条件，侵犯了我公司对上述歌曲的词曲、表演和录音制品享有的信息网络传播权。我公司要求我乐信息公司：删除涉案歌曲，向我公司赔礼道歉，赔偿我公司经济损失 16 万元。

被告北京我乐信息科技有限公司（以下简称我乐信息公司）辩称：优胜风林公司不享有涉案 8 首歌曲的词曲、表演和录音制品的信息网络传播权；我

乐网的经营者是广州市千钧网络科技有限公司（以下简称广州千钧公司），我公司与该网站无任何关系；我乐网提供的是信息存储空间服务，涉案歌曲是网络注册用户上传的，我乐网的经营者未实施直接的上传行为；我乐网的经营者尽到了必要的注意义务，没有主观过错，且及时删除了涉案歌曲，符合免责条件；优胜风林公司的诉讼请求没有依据，请求法院予以驳回。

一审查明事实

原审法院查明：2004 年，中国唱片总公司出版了刘嘉亮个人演唱的《你到底爱谁》CD 音乐专辑，该音乐专辑的音像制品标准编码为 ISRC CN – A01 – 04 – 525 – 00/A. J6。该专辑彩封封底上标注有"版权提供：中唱·艺能（北京）音乐有限公司（以下简称中唱艺能公司）＋吕飞音乐工场"；"专有发行：广东星文文化传播有限公司（以下简称星文文化公司）"。彩封封面和封底上均有"中国原创网络情歌王子　刘嘉亮"；"历经五年创作推出首张个人专辑感动期待已久的心"、"亮亮的网络至红情歌《亲爱的不要离开我》"等字样。该专辑中收录有如下歌曲：《亲爱的不要离开我》、《就这样》、《爱你实在太累》、《你到底爱谁》、《伤透我的心》、《不要让我难过》、《爱远走》、《我说我爱你》。在该专辑内的歌本上记载的上述每首歌的词曲署名情况如下：《亲爱的你不要离开我》曲为吴宗宪、黄韦翔，词为刘嘉亮；《就这样》、《爱你实在太累》、《你到底爱谁》、《我说我爱你》词曲均为刘嘉亮；《伤透我的心》曲为潘芳烈，词为刘嘉亮；《不要让我难过》、《爱远走》曲为胡力，词为刘嘉亮。

2005 年 4 月，胡力出具声明，称其曾参与歌曲《爱远走》、《不要让我难过》的创作，此两首歌曲的著作权由刘嘉亮享有，其放弃曲作者的权利。

2009 年 3 月 6 日，刘嘉亮出具《著作权与表演者的权利转让声明》，称其是专辑《你到底爱谁》里涉案 8 首歌曲的词、曲作者和表演者，享有以上歌曲的词、曲著作权和表演者的权利。其将以上歌曲的词、曲著作权（除人身权外）及表演者的权利（除人身权外）转让给中唱艺能公司。至此中唱艺能公司合法享有以上歌曲的词、曲著作权（除人身权外）及表演者的权利（除人身权外）。

2009 年 4 月 10 日，中唱艺能公司分别出具《著作权与表演者的权利转让声明》和《录制者的权利转让声明》，称其享有刘嘉亮专辑《你到底爱谁》里涉案 8 首歌曲的词曲著作权（除人身权外）、表演者的权利（除人身权外）、录制者的权利，现其将上述权利转让给优胜风林公司，至此优胜风林公司合法享有以上歌曲的词曲著作权（除人身权外）、表演者的权利（除人身权外）、录制者的权利。

2009 年 4 月 27 日，登录我乐网首页，在搜索栏内分别输入"刘嘉亮　你到底爱谁"、"刘嘉亮　亲爱的不要离开我"、"刘嘉亮　就这样"、"刘嘉亮　我说我爱你"、"刘嘉亮　不要让我难过"、"刘嘉亮　爱你实在太累"、"刘嘉亮　伤透我的心"、"刘嘉亮　爱远走"，搜索后，在分别出现的视频搜索结果页面上显示有多个视频搜索结果，每个搜索结果旁均显示有会员、人气、时长、发布时间、标识、简介等。点击"刘嘉亮　不要让我难过"视频搜索结果页面的第二个视频搜索结果，点击"刘嘉亮　爱你实在太累"视频搜索结果页面的第四个视频搜索结果，其余点击视频搜索结果页面的第一个视频搜索结果，上述涉案歌曲的 MTV 均能正常播放。在播放《爱你实在太累》MTV 时，播放界面右侧显示的会员为"独自听歌"，上传时间为"2009 年 1 月 10 日"，频道为"女性频道"。在播放《不要让我难过》MTV 时，播放页面右侧显示的会员为"宝宝"，上传时间为"2009 年 4 月 14 日"，频道为"娱乐频道"。在播放其余 MTV 时，播放界面右侧均显示会员为"宝宝"，上传时间为"2009 年 4 月 13 日"，频道为"娱乐频道"。在播放《爱你实在太累》时的播放界面上方显示有"爱你实在太累—刘嘉亮"字样，在播放其余视频时，播放器界面上方显示有"刘嘉亮 →'相应歌曲的名称 专辑：亲爱的不要离开我'"。在《亲爱的你不要离开我》MTV 播放开始时，显示有"亮亮"字样。在《爱你实在太累》MTV、《你到底爱谁》MTV、《伤透我的心》MTV、《不要让我难过》MTV、《爱远走》MTV 播放开始，显示有刘嘉亮的署名。另外，在播放器界面有时会出现 56.com 的水印。在播放器界面下方有时出现"胖人减肥"、"5 分钟绝毛"、"1 个月长高 10 厘米"等广告内容。在我乐网"帮助中心"，我乐网介绍了如何处理及编辑视频，并推荐了常用视频编辑处理软件及视频格式转换软件。另外，在该"帮助中心"的"关于我乐视频"中，有如下文字内容：在新平台下通过与社区紧密结合的我乐视频，让您更方便与朋友分享你的精彩，帮您更高效管理自己的视频，你只需要从 56 网首页注册并登录即可，同时可拥有不限制容量的个人视频空间。上述登录及播放过程，由公证处进行了公证。

在上述公证之前，中唱艺能公司委托北京鲍立律师事务所鲍立律师向我乐信息公司发出律师函，称我乐信息公司运营的 www.56.com 视频网站上存在大量的侵权事实，给当事人造成了巨大经济损失，我乐信息公司应当承担相应的责任。请我乐信息公司在 2009 年 4 月 15 日前联系鲍立律师，就侵权事宜进行协商，否则，将启动司法程序，追究我乐信息公司的法律责任。该律师函未指明中唱艺能公司主张权利的歌曲名称、侵权视频的网络地址，也未提供中唱艺能公司主张权利歌曲的权属证明文件等。

2009年4月15日，我乐信息公司回函，称鲍立律师的函件未提供任何音乐作品的信息及相关证明。www.56.com 网站作为网络服务提供者，网络上作品为用户个人上传作品，www.56.com 不对该上传、播放、展示等行为承担任何责任。根据法律规定，www.56.com 特函请北京鲍立律师事务所提供所要求删除的视频作品的详细列表、包括该视频作品上传用户 ID、作品名称及作品链接地址，以便于更好地核查及保护中唱艺能公司的合法权益。

我乐信息公司于2009年7月1日领取了本案的起诉书和证据材料。同年7月7日，我乐信息公司向公证处申请公证，称其与优胜风林公司因音乐作品产生的著作权纠纷，其已在我乐网中删除了相关音乐作品。登录我乐网首页后，在搜索栏中分别输入"刘嘉亮　你到底爱谁"、"刘嘉亮　亲爱的不要离开我"、"刘嘉亮　就这样"、"刘嘉亮　我说我爱你"、"刘嘉亮　不要让我难过"、"刘嘉亮　爱你实在太累"、"刘嘉亮　伤透我的心"、"刘嘉亮　爱远走"，搜索后，均搜索不到相应的视频。

查明一，我乐网的 ICP 证的持有人为广州千钧公司。2009年3月19日，北京市第二中级人民法院作出（2009）二中民终字第9号判决书，确认我乐信息公司是我乐网的实际经营者。

查明二，在2005年10月25日，刘嘉亮与星文文化公司签订的合约的附件中提及刘嘉亮与自然人吕飞在刘嘉亮首张专辑中有部分合作的事宜。而在2004年11月16日，吕飞与星文文化公司签订的协议书中提及刘嘉亮的首张个人专辑《亲爱的你不要离开我》的具体曲目与涉案专辑《你到底爱谁》的曲目完全一致。

一审审理结果

原审法院认为：

1. 优胜风林公司是否有权主张涉案8首歌曲的词曲著作权、表演者权和录音制作者权

根据刘嘉亮专辑《你到底爱谁》彩封上的署名，刘嘉亮是涉案8首歌曲的表演者，享有涉案8首歌曲的表演者权。刘嘉亮将涉案8首歌曲的表演者权转让给了中唱艺能公司，优胜风林公司又从中唱艺能公司受让了该8首歌曲的表演者权。

根据该专辑中歌本上的署名，刘嘉亮是《就这样》、《爱你实在太累》、《你到底爱谁》、《我说我爱你》4首歌曲的词曲作者，《亲爱的你不要离开我》、《伤透我的心》、《不要让我难过》、《爱远走》4首歌曲的词作者，再结

合胡力的声明，刘嘉亮对《就这样》、《爱你实在太累》、《你到底爱谁》、《我说我爱你》、《不要让我难过》、《爱远走》6首歌曲的词曲享有著作权，对《亲爱的你不要离开我》、《伤透我的心》2首歌曲的词享有著作权。刘嘉亮对《亲爱的你不要离开我》及《伤透我的心》2首歌曲的曲并不享有著作权，其无权将该两首歌曲的曲著作权许可或者转让给他人。因此，刘嘉亮转让给中唱艺能公司，以及优胜风林公司从中唱艺能公司处受让的权利只能是《就这样》、《爱你实在太累》、《你到底爱谁》、《我说我爱你》、《不要让我难过》、《爱远走》6首歌曲的词曲著作权，及《亲爱的你不要离开我》、《伤透我的心》2首歌曲的词的著作权。优胜风林公司无权主张《亲爱的你不要离开我》、《伤透我的心》2首歌曲的曲著作权。

根据该专辑彩封封底上的"版权提供：中唱·艺能（北京）音乐有限公司+吕飞音乐工场"字样，可以确认该专辑的录音制作者为中唱艺能公司和吕飞音乐工场。另外，从该彩封上，可以确认该专辑是刘嘉亮的首张个人专辑，而在2005年10月25日刘嘉亮与星文文化公司签订的合约的附件中提及刘嘉亮与自然人吕飞在刘嘉亮首张专辑中有部分合作的事宜，因此，更无法合理排除吕飞音乐工场对涉案专辑不享有录音制作者权。因此，在优胜风林公司未提供其他证据证明中唱艺能公司单独享有涉案专辑录音制作者权的情况下，本院认为中唱艺能公司无权单独转让涉案专辑的录音制作者权，优胜风林公司不能据此获得涉案专辑的录音制作者权。

综上所述，优胜风林公司获得的权利为涉案8首歌曲的表演者权，《就这样》、《爱你实在太累》、《你到底爱谁》、《我说我爱你》、《不要让我难过》、《爱远走》6首歌曲的词曲著作权，《亲爱的你不要离开我》、《伤透我的心》2首歌曲的词的著作权。

2. 涉案我乐网的经营者是否是我乐信息公司

尽管我乐网的ICP证的持有人为广州千钧公司，但我乐信息公司是该网站的实际经营者的身份已经得到了生效判决的确认；另外，在北京鲍立律师事务所给我乐信息公司发函后，我乐信息公司也是以自己的名义进行了回函；最后，在2009年7月7日我乐信息公司申请公证时，也明确称"我乐信息公司已在www.56.com网中删除了相关音乐作品"，这说明我乐信息公司直到2009年7月7日还仍然控制着我乐网。综上几点，在我乐信息公司未提供充分的反证的情况下，本院确认我乐网的实际经营者仍是我乐信息公司。

3. 我乐网的经营者对其网站上出现的涉案音乐MTV是否需要承担赔偿责任

根据优胜风林公司公证保全的涉案8首歌曲的音乐MTV搜索及播放页面

上显示的刘嘉亮姓名及专辑名称，在我乐信息公司无相反证据的情况下，可以确认涉案 8 首音乐 MTV 使用的均是优胜风林公司主张权利的音乐 CD 专辑《你到底爱谁》中的相应歌曲的词曲和表演。我乐网上出现的涉案音乐 MTV 是网名为"宝宝"、"独自听歌"的网友上传的，但优胜风林公司并未许可他人在网络上发布其享有词曲著作权和表演者权的涉案 8 首歌曲，我乐信息公司也未举证证明该网友上传涉案音乐 MTV 经过了词曲权利人、表演者权利人的许可，故可以认定我乐网上出现的涉案音乐 MTV 是侵权的。

我乐信息公司是在我乐网上为网络用户提供信息存储空间的网络服务提供商。根据《信息网络传播权保护条例》规定，网络服务提供者为服务对象提供信息存储空间，供服务对象通过信息网络向公众提供作品、表演、录音录像制品，并具备下列条件的，不承担赔偿责任：明确标示该信息存储空间是为服务对象所提供，并公开网络服务提供者的名称、联系人、网络地址；未改变服务对象所提供的作品、表演、录音录像制品；不知道也没有合理的理由应当知道服务对象提供的作品、表演、录音录像制品侵权；未从服务对象提供作品、表演、录音录像制品中直接获得经济利益；在接到权利人的通知书后，根据本条例规定删除权利人认为侵权的作品、表演、录音录像制品。本案中，我乐网"帮助中心"的"关于我乐视频"中明确写明了我乐网是视频分享网站，这表明我乐网的经营者提供的服务为信息存储空间服务，且优胜风林公司对此也予以认可；尽管我乐网"帮助中心"中有介绍如何处理及编辑视频的内容，并推荐了常用视频编辑处理软件及视频格式转换软件，且在播放界面上有时会出现 www.56.com 的水印，但我乐信息公司并未改变优胜风林公司主张的词曲和表演；优胜风林公司未举证证明网络用户观看涉案音乐 MTV 需要向我乐信息公司付费，尽管在播放界面上投放有广告，但这不属于我乐信息公司从作品、表演中直接获得经济利益的情况；在优胜风林公司公证之前，尽管向我乐信息公司发出了律师函，但该律师函并未写明其主张权利的作品、表演的名称，也未指明侵权音乐 MTV 的网络地址，该律师函不符合法律规定的要求，我乐信息公司根据该律师函也不能确定其网站上哪些内容侵权。而在我乐信息公司接到本案起诉书和证据材料后，及时删除了涉案音乐 MTV；另外，从优胜风林公司的公证书看，其是从我乐网首页搜索栏中输入刘嘉亮加歌曲名称，搜索后找到涉案音乐 MTV 的，从其公证书上也看不到我乐信息公司对涉及刘嘉亮的歌曲或者音乐 MTV 进行了编辑、整理等，或者设置了排行榜等。而且优胜风林公司主张权利的客体为词曲和表演，而我乐网上出现的是含有该词曲和表演的音乐 MTV，优胜风林公司并未举证证明刘嘉亮的涉案歌曲具有非常高的知名度，以至于我乐信息公司知道或者应当知道其网站上存在的涉案音乐 MTV

是侵权的。如上所述，我乐信息公司符合法律规定的免责条件，不应当承担赔偿损失的法律责任。

优胜风林公司主张的信息网络传播权是著作财产权，其无权向我乐信息公司主张赔礼道歉。现我乐信息公司已经将涉案侵权音乐 MTV 从其网站上删除，故对优胜风林公司主张的删除涉案侵权歌曲的诉讼请求，本院不再处理。

综上所述，本院依据《中华人民共和国信息网络传播权保护条例》第 22 条之规定，判决如下：

驳回优胜风林（北京）音乐文化有限公司的诉讼请求。

案件受理费 3 500元，由优胜风林（北京）音乐文化有限公司负担。

双方当事人均服从原审判决。

30.《察贤辩才》著作权侵权纠纷案

——李树喜诉人民出版社、黄书元

原告（被上诉人）：李树喜
被告（上诉人）：人民出版社
被告（上诉人）：黄书元
案由：侵犯著作权纠纷

一审案号：北京市东城区人民法院（2009）东民初字第 05238 号
一审合议庭成员：樊静馨、樊雪、王红
一审结案日期：2009 年 10 月 20 日
二审案号：北京市第二中级人民法院（2009）二中民终字第 22011 号
二审合议庭成员：冯刚、张剑、葛红
二审结案日期：2009 年 12 月 14 日

判决要旨

经不可分割使用合作作品部分作者授权，出版合作作品，并为所有作者署名的，不侵犯其他作者著作权。

起诉与答辩

原告李树喜诉称：原告作为著作权人于 2007 年 3 月授权中央编译出版社出版《李树喜品评历代用人方略》（以下简称《方略》）。2008 年 12 月，原告发现被告人民出版社出版《察贤辩才》（以下简称涉案图书），该书署名被告黄书元为主编。经比对，涉案图书 95% 以上的内容与原告所著《方略》相同。涉案图书作为《党政干部科学发展观历史文化读本》十分畅销。原告认为，被告人民出版社在未经著作权人许可的情况下，擅自出版、发行以被告黄书元为作者的涉案图书，被告人民出版社的行为侵犯了原告的复制权和发行权，被告黄书元的行为侵犯了原告的署名权、保护作品完整权、复制权和获得报酬权。综上所述，诉请法院判令：（1）二被告立即停止销售并销毁涉案图书；（2）二被告在《新闻出版报》上刊登公开赔礼道歉声明；（3）二被告连带赔

偿原告经济损失和合理支出共计 108 000 元；（4）二被告承担本案诉讼费。

被告人民出版社、黄书元共同辩称：（1）涉案图书的主要内容来源于 1993 年北京出版社出版的《国史镜鉴（第二卷）（用人篇）》（以下简称《国史镜鉴（用人篇）》）。经比对，涉案图书中共计 104 篇文章，其中 102 篇文章来自于《国史镜鉴（用人篇）》，且篇名、篇章的顺序以及文章内容完全一致。（2）被告人民出版社在出版涉案图书时已经取得《国史镜鉴（用人篇）》的作者孙丽丽、王朝中、刘洪波的书面合法授权。原告亦向被告人民出版社提供了其本人身份证号和工商银行卡号，被告人民出版社实际向原告支付了相应的报酬。（3）原告署名出版的《方略》共计 149 篇文章，其中有 104 篇文章的内容系抄袭《国史镜鉴（用人篇）》中的内容，原告只是将个别文章篇名进行改动。且原告出版《方略》时并未征得《国史镜鉴（用人篇）》其他作者同意，故原告署名出版的《方略》系侵权图书，原告以侵权图书主张权利不能成立。（4）根据《国史镜鉴（第二卷）》一书的主编、责任编辑、署名撰稿人和其他实际撰稿人的证言，原告虽在《国史镜鉴（用人篇）》中署名为主编和撰稿人，但其实际并未参与《国史镜鉴（用人篇）》的创作，故原告并不享有著作权。

综上所述，二被告不同意原告的诉讼请求。

一审查明事实

原审法院查明：1993 年 9 月，北京出版社出版了《国史镜鉴（第二卷）》，主编为赵禄祥。该书共分为四篇，其中第一篇为用人篇，该篇署名主编是李树喜，4 名署名撰稿人是王朝中、刘洪波、孙丽丽、李树喜。

2007 年 3 月，中央编译出版社出版了《方略》，该书署名作者为李树喜。将《方略》和《国史镜鉴（用人篇）》进行比对，《方略》共含文章 149 篇，其中 104 篇文章内容与《国史镜鉴（用人篇）》内容基本相同，所占比例约达 70%。

2008 年 8 月，赖长扬和被告人民出版社签订了图书出版合同，合同约定被告人民出版社出版涉案图书，作者署名为主编黄书元、副主编赖长扬和赵禄祥。2008 年 12 月 16 日，《国史镜鉴（用人篇）》4 名署名撰稿人中的王朝中、孙丽丽、刘洪波出具授权书，授权被告人民出版社在《党政干部科学发展观历史文化读本》（黄书元主编，赖长扬、赵禄祥副主编）丛书中使用其在《国史镜鉴（用人篇）》中的作品，并同意不在上述丛书中署名。

2008 年 12 月，被告人民出版社依约出版了涉案图书，该书属于《党政干部科学发展观历史文化读本》丛书的一部，署名为主编黄书元、副主编赖长扬和赵禄祥。该书的前言部分列明了参加该书编写工作的人员名单，其中包括原告。将涉案图书与《国史镜鉴（用人篇）》进行比对，涉案图书中除"萧何捐嫌举曹参"、"刘邦用人不以无过为贤"两篇文章之外，其他文章均来源于《国史镜鉴（用人篇）》。"萧何捐嫌举曹参"、"刘邦用人不以无过为贤"两篇文章亦非来源于原告署名出版的《方略》。将涉案图书与原告署名出版的《方略》进行比对，两本图书约有 80% 的内容相同。

庭审中，1993 年出版的《国史镜鉴（用人篇）》4 名署名撰稿人中的王朝中、刘洪波二人作为证人出庭。两名证人陈述了《国史镜鉴（用人篇）》的撰写过程，即《国史镜鉴（用人篇）》初稿是原告所著，但《国史镜鉴（第二卷）》主编赵禄祥认为原告撰写的稿件不符合要求，故赵禄祥又组织王朝中、刘洪波、孙丽丽对原告的稿件全部进行了修改。但出于对原告劳动的尊重，才在《国史镜鉴（用人篇）》中给予原告主编和撰稿人的署名。现因年代久远，王朝中、刘洪波已经无法确定《国史镜鉴（用人篇）》中每一篇文章的权利归属。

另查明，关于被告人民出版社向原告支付报酬的问题，被告人民出版社主张其于 2009 年 3 月 31 日就涉案图书向原告支付过稿酬 3 001.6 元（其中已扣除个人所得税 358.4 元），支付方式为通过银行卡转账，该卡的户名为原告。原告对于被告人民出版社提交的银行客户留存凭证的真实性不持异议，并认可收到了该款项，但认为该凭证上没有汇款单位及汇款内容，不认可被告的证明目的。

涉案图书共出版 10 000 册，定价 22 元。

一审审理结果

原审法院认为：根据《著作权法》的相关规定，如无相反证据，在作品上署名的公民、法人或者其他组织为作者。本案中，《方略》一书署名作者为原告，在被告没有出示足以推翻上述署名状况的前提下，本院确认原告有权据此主张权利。

本案二被告所持主要抗辩意见系认为涉案图书的内容来源于先于《方略》出版的《国史镜鉴（用人篇）》，且涉案图书与《国史镜鉴（用人篇）》内容的相似程度明显高于涉案图书与《方略》内容的相似程度，故二被告并不构成对原告主张权利的侵犯。针对此情况，本院认为：（1）虽然涉案图书与《方略》的内容存在 80% 的相似，但根据涉案图书和《国史镜鉴（用人篇）》的内容比对结果，可以确认涉案图书的内容除两篇文章之外，其余内容全部来源于《国史镜鉴（用人篇）》，内容相似程度高达 98%，而且《方略》的内容亦不包括上述两篇文章。据此可以确认涉案图书与《国史镜鉴（用人篇）》的内容相似程度明显高于涉案图书与《方略》的内容相似程度。（2）由于《方略》和在先出版的《国史镜鉴（用人篇）》内容存在 70% 左右的相似，而

《国史镜鉴（用人篇）》系合作作品，原告仅系合作作者之一，在现有证据条件下，原告及其他3位合作作者均无法明确各自在《国史镜鉴（用人篇）》具体撰写内容，故可以认定《国史镜鉴（用人篇）》属于不可分割使用的合作作品。著作权的宗旨是保护作品创作者的权利，原告就《方略》与《国史镜鉴（用人篇）》大部分内容相似且与其他合作作者对合作作品著作权归属没有形成一致意见的情况下，二被告主张涉案图书内容来源于《国史镜鉴（用人篇）》，应属合理。综上所述，本院确认二被告的抗辩意见成立，即原告主张权利的《方略》与涉案图书中的相似内容，系来源于《国史镜鉴（用人篇）》，而非来源于原告据以主张权利的《方略》。原告依据《方略》主张二被告侵犯其著作权，依据不足。

在涉案图书出版之前，被告人民出版社已经得到《国史镜鉴（用人篇）》中除原告之外的其他3名合作作者的授权，在涉案图书中亦为原告进行了署名。按照《著作权法实施条例》的相关规定，在其他合作作者已经授权的情况下，原告无正当理由不得妨碍该合作作品的使用，故被告人民出版社出版的涉案图书中使用《国史镜鉴（用人篇）》中的内容有合法来源，且已向原告支付报酬，故二被告的行为不构成对原告所主张权利的侵犯。原告的诉讼请求，依据不足，本院不予支持。

综上所述，本院依据《中华人民共和国著作权法》第2条第1款，《中华人民共和国著作权法实施条例》第9条之规定，判决如下：

驳回原告李树喜的诉讼请求。

李树喜不服原审判决，提起上诉，请求二审法院撤销原审判决，改判支持上诉人的全部原审诉讼请求，本案全部诉讼费由被上诉人人民出版社和黄书元承担。其主要上诉理由是：（1）原审程序错误，遗漏了必须参加诉讼的当事人赖长扬、王朝中、刘洪波和孙丽丽；（2）原审法院认定《国史镜鉴（用人篇）》为合作作品及涉案图书已为李树喜署名系认定事实错误；（3）李树喜系《国史镜鉴（用人篇）》的唯一作者，涉案图书侵犯了李树喜对《国史镜鉴（用人篇）》依法享有的著作权，原审法院适用《中华人民共和国著作权法实施条例》第九条之规定认定《国史镜鉴（用人篇）》系合作作品系适用法律错误；（4）原审法院未对李树喜依法享有《国史镜鉴（用人篇）》一书的汇编权作出认定系漏审。

人民出版社、黄书元服从原审判决。

二审查明事实

二审法院确认原审法院查明的事实。另查明，李树喜对于涉案图书中除

"萧何捐嫌举曹参"、"刘邦用人不以无过为贤"两篇文章之外的 102 篇文章来自《国史镜鉴（用人篇）》且内容基本相同的事实予以确认。

二审审理结果

二审法院认为：根据我国《著作权法》规定，如无相反证明，在作品上署名的公民、法人或者其他组织为作者。上诉人李树喜为在《方略》一书上署名的作者，在无相反证据的前提下，其有权据此主张相关著作权。

同理，王朝中、刘洪波和孙丽丽 3 人作为和李树喜共同在《国史镜鉴（用人篇）》一书上署名的作者，在李树喜不能提供充分证据证明王朝中、刘洪波和孙丽丽不是该书作者的情况下，王朝中、刘洪波、孙丽丽 3 人和李树喜作为合作作者均依法享有《国史镜鉴（用人篇）》一书的著作权。由于李树喜未提交充分证据证明其对《国史镜鉴（用人篇）》单独享有著作权，故上诉人李树喜关于其系《国史镜鉴（用人篇）》的唯一作者及原审法院认定《国史镜鉴（用人篇）》为合作作品错误的上诉主张，无事实依据，本院不予支持。

根据本案查明的事实，上诉人李树喜在二审审理过程中明确认可涉案图书中除"萧何捐嫌举曹参"、"刘邦用人不以无过为贤"两篇文章之外的 102 篇文章来自《国史镜鉴（用人篇）》且内容基本相同。因此，被上诉人人民出版社和黄书元关于涉案图书中的主要内容来自《国史镜鉴（用人篇）》的抗辩主张成立。李树喜关于涉案图书侵犯《方略》一书著作权的主张缺乏依据，本院不予支持。

鉴于涉案图书已经通过在前言部分将李树喜列入参加该书编写工作人员名单的方式为李树喜署名，故李树喜关于原审法院认定涉案图书已为李树喜署名系认定事实错误的上诉主张依据不足，本院不予采信。

由于本案中李树喜据以主张权利的作品为《方略》一书，故其关于涉案图书侵犯了李树喜对《国史镜鉴（用人篇）》依法享有的著作权及原审法院未对李树喜依法享有《国史镜鉴（用人篇）》一书的汇编权作出认定系漏审的上诉主张缺乏法律依据，本院不予支持。

此外，上诉人李树喜关于原审程序错误，遗漏了必须参加诉讼的当事人赖长扬、王朝中、刘洪波和孙丽丽的上诉主张，依据不足，本院亦不予支持。

综上所述，上诉人李树喜的上诉理由不能成立，其上诉请求，本院不予支持。原审判决认定事实清楚，适用法律正确，应予维持。本院依据《中华人民共和国民事诉讼法》第 153 条第 1 款第（1）项之规定，判决如下：

驳回上诉，维持原判。

一审案件受理费 2 460 元，二审案件受理费 2 460 元，均由李树喜负担。

31.《楚汉—刘邦灭秦 V1.0》游戏软件著作权侵权纠纷案

——华益天信科技（北京）有限公司诉
北京皓辰网域网络信息技术有限公司

原告（被上诉人）： 华益天信科技（北京）有限公司
被告（上诉人）： 北京皓辰网域网络信息技术有限公司
案由： 侵犯著作权纠纷

一审案号： 北京市海淀区人民法院（2009）海民初字第 4278 号
一审合议庭成员： 王宏丞、王谦、刘民
一审结案日期： 2009 年 7 月 20 日
二审案号： 北京市第一中级人民法院（2009）一中民终字第 16562 号
二审合议庭成员： 姜颖、李冰清、周波
二审结案日期： 2009 年 12 月 15 日

判决要旨

网站经营者如果因网友上传内容的点击量增多获得广告收益或使网站价值的提高，则对网友上传的内容应承担较高的注意义务。在通常情形下，网站经营者可以通过对关键词的过滤和服务管理人员对相关内容进行审查，对于不宜被察觉的以论坛形式体现的数量较多的帖子，或通过附件上传侵权软件游戏，则适用通知删除规则。

起诉与答辩

原告华益天信科技（北京）有限公司（以下简称华益天信公司）诉称：我公司是从事手机游戏软件研发及销售的企业，为游戏的开发投入了巨大的人力、物力、财力。2006 年，我公司首次发表了《楚汉—刘邦灭秦 V1.0》游戏软件，并于 2007 年进行了计算机软件著作权登记。北京皓辰网域网络信息技术有限公司（以下简称皓辰网域公司）未经许可，在其经营的 IT168 网站（网址 http：//www.it168.com）上传了该游戏软件的破解版，获得巨大的访问量和经济收益，增高了网站知名度，导致我公司销售额减少。皓辰网域公司的

上述行为构成侵权，给我公司造成经济损失。我公司曾发函要求皓辰网域公司删除 IT168 网站的涉案游戏软件，但皓辰网域公司未予删除。现我公司起诉要求皓辰网域公司停止侵权，删除其网站中含有涉案游戏软件的下载程序的帖子，在该网站首页连续 1 个月致歉，赔偿经济损失 415 120 元及合理支出 7 640 元。

被告皓辰网域公司辩称：我公司经营的 IT168 网站仅提供存储空间，游戏软件系网友发帖上传至网站的手机论坛，责任应由上传者承担。我公司对于网站上存在的大量帖子无法一一审查以确认其是否构成侵权。华益天信公司取得著作权登记证书的时间晚于发表时间，其间存在矛盾，不可能没有开发完就先行发表。华益天信公司没有证明网站帖子中的游戏与华益天信公司的游戏软件内容一致，也没有证明网站上传的是破解版游戏。华益天信公司也没有证据证明我公司直接上传了涉案游戏，不能因网站存在涉案游戏就认定网站侵权。华益天信公司称曾经通过邮政快递致函我公司要求删除涉案游戏，但我公司并未收到上述邮件。在收到法院送达的诉讼材料后，我公司及时进行了删除。我公司重视知识产权。涉案游戏由用户上传，我公司没有侵犯华益天信公司的著作权，其要求赔礼道歉、赔偿损失等请求没有依据，其计算赔偿的方法也没有依据。律师费也不是必要支出，不应由我公司承担。

一审查明事实

原审法院查明：2007 年 3 月 22 日，华益天信公司作为著作权人在国家版权局申请计算机软件著作权登记，登记软件名称为"楚汉—刘邦灭秦（手机游戏软件）V1.0 [简称：楚汉]"，权利取得方式为原始取得，首次发表日期为 2007 年 2 月 1 日。

以上事实，有华益天信公司提交的国家版权局软著登字第 070406 号计算机软件著作权登记证书及登记时提交的申请表和所附软件源代码在案佐证。

皓辰网域公司表示登记证书上注明的发表日期早于登记日期，存在矛盾，无法看出源代码与涉案游戏的关联性。对此华益天信公司表示涉案游戏软件有一个较长的开发过程，2007 年 2 月发表是指上网试用的时间，同年 3 月产品基本成熟，进行了著作权登记。

2008 年 11 月 18 日，华益天信公司申请北京市海诚公证处进行公证，输入网址 sebbs. it168. com，进入 IT168 网站索尼爱立信手机网站主页，点击论坛，进行用户登录，通过输入网址，进入该论坛游戏/程序专区，点击标题为"（07.04.05）（楚汉之刘邦灭秦）（××版）（多机型）（策略类）"的帖子，显示上传时间为 2007 年 4 月 5 日，上传者为索爱幻想，帖子中明示为破解版，帖子附件为"K700.jar.（443.42KB）"，下载次数为 51 859次。

上述帖子中的部分截图在上传时经上传者选择设定，有 IT168 索爱论坛的水印。

2009 年 1 月 5 日，华益天信公司再次委托公证，进入 IT168 网站索爱论坛进行登陆，搜索"楚汉"等内容，证实该论坛中仍有少量涉案游戏的破解版下载，其中"国产最新 SLG 游戏《楚汉之刘邦灭秦》（多机型）（完美××版）"附件下载次数为 423 次。

上述公证费用为 2 500元，打印费为 140 元。公证书中除了涉案内容，还有圣石记等其他游戏的公证内容。

上述事实，有华益天信公司提交的（2008）京海诚内民证字第 8263 号，（2009）京海诚内民证字第 42 号公证书及公证费票据在案佐证。

皓辰网域公司认可上述证据，但表示无法证明公证中附件所含游戏即为华益天信公司主张的游戏版本。其表示游戏被上传的位置是论坛，发帖人即上传者是用户，网站对是否侵权并不了解，且不能证实是经过破解的版本。从华益天信公司的公证书内容可以看出，网站手机论坛的帖子数量很多。此外，页面显示的下载数量是点击次数，而非下载完成的数量，有时下载后不能打开，有时在尚未下载完成时，用户选择放弃，上述情况都影响该数量的准确性。公证书含有其他游戏的内容，不应全部认定为本案支出的费用。

对于上述意见，华益天信公司表示下载次数就是下载游戏成功的次数，并非点击数，下载过程很快，中间放弃的可能性很小；上述帖子的附件均为经过破解的游戏程序，可以下载后直接导入手机进行游戏操作，不需支付任何费用。上述游戏如果没有经过破解，需要付费才可以下载到手机进行操作，破解的就是需付费才能获得的进入程序。皓辰网域公司网站帖子中所谓的××版，就是破解版的意思，也有直接就叫破解版的，皓辰网域公司对此却没有审查。发帖量并不影响皓辰网域公司的审查义务。

关于皓辰网域公司对上述帖子中的游戏是否与华益天信公司游戏相同的质疑，华益天信公司直接进行了演示，附件游戏打开后游戏界面有华益天信公司公司的名称。皓辰网域公司认可公证书中通过论坛发帖形式上传的《楚汉—刘邦灭秦》游戏软件的内容与华益天信公司享有权利的软件相同。

华益天信公司提交了深圳市网兴科技有限公司出具的游戏产品定价证明，证实其代理华益天信公司的部分游戏在移动梦网下载超市发行，通过移动梦网百宝箱平台下载该游戏的价格为 8 元。

皓辰网域公司表示对上述定价不了解，其通过百度搜索，可以证明涉案游戏在其他网站亦有免费的破解版提供。

华益天信公司提交了其于 2008 年 12 月 31 日通过邮政快递发给皓辰网域公司的律师函，函件要求皓辰网域公司删除在 IT168 网站提供的含《楚汉—刘邦灭秦》等多款游戏软件的下载。华益天信公司表示皓辰网域公司收到邮件后并未删除，直到起诉后才采取措施，但并未删除帖子，而是使附件无法下载。皓辰网域公司表示其并未收到华益天信公司邮寄的信函，其对华益天信公司所述邮件送达的情况通过网络进行查询并进行了公证，华益天信公司信函封皮对信函内容的描述经过改动，原为"律师函"，后划掉改为"样办"，签收人姓名不易辨认。对此华益天信公司表示可能是快递公司在分类时进行了更改，其底单并未更改，邮件由皓辰网域公司的人员签收。皓辰网域公司表示经过核实，该公司没有在上述邮件中签字的收件人。开庭审理时，华益天信公司提请递送邮件的顺丰速运公司人员出庭作证，该公司员工景宗年出庭，表述从华益天信公司王英军律师处收取邮件，公司统一将纸张文件改为"样办"，对此其称系公司规定，没有合理解释，并表示其只负责接收邮件，无法证实送达的详细情况。

对上述信函的情况皓辰网域公司表示，从快递公司记录的时间看，该公司即便收到华益天信公司的信函，也是在 2009 年 1 月 4 日，当天是周日，而华益天信公司在 1 月 5 日就对网站内容进行了公证，没有给该公司足够的删除时间。华益天信公司表示其在第一次公证的一个月后再次进行的公证证实，涉案帖子仍然存在，下载次数有所增加。皓辰网域公司表示增加的次数极少，该游戏已不再被关注，价值降低。华益天信公司表示，即便没有上述函件，皓辰网域公司仍存在没有合理审查，构成侵权的问题。

上述事实，有华益天信公司提交的律师函及发送底单，皓辰网域公司提交的（2009）京方圆内经证字第 04694 号公证书在案佐证。

华益天信公司提交皓辰网域公司于 2009 年 2 月 13 日在 IT168 网站发出的要求各社区删除涉案游戏的通知。证实皓辰网域公司明知有破解版，却在此前未采取任何措施。皓辰网域公司表示其在得知上述含有游戏的帖子存在问题后，立即发布了禁止发布华益天信公司游戏软件的通知，并采取了措施，证实其尽到了注意义务。

皓辰网域公司提交了部分上传者的网名和基本情况等相关材料，以及将上述内容发送给华益天信公司的信函，证实其已向华益天信公司告知上传者注册情况，分布在全国各地，证实涉案内容由各地网友上传，与皓辰网域公司无关。

华益天信公司表示关于上传者的资料不完整，对于上传者的具体情况无法确定。

皓辰网域公司提交通过百度搜索的材料，证实《楚汉—刘邦灭秦》游戏在多个网站提供免费下载。华益天信公司对该证据的真实性无异议，但表示其他网站也存在侵权问题，不影响对皓辰网域公司侵权性质的认定。

皓辰网域公司提交了 ICP 登记证和管理机构对开设 BBS 公告栏的批复，以及网站的信息安全保密制度，及（2009）京方圆内经证字第 2213 号公证书，证实该公司为网络服务提供商。拥有完善的信息安全制度。对上述证据，华益天信公司认为不能证明皓辰网域公司对网站尽到了合理的审查义务。

皓辰网域公司还提交了其于 2009 年 2 月 13 日、2 月 19 日和 3 月 30 日所作的（2009）京方圆内经证字第 02210 号、02213 号和 4695 号公证书，证实该公司已经删除了涉案内容，断开链接。华益天信公司对此予以认可，但表示部分帖子的名称仍在，只是无法下载软件。

庭审中，华益天信公司表示皓辰网域公司网站对上传和下载破解版游戏有增加积分的奖励，积分增多的用户可以升级，增加威望和权限，因此网站存在鼓励网友上传、下载的行为，有侵权的故意，系与上传者共同侵权。华益天信公司提交 IT168 网站的摩托罗拉论坛中服务情况的打印件，证实网站针对发布游戏的多项加分内容中，发布原创、汉化破解游戏为最高的加分项目。华益天信公司表示其公证的游戏内容，部分即存在于摩托罗拉论坛。

经当场演示，上述版务内容仍存在于 IT168 网站。皓辰网域公司表示各个社区由版主负责，网站并不完全知晓；论坛主要通过关键词过滤的方式进行审查。审查帖子时仅对存在色情、反动等内容的帖子有过滤机制，其他并不能一一查证。

皓辰网域公司表示 IT168 网站在计算机行业和 IT 行业内数权威网站，主营业内新闻，不直接出售产品，论坛不是其网站的主要内容。华益天信公司认为皓辰网域公司网站有广告，有针对生产厂家和销售网站的链接。皓辰网域公司通过在论坛提供免费游戏吸引用户上网，使网站用户增加。涉案游戏上传时间较长，多款游戏明示是破解版，由此可见皓辰网域公司没有尽到合理的审查义务。

华益天信公司表示其诉讼请求中针对经济损失的请求系根据下载次数和正常情况下通过移动梦网付费下载的费用进行计算。皓辰网域公司认为上述计算方法明显不当。

皓辰网域公司表示现在部分手机游戏商通过网络免费提供游戏软件，吸引网友下载，但在后续的过关过程中再行收费，单纯从帖子中含有游戏内容，无法界定权利状态。华益天信公司表示涉案游戏系一次性销售，没有后续费用。

一审审理结果

原审法院认为：原告在《楚汉—刘邦灭秦》游戏软件中标注版权信息，并进行了计算机软件著作权登记，是该手机游戏软件的权利人。

被告经营的IT168网站手机论坛发帖中存在提供上述游戏软件破解版的附件，网友通过下载附件可将游戏程序导入手机，免费取得上述游戏软件，不必再通过移动通讯平台付费下载。上述破解并上传的行为构成对原告权利的侵犯。从公证的情况看，上述发帖存在于手机论坛，由各地不同网友上传，不能证明为由被告直接上传，被告未因此直接获利。但网站经营者因针对上传内容的点击量增多获得广告收益或使网站价值的提高，应承担较高的注意义务，对上传内容进行合理的审查。在通常情形下，网站通过对关键词的过滤和版务管理人员进行审查，对于以论坛形式体现的数量较多的帖子，通过附件上传侵权软件游戏的确不宜被察觉，故需权利人发现后给予提醒进行删除。本案中原告称向被告发送过告知删除函，被告表示并未收到。该信函签收人的签名不易辨认，原告申请的快递公司人员出庭亦未能证实收信情况，因此，该信函在形式上存在一定未能明确的因素，现无法确定被告是否收到上述信函。但在本案中，即便上述信函没有送达至被告，被告仍存在较为明显的过错。首先，公证书中涉及的提供涉案游戏软件的帖子多数在题目中即注明为"××版"或"破解版"，无须打开帖子观看附件即可了解帖子的性质和内容。被告自称为IT行业的权威网站，对上述用词的含义应当知晓，亦应知道提供此种软件会给权利人造成不利影响。其次，涉及《楚汉—刘邦灭秦》的帖子中，打开附件即可看到原告的公司名称，权属明确；且上述帖子在网站持续存在较长时间，造成大量的下载行为发生，被告称其未予注意和审查的理由不能成立。第三，被告网站的摩托罗拉论坛中的版务内容明确鼓励发布原创、汉化破解游戏。涉案游戏软件虽然未在上述论坛被公证，但作为版务内容，上述内容应代表网站的基本价值取向和针对此类行为的态度，网站不仅没有尽量避免此类行为的发生，反而对此类上传行为给予最高的加分奖励，直接鼓励破解上传的行为，此行为亦给被告网站带来大量的点击量，使被告获益，使原告销售软件的收益减少。综合以上因素，本院认定被告对其论坛内容未尽到合理的审查义务，存在过错，侵犯了原告针对其游戏软件享有的信息网络传播权，应承担停止侵权，赔偿损失的责任。虽然通过被告提供的搜索证据，可以证实尚有多家网站存在上述相似的行为，此类破解上传的行为已经形成一定的风气，但不能以此认定破解上传的行为合法。对于原告所诉上传行为侵犯了该软件作品的完整权，应赔礼道歉的诉讼请求，本院认为，原告认可所称破解主要是针对阻止未付费用户下载运行游戏的保护性程序部分，该部分被破解，仅使原告的经济利益受损，并未使游戏内容被歪曲篡改，并不影响该游戏内容的完整性，故对于原告的上述请求，本院不予支持。

关于被告表示通过技术措施使涉案帖子中的附件无法下载，已经完成的删除行为一说，原告认为应将整个帖子删除，才能视为停止侵权。本院认为，涉案帖子多数题目为"××版"或者"破解版"，与附件成为一个完整的侵权内容，删除应当针对该帖的全部内容，且附件如果无法下载，保留该帖无任何意义，故被告应将网站中的相关帖子整体删除。

关于赔偿数额，原告所诉数额过高，其计算方式并不恰当，在网站下载游戏的网友，在没有免费下载的条件时，并不一定直接通过移动梦网等方式付费购买，下载数量只是认定原告利益损失和被告侵权程度的因素之一。本院综合考虑涉案游戏发布时间、容量等价值因素，被告侵权的过错程度、使用方式和结果，酌定赔偿数额。原告为本案支出的合理费用，亦应由被告一并支付。律师费亦根据本院支持的赔偿数额在诉讼请求中所占比例酌减。因公证内容含有其他游戏的内容，公证费亦予以酌减。原告的诉讼请求过于超过本院支持的部分，原告应自行承担部分诉讼费用。

据此，本院依据《计算机软件保护条例》第 24 条第 1 款第（2）项、第（3）项，第 25 条；《中华人民共和国著作权法》第 48 条之规定，判决如下：

（1）本判决生效后，皓辰网域公司在其经营的 IT168 网站（网址 http：// www. it168. com）删除含有华益天信公司的《楚汉—刘邦灭秦》游戏下载附件的发帖；

（2）皓辰网域公司赔偿华益天信公司经济损失及合理支出 2.5 万元；

（3）驳回华益天信公司的其他诉讼请求。

皓辰网域公司不服原审判决提起上诉。

华益天信公司服从原审判决。

二审查明事实

二审法院查明的事实与原审法院查明的事实相同。

二审审理结果

二审诉讼过程中，经法院主持调解，双方当事人达成调解协议。

32.《堆云·堆雪》著作权侵权纠纷案

——李象群诉北京苏西黄咖啡屋有限公司

原告：李象群
被告：北京苏西黄咖啡屋有限公司
案由：侵犯著作权纠纷

一审案号：北京市朝阳区人民法院（2009）朝民初字第 29303 号
一审合议庭成员：苏志甫、王征、王德正
一审（终审）结案日期：2009 年 12 月 16 日

判决要旨

未经著作权人的许可，将他人雕塑作品临摹成油画，仅改变作品的大小、表现形式等，但整体内容相同的，属于复制他人作品的行为。

起诉与答辩

原告李象群诉称：原告是国内著名的雕塑家，曾创作了大量、有影响的雕塑作品，获得过多项国际国内大奖。《堆云·堆雪》雕塑作品是其创作的又一力作，该作品于 2008 年 7 月 8 日在第三届中国北京国际美术双年展会上展出后，在艺术界及社会上引起了巨大轰动，受到了高度评价。但是，2008 年 12 月，原告发现《堆云·堆雪》被被告临摹成油画，在其经营场所的会员"VIP区"作为装饰画使用，并将上述复制品用于《中国之翼》杂志以及其网站上的广告性宣传。被告未经许可，以商业方式使用《堆云·堆雪》作品，侵犯了原告对该作品享有的署名权、复制权、展览权、保护作品完整权以及获得报酬的权利。因此，原告诉至法院，请求判令被告停止侵权，在《中国之翼》杂志上及其网站上赔礼道歉、消除影响，支付精神损害抚慰金 5 万元并赔偿经济损失 50 万元，其中包括公证费 1 800 元、律师费 2 万元。

被告北京苏西黄咖啡屋有限公司（以下简称苏西黄公司）辩称：（1）原告未能举证证明其为《堆云·堆雪》雕塑作品的著作权人；（2）《堆云·堆雪》作品的图片自 2006 年就已经在互联网上传播，被告所使用的涉案油画是

对图片的临摹，而不是对雕塑作品本身的临摹，该油画作为临摹作品本身具有独创性和著作权，不构成对《堆云·堆雪》雕塑著作权的侵犯；（3）涉案油画是被告从市场上购买的，只是持有者而非创作者，即便该油画构成侵权，被告在购买时也无法分辨，因此，主观上没有过错，不应承担侵权责任。综上所述，不同意原告的诉讼请求，请求法院予以驳回。

一审查明事实

原审法院查明：李象群创作的雕塑作品曾在中国体育美术展览中获得特等奖、一等奖，在2002中国北京·国际城市雕塑艺术展中荣获优秀奖，并被中国美术大事记编委会收藏。李象群还被评为"第二届北京朝阳文化创意产业精英榜"精英人物。

2006年至2008年，李象群分两阶段创作了雕塑作品《堆云·堆雪》。其中，2006年创作完成了《堆云·堆雪》（泥稿），2008年又制作了《堆云·堆雪》（铜着色），尺寸为140cm×80cm，两阶段的作品仅材质不同。2008年7月，上述作品参加了第三届中国北京国际美术双年展。李象群还在其个人工作室的画册和个人网站上刊登了上述作品的照片。

2008年12月，苏西黄公司在《中国之翼》杂志上刊登了"苏西黄俱乐部"广告，广告所附的图片中显示的人物形象在视觉上与《堆云·堆雪》雕塑的人物形象基本相同。2009年6月19日、7月6日，李象群的代理人李军先后两次申请北京市国立公证处对苏西黄公司的网站（网址http://www.suziewong.com.cn）进行了证据保全，并分别取得了（2009）京国立内证字第2607号和第3061号公证书，根据公证书，在苏西黄公司的网站首页和"分区介绍"页面中均登载有与上述广告中相同的图片。

苏西黄公司在诉讼中表示其刊登在《中国之翼》杂志广告当中和其网站上的图片是对经营的苏西黄俱乐部内会员"VIP区"拍摄的照片，并出示了其在上述区域悬挂的油画。该油画的尺寸为200cm×120cm，将该油画与李象群涉案《堆云·堆雪》雕塑作品相比对，二者除了尺寸、颜色及局部存在差异外，在人物的整体造型、姿势、神态、服饰搭配等方面基本相同。李象群表示其从未许可他人以油画方式复制其作品，上述油画上亦未显示李象群的署名。

苏西黄公司提出上述油画是其在2008年10月进行装饰施工时，以800元的价格从潘家园旧货市场购买，但就此仅提交了该公司职工孟明的证言、青岛昌平装饰有限公司的证明及其原职工陈晓山的证言。

李象群为本案支出公证费1800元。李象群还于2009年6月11日与北京市欧亚律师事务所签订委托代理协议，其中约定本案基本代理费2万元、另按胜诉额的 25% 收取代理费；李象群称上述 2 万元律师代理费由其开办的北京华世象群文化艺术有限公司代为支付，并提交了相应的律师费发票。

诉讼中，李象群未说明涉案雕塑作品的销售价格，也未就涉案作品的市场价值提供相应证据。为证明苏西黄公司的营利情况，李象群提交了一份苏西黄公司的宣传册。该宣传册显示了苏西黄公司经营的苏西黄俱乐部会员卡年费标准，其中普通会员卡年费 2 888 元、VIP 金卡年费 16 888 元、VIP 钻石会员卡年费一次性充值 3 ~ 10 万元，商务卡一次性充值 5 ~ 10 万元。

另查明，苏西黄公司表示其已停止使用涉案油画，且已停止在广告宣传和网站上登载含有涉案油画的图片。李象群对此予以认可，并表示放弃要求苏西黄公司停止侵权的诉讼请求。

一审审理结果

原审法院认为：李象群为涉案雕塑作品《堆云·堆雪》的作者，其对该作品依法享有的著作权受法律保护，他人未经许可，不得使用。

本案中，李象群涉案作品的表现形式是雕塑，而苏西黄公司使用形式为油画，虽然二者载体不同，但除了尺寸、颜色及局部的部分差异外，二者在人物的整体造型、姿势、神态、服饰搭配等方面均基本相同，故涉案油画构成对《堆云·堆雪》雕塑作品的复制。对于苏西黄公司提出涉案油画为临摹作品，不构成对《堆云·堆雪》著作权侵犯的辩称，本院认为，首先，李象群表示从未许可他人以油画方式复制其作品，该油画上亦未显示李象群的署名；其次，虽然涉案油画与李象群的涉案作品存在部分差异，但在整体上仍构成对原作的再现，故对苏西黄公司的上述辩称，本院不予采信。同时，苏西黄公司作为上述油画的使用者，未提交充分证据证明该油画的合法来源，故其提出的其只是临摹作品的持有者，使用涉案作品没有过错，不应承担侵权责任的辩称，本院亦不予支持。

苏西黄公司未经著作权人许可在其经营场所将与涉案《堆云·堆雪》作品内容相同的油画作为装饰品使用，并在其广告宣传和网站上使用含有涉案油画照片的行为，侵犯了李象群对雕塑作品《堆云·堆雪》享有的署名权、复制权、展览权及获得报酬权，应承担相应的法律责任。

李象群还主张苏西黄公司的上述行为侵犯其保护作品完整权，本院认为，保护作品完整权是保护作品不受歪曲、篡改的权利，虽然涉案油画对李象群的作品进行了部分改动，但这种改动尚未达到歪曲、篡改的程度，故不构成对其保护作品完整权的侵犯。

综上所述，李象群要求苏西黄公司赔礼道歉、消除影响、赔偿损失的诉讼请求，于法有据，本院予以支持。鉴于李象群认可苏西黄公司已停止侵权并表示放弃停止侵权的诉讼请求，故本院对此项请求不再进行处理。对于赔礼道歉、消除影响的方式，因在报刊上公开致歉，已经足以达到消除苏西黄公司涉案侵权行为所造成的不良影响的效果，故对李象群要求苏西黄公司在其网站上刊登致歉声明的请求，本院不再予以支持。关于赔偿损失的数额，鉴于李象群未举证证明其遭受的实际损失，仅依据苏西黄公司会员卡年费标准也无法确定苏西黄公司因涉案侵权行为的实际获利，故本院将根据李象群的知名度、涉案作品的独创性程度、苏西黄公司的侵权情节、主观过错程度及李象群为本案支付的合理费用等因素酌情确定。

对于李象群要求苏西黄公司支付精神损害抚慰金的诉讼请求，本院认为，结合苏西黄公司的涉案侵权情节及李象群的现有证据，适用消除影响、赔礼道歉的责任方式已经足以弥补涉案侵权行为所造成的损害，李象群也未举证证明其受到了适用上述责任方式仍无法弥补的严重精神损害，故对其此项请求，本院不予支持。

综上所述，本院依据《中华人民共和国著作权法》第46条第（11）项、第47条第（1）项、第48条之规定，判决如下：

（1）被告北京苏西黄咖啡屋有限公司自本判决生效之日起30日内，履行在《中国之翼》杂志上刊登声明的义务，向原告李象群公开致歉，以消除影响（声明内容须在本判决生效后10日内送本院审核，逾期不履行，本院将依法公开本判决主要内容，费用由北京苏西黄咖啡屋有限公司负担）。

（2）被告北京苏西黄咖啡屋有限公司自本判决生效之日起10日内，赔偿原告李象群经济损失2.5万元。

（3）被告北京苏西黄咖啡屋有限公司自本判决生效之日起10日内，赔偿原告李象群为诉讼支出的合理费用1万元。

（4）驳回原告李象群的其他诉讼请求。

案件受理费9 300元，由李象群负担3 300元，由北京苏西黄咖啡屋有限公司负担6 000元。

双方当事人均服从原审判决。

33.《谋女郎李曼浓艳歌女照》著作权侵权纠纷案
—— 北京天海川媒体技术有限公司诉
北京搜狐互联网信息服务有限公司

原告（被上诉人）： 北京天海川媒体技术有限公司
被告（上诉人）： 北京搜狐互联网信息服务有限公司
案由： 侵犯著作权纠纷

一审案号： 北京市海淀区人民法院（2009）海民初字第 10028 号
一审合议庭成员： 卢正新、刘岭、马贵繁
一审结案日期： 2009 年 9 月 27 日
二审案号： 北京市第一中级人民法院（2009）一中民终字第 19039 号
二审合议庭成员： 任进、张晰昕、邢军
二审结案日期： 2009 年 12 月 18 日

判决要旨

仅凭作品上的网站水印、作品来源等标注，不足以认定该作品系法人作品。判断某一作品是否构成法人作品，应根据作品的性质、创作过程等因素综合判断。

起诉与答辩

原告北京天海川媒体技术有限公司（以下简称天海川公司）诉称：天海川公司是依法从事提供互联网信息服务业务的知名企业，是"中国娱乐网"（又名"狗仔网"，http：//www.67.com）的所有人。自网站成立以来，天海川公司投入了大量人力、财力，组织公司员工采访、拍摄、撰写了大量的娱乐行业独家纪实性、评论性文章及摄影作品，受到了社会的广泛关注，产生了较大的社会影响，"中国娱乐网"已经成长为目前国内最具影响力的独立娱乐网站之一。天海川公司为这些文章和图片的创作，付出了创造性的劳动和实质性的投资，对此类创作成果享有著作权和相应的商业利益。北京搜狐互联网信息服务有限公司（以下简称搜狐公司）及其所有的"搜狐"（http：//www.

sohu.com）网站，未经天海川公司许可，自 2007 年以来大肆抄袭、恶意删改天海川公司网上的文章和图片，搜狐公司的行为既未征得天海川公司同意，亦未向天海川公司支付任何报酬，严重侵犯了天海川公司依法享有的合法权益。现提起诉讼，请求法院判令：（1）搜狐公司在其网站首页显著位置及《法制日报》上就其侵权行为向天海川公司公开赔礼道歉，消除影响，道歉声明刊登时间为连续 3 个月；（2）搜狐公司赔偿天海川公司 10 万元；（3）搜狐公司承担天海川公司因本案而支出的合理费用共计 12 500 元。

被告搜狐公司辩称：天海川公司主张其是涉案作品的著作权人与事实不符，搜狐网刊载的涉案作品不构成侵权。搜狐公司已经删除了涉案作品，天海川公司提出的赔偿数额过高，其主张的合理费用不具有合理性，因此不同意天海川公司的诉讼请求。

一审查明事实

原审法院查明：天海川公司是中国娱乐网（又名"狗仔网"，http：//www.67.com）的所有人。搜狐公司是搜狐网（http：//www.sohu.com）的所有人。

2008 年 9 月 24 日，经天海川公司申请，北京市求是公证处对中国娱乐网和搜狐网部分内容进行了证据保全公证。公证内容显示：

（1）中国娱乐网登载的《独家：陈道明冒雨夜访左小青　关系密切圈内尽人皆知》中的 2 幅图片与搜狐网《陈道明冒雨探访左小青六小时　曝与其关系亲密》中的 2 幅照片相同，且在文章中提及："狗仔网称，这组爆料图是他们于 2006 年 12 月潜入左小青所住公寓车库拍摄的……"

（2）中国娱乐网登载的《周迅搭上老板王中磊　两人被爆公开揽腰摸胸坐大腿》与搜狐网的同名文章内容基本一致。在搜狐网文章标题下注明"来源：千龙网"，但在文章末尾处注明"来源：狗仔网"，且在文章中多处提及："工作人员向狗仔网爆料……"

（3）中国娱乐网登载的《臧天朔转战南京培养新人　要为奥运唱好歌》中的 3 幅图片及文章内容与搜狐网同名文章相同；搜狐网文章中涉案图片有狗仔网水印，且文章末尾处注明"狗仔网　朱玮杰/文　宏伟/图"。

（4）中国娱乐网登载的《独家：郭峰、斯琴格日乐众明星美国迎奥运被骗流落街头》中 1 幅图片与搜狐网登载的《斯琴格日乐被央视导演骗到美国流落街头》1 幅图片相同，且搜狐网在图片下注明"中国娱乐网供图"。搜狐网登载的文章《斯琴格日乐被央视导演骗到美国流落街头》、《众明星美国受骗　冒充央视导演已构成欺诈之嫌》、《六位歌手被骗美国始末：华人观众埋怨"罢演"》、《驻洛杉矶领事馆：不存在六名歌星海外流落街头》中分别注明来源于"中国网"、《沈阳晚报》、《北京日报》、"中国经济网"，上述文章涉及的事实基本一致，但描述存在差异，且搜狐网中提及："冯晓泉、斯琴格日乐接受本报记者电话采访"、"本报记者随即联络到冯晓泉的助理"等情节。

（5）中国娱乐网登载的《"绯闻男女"田亮与叶一茜国庆后北京插队结婚》中的1幅图片与搜狐网登载《田亮、叶一茜被曝领结婚证 忘带照片还插队》中的1幅图片相同，搜狐网文章中注明来源于《潇湘晨报》。上述两篇文章中涉及的事实及描述基本一致，且多次提到"网友L小姐在中国娱乐网爆料"等情节。

（6）中国娱乐网登载的《独家：牛群与刘肃正式离婚 廿五载模范夫妻一拍两散》与搜狐网登载的《牛群与结发25载妻子正式离婚》文章内容基本相同，搜狐网登载的文章题目下注明来源于"中国日报网站"，但在文章结尾处注明"来源：中国娱乐网"，且文中提及："中国娱乐网昨天接到独家爆料……"

（7）中国娱乐网登载的《郑钧20年恋情末路 同"灰姑娘"离婚散场》中的2幅图片及文章内容与搜狐网登载的《郑钧20年灰姑娘恋情结束》相同，搜狐网文章中注明来源于《京华时报》，但图片中有中国娱乐网水印，且文章提到"向中国娱乐网爆料"、"向中国娱乐网证实"等情节。

（8）中国娱乐网登载的《独家：刘晓庆第三次离婚 阿峰两年前痛哭跪求仍被甩》中的1幅图片及文章内容与搜狐网登载《人物：刘晓庆能同甘难共苦再离婚》相同。搜狐网文章中标题下注明来源于《京华时报》，但图片中有中国娱乐网水印，且文章提到"向中国娱乐网独家爆料"情节，文章末尾注明"来源：中国娱乐网。"

（9）中国娱乐网登载的《赵薇、王励勤共同出游遭曝光 吃路边摊被拍》一文中的5幅图片及部分文章内容与搜狐网登载《赵薇、王励勤共同出游遭曝光 经纪人独家回应》、《网友曝王励勤、赵薇同游 车内赵薇打电话》相同，文中提及"有网友在论坛上曝光了……"等内容，搜狐网文章中注明"来源：搜狐娱乐"。

（10）中国娱乐网登载的《谋女郎李曼浓艳歌女照》中13幅图片与搜狐网登载的《谋女郎李曼浓艳写真》相同，且搜狐网登载的图片中有中国娱乐网栏目"67美人志"水印。

上述涉案的图片为28幅，字数约为8 000字。

本案审理过程中，天海川公司提交了周唯等人的身份证件及著作权归属证明，称相关图片、文字系受天海川公司工作安排创作，著作权归天海川公司所有；天海川公司还提交了韩炳江等人的身份证件及著作权归属证明，称相关图片、文字均是本人原创，著作权归天海川公司所有。此外，天海川公司还提交了《场地合作协议书》、《拍摄协议书》，主张该公司为拍摄李曼的相关照片聘请了摄影师、租用了场地。搜狐公司对上述证据均不予认可。

天海川公司支付公证费 2 500 元、律师费 5 000 元。

一审审理结果

原审法院认为：在无相反证据证明的情况下，在作品上署名的公民、法人或者其他组织为作者。由法人或者其他组织主持，代表法人或者其他组织意志创作，并由法人或者其他组织承担责任的作品，法人或者其他组织视为作者。中国娱乐网上登载的文章注明了来源于该网站，图片上印有该网站标识的水印，上述方式可视为一种表明权利人身份的做法，但从相关作品性质看，显然不属于著作权法意义上的法人作品范畴，故不能认定上述作品为天海川公司的法人作品。

公民为完成法人或者其他组织工作任务所创作的作品是职务作品，著作权一般由作者享有，但根据合同约定可由法人或者其他组织享有署名权以外的其他权利。根据天海川公司提交的相关证明，本院确认作者为天海川公司工作人员周维等人的相关文章和图片属于职务作品，其著作权中的财产权归天海川公司享有。另外，根据韩炳江等人的声明，本院确认其发表在中国娱乐网上的文章和图片的著作财产权归天海川公司享有。

根据对比，搜狐网上登载的《斯琴格日乐被央视导演骗到美国　流落街头》一文与中国娱乐网上的相关作品对相同事实在描述上存在差异，且从文章内容看系相关报刊的记者直接采访当事人后创作完成。故搜狐公司登载上述文章不侵犯天海川公司的著作权。

搜狐网登载的《赵薇、王励勤共同出游遭曝光　经纪人独家回应》、《网友曝王励勤、赵薇同游　车内赵薇打电话》与中国娱乐网登载的相关图片及文章内容相同。考虑到上述作品的性质，基本排除了不同作者独立创作完成的可能性。由于搜狐公司无法提供上述作品的来源，故本院认定搜狐公司使用了天海川公司享有著作权的作品。

搜狐网登载的其他涉案文章及图片与中国娱乐网登载的相关内容相同或基本一致，且文章或图片中或直接注明来源于中国娱乐网，或印有中国娱乐网的水印，或从文章内容看显然来源于中国娱乐网，在搜狐公司无法提供合理解释的情况下，本院认定搜狐公司使用了天海川公司享有著作权的作品。

综上所述，搜狐公司未经许可，使用天海川公司享有著作财产权的文章和图片，侵犯了天海川公司的信息网络传播权，应承担停止侵权、赔偿损失的法律责任。天海川公司对涉案作品仅享有著作财产权，无权主张搜狐公司赔礼道歉，本院对天海川公司赔礼道歉的诉讼请求不予支持。至于赔偿数额，本院将考虑涉案作品价值、天海川公司支付的拍摄费用、搜狐公司过错程度、侵权情节、后果等因素酌定，不再全额支持天海川公司的诉讼请求。搜狐公司为本案支出的公证费、律师费等诉讼合理支出，天海川公司亦应一并赔偿，具体数额本院依法予以判定，不再全额支持天海川公司的诉讼请求。

综上所述，本院依据《中华人民共和国著作权法》第 16 条、第 17 条、第 47 条第（1）项、第 48 条之规定，判决如下：

（1）本判决自生效之日起 10 日内，搜狐公司赔偿天海川公司经济损失及合理诉讼费用共计 19 800 元；

（2）驳回天海川公司的其他诉讼请求。

搜狐公司不服原审判决，提起上诉，请求二审法院撤销原审判决，判决驳回天海川公司的诉讼请求或发回原审法院重审。其主要理由是：（1）原审法院认定事实有误，天海川公司未能证明其系涉案作品的著作权人。天海川公司原审中提交的权属证明仅为涉案文章中署名人员周维等人的著作权归属证明及身份证复印件，但因无法核实其签名的真实性而无法判断上述著作权让渡给天海川公司系作者的真实意思表示。天海川公司虽主张上述作品系职务作品，但未提交证据证明天海川公司与周维等人之间的劳动合同关系。（2）在原审庭审过程中，天海川公司已当庭放弃了对律师费的诉讼请求，而原审判决中又认定"天海川公司支付律师费 5 000 元"的事实，这属于程序违法。（3）原审法院判决确定天海川公司为著作权人属于适用法律有误。原审法院查明搜狐网中文章《赵薇、王励勤共同出游遭曝光　经纪人独家回应》、《网友曝王励勤、赵薇同游　车内赵薇打电话》两文均在文章中注明了来源"搜狐娱乐"，根据《著作权法》第 11 条的规定，应认定上述两篇文章的著作权人均为搜狐公司。原审法院无视搜狐署名，以搜狐公司无法提供合理解释为由，认定搜狐公司使用了天海川公司享有著作权的作品，属于适用法律有误。（4）原审判决所判赔偿金额过高。原审判决最终确定赔偿金额为 19 800 元属于主观臆断，没有任何标准。搜狐公司诉天海川公司的（2009）海民初字第 6653 号案件与本案情况类似，该案确定的赔偿金额仅为 19 650 元，且该案中天海川公司的主观恶意更为明显，但判决赔偿额却与本案差距很大。另外，搜狐公司在收到本案诉状后及时对涉案文章进行了删除，搜狐公司主观上并无过错，原审判决所判赔偿数额过高应予以纠正。

天海川公司服从原审判决。

二审查明事实

二审法院认定原审法院查明的事实，另查明：在本案二审审理过程中，搜狐公司明确表示放弃其上诉状中关于原审判决认定"天海川公司支付律师费5 000元"的事实属于程序违法的上诉理由，并提交一份新证据，即（2009）海民初字第6653号民事判决书。

另查明，经公证的中国娱乐网相关网页显示，该网中的《赵薇、王励勤共同出游遭曝光　吃路边摊被拍》一文的上传时间为"2008 - 09 - 18　08：51：53"。该文中载有以下内容："山东网友Z小姐昨日向中国娱乐网独家提供了几段偷拍的视频，据她介绍说，自己一贯爱八卦，而老公又爱车，9月5日那天两人在山东某段高速路上休息区首先是被一辆保时捷SUV吸引，然后意外发现车里的人居然是王励勤和赵薇，于是向中国娱乐网独家提供了有关信息资料。"经公证的搜狐网相关网页显示，该网中的《赵薇、王励勤共同出游遭曝光　经纪人独家回应》一文的上传时间为"2008 - 09 - 18　07：39"，《网友曝王励勤、赵薇同游　车内赵薇打电话》一文的上传时间为"2008 - 09 - 18　09：08"。

天海川公司在原审期间提供的证据材料中包括一份由郑莉莉出具的《著作归属权证明》，该证明中载明："本人郑莉莉，兹证明自2008年9月18日至今，发布在中国娱乐网的文章《赵薇、王励勤共同出游遭曝光　吃路边摊被拍》（网址 http：//news. 67. com/files/2008/9/18/144838. shtml）等文字、图片均是本人原创，其著作权归北京天海川媒体技术有限公司所有。"

在本案二审审理过程中，搜狐公司虽对涉案作品的著作权属于天海川公司提出质疑，但未提交任何反证。搜狐公司虽主张其系《赵薇、王励勤共同出游遭曝光　经纪人独家回应》、《网友曝王励勤、赵薇同游　车内赵薇打电话》两篇文章的著作权人，但除指出上述两篇文章注明的来源为"搜狐娱乐"外，未提交任何证据予以佐证。

二审审理结果

二审法院认为：原审法院根据中国娱乐网上刊载的涉案作品的署名、周维等人的身份证件及著作权归属证明及韩炳江等人的身份证件及著作权归属证明等材料，确认涉案文章、图片的著作财产权归属于天海川公司并无不当，本院仍予以确认。搜狐公司虽对涉案作品的著作权属于天海川公司提出质疑，但未提交任何反证，故对于搜狐公司的该项上诉理由本院不予支持。

虽然搜狐网上的《网友曝王励勤、赵薇同游　车内赵薇打电话》、《赵薇、王励勤共同出游遭曝光　经纪人独家回应》两篇文章中，一篇文章载明的上传时间晚于中国娱乐网上的《赵薇、王励勤共同出游遭曝光　吃路边摊被拍》一文载明的上传时间，而另一篇文章载明的上传时间早于《赵薇、王励勤共同出游遭曝光　吃路边摊被拍》一文载明的上传时间，但本院认为，由本院查明事实可知，《赵薇、王励勤共同出游遭曝光　吃路边摊被拍》一文中载有该文来源的说明，而天海川公司原审提交的证据材料中亦有作者的著作权归属证明，两者已经形成证据链，在无相反证据的情况下可以证明天海川公司对《赵薇、王励勤共同出游遭曝光　吃路边摊被拍》一文享有著作权。搜狐公司仅根据文章中载明的上传时间对此提出质疑，并主张其系《赵薇、王励勤共同出游遭曝光　经纪人独家回应》、《网友曝王励勤、赵薇同游　车内赵薇打电话》两篇文章的著作权人，但除指出上述两篇文章注明的来源为"搜狐娱乐"外，未提交任何证据予以佐证，故本院对搜狐公司该项上诉理由不予支持。

原审法院根据涉案作品价值、天海川公司支付的拍摄费用、搜狐公司过错程度、侵权情节、后果等因素酌情确定赔偿数额及赔偿天海川公司的诉讼合理支出并无不当，（2009）海民初字第6653号案件的判决情况与本案并无关联性，故搜狐公司关于原审判决所判赔偿数额过高的主张并无事实及法律依据，本院不予支持。

综上所述，原审判决程序合法，认定事实清楚，适用法律正确，依法予以维持。搜狐公司的上诉理由缺乏事实与法律依据，本院不予支持。本院依据《中华人民共和国民事诉讼法》第153条第1款第（1）项之规定，判决如下：

驳回上诉，维持原判。

一审案件受理费2 550元，由天海川公司负担2 000元，由搜狐公司负担550元；二审案件受理费295元，由搜狐公司负担。

34. 电影《证人》著作权侵权纠纷案

——英皇影业有限公司诉北京时越网络技术有限公司等

原告（上诉人）：英皇影业有限公司
被告（被上诉人）：北京时越网络技术有限公司
被告（原审被告）：北京搜狐互联网信息服务有限公司
一审案号：北京市第一中级人民法院（2009）一中民初字第 4761 号
一审合议庭成员：仪军、王晫、刘颖杰
一审结案日期：2009 年 6 月 23 日
二审案号：北京市高级人民法院（2009）高民终字第 5381 号
二审合议庭成员：张雪松、莎日娜、焦彦
二审结案日期：2009 年 12 月 19 日

判决要旨

提供搜索、链接服务的网络服务提供者主动设置各种专栏，对提供的大量内容进行具体的分类、列表，具有较强的专业性，有能力对提供的内容是否存在侵权作出应有的判断；对院线公映期间的电影作品应有警觉；接到权利人的通知后仍能实现侵权影片的搜索，应属放任侵权行为发生，应认定主观上有过错。

起诉与答辩

原告英皇影业有限公司（以下简称英皇公司）诉称：银都机构有限公司与英皇公司是电影《证人》的共同出品人，依双方约定，英皇公司对电影《证人》享有包括信息网络传播权在内的独占性著作权。2008 年 11 月 12 日，英皇公司委托浙江天册律师事务所江青海律师分别以邮政特快专递和电子邮件的方式告知北京时越网络技术有限公司（以下简称时越公司）、北京搜狐互联网信息服务有限公司（以下简称搜狐公司），英皇公司作为电影《证人》的单一著作权人，暂未考虑授权任何商业机构和个人通过视频共享的方式传播电影《证人》，任何通过时越公司、搜狐公司运营网站平台传播电影《证人》的行

为均属违法，并提醒时越公司、搜狐公司应尽到善良管理人的注意义务，屏蔽或阻断通过其网络平台传播电影作品《证人》的行为，否则应当承担侵权责任。2008年12月11日，英皇公司调查发现，时越公司发布并管理的"uusee网络电视"客户端软件能搜索链接并直接播放来源于搜狐公司所有并经营的"搜狐网"上的电影作品《证人》，并且点击"uusee网络电视"客户端上的视频链接后，搜狐公司所有并经营的"搜狐网"的"搜狐博客"栏目播放电影《证人》。英皇公司认为时越公司、搜狐公司明知或者应知英皇公司的电影作品《证人》载其经营的运营平台上非法传播，但未能尽到合理的注意义务，没有及时采取屏蔽或者阻断等有效措施防止非法传播行为，给英皇公司造成了重大经济损失，因此，时越公司、搜狐公司应当向英皇公司承担侵权责任。据此，英皇公司请求法院判令时越公司、搜狐公司停止侵权并赔偿原告经济损失15万元以及诉讼合理支出1 320元。

被告时越公司辩称：（1）时越公司提供的是一项搜索服务，涉案影片并非来源于时越公司；（2）英皇公司所称发送的通知，没有按照规定提供具体的网络地址；（3）涉案的UUSEE播放软件只提供技术支持，其与节目的传播没有直接联系。综上所述，时越公司不存在主观过错，不应当承担共同侵权的责任，请求法院判令驳回英皇公司的全部诉讼请求。

被告搜狐公司辩称：（1）涉案影片存放在搜狐博客上，并且是由网友自行上传的，搜狐公司主观上没有故意，并且在接到起诉状后已经删除；（2）搜狐公司现在已经取得了相应的授权，现在已经正常播放；（3）英皇公司起诉要求搜狐公司承担连带责任没有依据。从公证书上可以看出，涉案影片的搜索结果有很多，点击其中任何一个结果都可以播放涉案影片。并且在搜狐公司网站上可以直接点击播放，不一定需要时越公司的播放软件。综上所述，请求法院驳回英皇公司的全部诉讼请求。

一审查明事实

原审法院查明：英皇公司提交的《证人》DVD上显示"银都机构有限公司、英皇影业有限公司联合出品。"该DVD在播放过程中显示"2008年11月20日全国公映"。

国家广播电影电视总局电影管理局颁发的电影片公映许可证上载明，电影《证人》的出品单位及摄制单位均为银都机构有限公司和英皇公司。

2008年5月30日，英皇公司与银都机构有限公司签订《版权及权利归属声明契约》，其中约定："就吴炜伦编剧，林超贤导演，谢霆锋、张家辉、张静初出演的影片《证人》（以下简称本片）的版权归属，银都机构谨此声明如下：（1）英皇公司系本片的唯一所有权人，拥有本片所有和全部现有及将来之全世界版权、智慧产权、财产权、一切邻接权及衍生权利包括但不限于在全世界以现有及将来之传播媒体或载体复制、发行、分发、传送及运用这些材料及其版权之全部或其任何部分，以及其出售、租用、出借及商品开发权利等权利和利益［统称"版权"（或称著作权）］。（2）如任何国家或地方的法律认定银都机构有限公司享有本片的版权或视银都机构有限公司为本片的作者或版权第一拥有人或受益人，银都机构有限公司谨此放弃该等版权和权益，特此同意向版权人转让及以不可撤销形式授予版权人本片所有和全部现有及将来之全世界版权，包括就发生侵害本片上述任何权利的行为作出诉讼、追偿及其他补救的权利。银都机构有限公司绝对不会对本片的版权或任何权益（不论是财产权、经济获益权、人格权或其他性质的权利）作任何主张。"

2008年11月12日，浙江天册律师事务所向时越公司和搜狐公司以特快专递和电子邮件两种方式分别发送了律师告知函，内容为："浙江天册律师事务所接受英皇公司的授权委托，就电影作品《证人》的著作权事宜函告如下：（1）电影《证人》由英皇公司和银都机构有限公司联合出品，英皇公司为电影《证人》在中国大陆地区的著作权人，依法拥有该电影在中国大陆地区的独占性电影放映权、电视播映权和信息网络传播权等所有著作权利。（2）电影《证人》将于公元二〇〇八年十一月十八日起在中国各地电影院线开始公映，为维护著作权人的合法权利，英皇公司特此委托浙江天册律师事务所以及其合作单位执行电影《证人》的著作权保护行动方案。（3）英皇公司为电影《证人》在中国大陆地区的单一著作权利人，英皇公司已将相关著作权利授权北京光线影业有限责任公司（以下简称光线公司）行使，任何未经英皇公司和光线公司许可并向其支付费用而通过电视台以及互联网络传播该电影全片或部分片段的行为均属违法，英皇公司保留向任何非法传播机构追究法律责任的权利。（4）浙江天册律师事务所将联合全国范围的合作律师事务所和专业的互联网络监控机构执行电影《证人》公映期间以及后续的全程著作权保护方案，浙江天册律师事务所律师将代表英皇公司对各类侵权行为根据其情节严重程度，依法启动相关行政和民事程序，以最大限度的维护英皇公司的合法权利。（5）在未取得英皇公司和光线公司许可的情况下，各互联网影视宽频公司请勿通过所有或经营的网站传播电影《证人》的片段或全片；如果各影视宽频公司是通过各SP或CP公司提供内容的方式经营网站，请各影视宽频公司严格审核SP或CP公司的权利证明，相关事项可以通过浙江天册律师事务所律师验证SP或CP公司权利的真实合法性。（6）在未取得英皇公司和光线公司许可的情况下，各互联网视频直播网站请勿通过所有或经营的网站传播电影《证人》的片段或全片，如果各互联网视频直播网站是通过第三方公司提供内容的方式经营网站，请互联网视频直播网站严格审核第三方公司提供的权利证明，相关事项可以通过浙江天册律师事务所律师验证第三方公司提供的权利文件的真实合法性。（7）在未取得英皇公司和光线公司许可的情况下，请各互联网视频下载网站运营商和互联网视频下载软件运营商注意：任何通过贵公司所有或运营的互联网视频下载网站和互联网视频下载软件传播电影《证人》的行为均属违法，互联网视频下载网站运营商和互联网视频下载软件运营商在接到本公告或相关公告后，应尽到善良管理人的注意义务，屏蔽或阻断通过其运营的平台或软件传播电影《证人》行为，否则将承担连带的侵权责任。（8）英皇公司和光线公司暂未考虑授权任何商业机构和个人通过视频共享的方式传播电影《证人》，请各视频共享网站注意：任何通过贵公司所有或运营的视频共享网站平台传播电影《证人》的行为均属违法，根据中华人民共和国著作权法律、法规和相关著作权国际条约的规定，所有或运营视频共享网站的公司在接到本公函后，应尽到善良管理人的注意义务，屏蔽或阻断通过其视频共享平台传播电影《证人》的行为，否则将承担连带的侵权责任。"与该告致函一并发送的还有《证人》的电影片公映许可证、英皇公司出具的版权证明书以及英皇公司为浙江天册律师事务所出具的授权委托书。根据中国速递服务公司全程跟踪查询结果以及经过公证的电子邮箱显示，时越公司和搜狐公司收到了上述特快专递和电子邮件。

2008 年 12 月 11 日，英皇公司的委托代理人胡益鹏登陆"悠视网"（http：//www.uusee.com），就该网站在线播放涉案电影《证人》的过程进行了公证。在该网站的"媒体报道"一栏中有如下内容："悠视网新版客户端 UUSee 网络电视 2008 正式上线，该软件是目前业界首家聚合网络电视和海量微视频内容的软件。"进入"悠视网"首页右上角的"UUSee 客户端下载"出现"UUSee2008 页面"，点击下载"UUSee2008 客户端软件"，并且在本地计算机硬盘上安装运行，出现"UUSee 网络电视"软件界面，其中在播放器界面上显示"UUSee 网络电视 2008（C）2005 - 2008 UUSEE.COM 保留所有权利"。在该软件界面的下端有滚动的广告，例如"破译强直性脊柱炎发病基因、睡觉减肥瘦到你尖叫"等。在该软件的"很快搜索"一栏中输入"证人"会显示电影《证人》的全部视频截图，在每个截图下面都显示"播放　下载　收藏"3 种选择，并且显示该视频的来源网站，点击其中的一个名为"证人 - cd1 DVD"、内容来源显示为"V.blog.sohu…"的视频结果截图，会在该软件的播放器中开始播放电影《证人》，在电影播放的过程中，播放器的右下角始终会显示"video.sohu.com"，在播放器的下端滚动播放广告，例如"糖尿病——世界看中医"、"肺结核——国药新突破"等，在该软件界面的下端显示"UGC 视频来源：http：//v. blog. sohu. com/u/vw/1987014"。在该软件的上端显示"专业三防保暖音乐夹克"的广告。在该软件的右端还设有"收视指南"、"热播排行"等栏目。之后，点击上述 UGC 来源网址，进入"搜狐博客·视频"网页，开始播放电影《证人》，在该页面的右端设有"人气专区"、"相关视频"、"推荐视频"等栏目。播放往后，在"悠视网"以及"搜狐博客·视频"网页重复上述过程播放"证人–cd2 DVD"。针对上述过程，浙江省杭州市西湖公证处出具了（2008）浙杭西证民字第 4384 号公证书。庭审过程中，时越公司和搜狐公司对完整播放了英皇公司主张著作权的电影《证人》均无异议。

另查明，英皇公司为本案诉讼支出了律师费 1 万元。

2008 年 10 月 20 日，英皇公司出具授权委托书，主要内容包括光线公司独占性的行使电影《证人》的发行权及转授权益，其中授予的权利包括"信息网络传播权"，该权利的授权期限为"自该片公映首日后 1 个月起计算，为期 3 年。"2008 年 11 月 15 日，光线公司出具"影片《证人》版权授权委托书"，将电影《证人》的信息网络传播权独家授权给上海观视文化传播有限公司。之后，上海观视文化传播有限公司又将电影《证人》的信息网络传播权以普通授权的方式授权给搜狐公司，授权期限自 2009 年 2 月 20 日至 2010 年 2 月 19 日。英皇公司认可上述事实，但认为被控侵权行为发生在《证人》电影公映首日之后 1 个月内。

在庭审过程中，时越公司对其是 www. uusee. com 网站的经营者无异议，但称其提供的仅是搜索链接服务，具体内容存放在第三方网站；搜狐公司对其是 HYPERLINK "http：//www. sohu. com" v. b. log. sohu. com 网站的经营者无异议，并对电影《证人》来源于其"搜狐博客"频道无异议，但称涉案影片是网友自行上传的，其不应当承担法律责任。

一审审理结果

原审法院认为：本案涉及的焦点问题：

1. 英皇公司在本案中是否能作为电影《证人》的信息网络传播权人提起诉讼

根据英皇公司提交的《证人》光盘可以看出，该电影的内地首映日为 2008 年 11 月 20 日，而根据英皇公司向光线公司出具的授权书可以看出，后者取得信息网络传播权的授权起始日为首映日后的 1 个月，而英皇公司发现本案的侵权行为时间为 2008 年 12 月 11 日，因此，英皇公司在被控侵权行为发生之时仍然享有电影《证人》的信息网络传播权，其在本案中有权针对被控侵权行为提起诉讼。

2. 时越公司和搜狐公司的行为是否侵犯了英皇公司对电影《证人》所享有的信息网络传播权

根据《著作权法》第47条的规定可知，未经著作权人许可，通过信息网络向公众传播其作品的行为构成侵权，应当承担停止侵害、消除影响、赔偿损失等民事责任。

《著作权法》第10条第（12）项规定，信息网络传播权即以有线或者无线方式向公众提供作品，使公众可以在其个人选定的时间和地点获得作品的权利。

本案中，根据公证书的记载，"UUSee网络电视"软件系时越公司开发的软件，并且在播放电影《证人》的过程中，该软件的播放器下端在滚动的播放广告。因此，时越公司实际控制着该软件对电影《证人》的搜索、播放。

时越公司虽抗辩其针对电影《证人》提供的仅是搜索链接服务，不应当承担法律责任，但本院认为该主张不能成立，理由如下：（1）时越公司不仅提供了《证人》电影的搜索服务，还在"UUSee网络电视"软件的播放器中播放了该电影，客观上使得公众可以在其选定的时间和地点获得该作品；（2）时越公司在"UUSee网络电视"软件播放器的下端以及该软件页面的上端都设置有广告，客观上获得了经济利益，因此主观上应负有更高的注意义务；（3）英皇公司于2008年12月11日发现被控侵权行为，距离该电影公映首日仅仅20天的时间，依据常理，时越公司应当知道英皇公司在此时不可能授权他人进行互联网传播；（4）时越公司在"UUSee网络电视"软件中设置了各种专栏，对视频内容进行了编辑、整理，客观上方便了网络用户对视频内容的查找，因此主观上对视频内容的权利是否存在瑕疵应施以更高的注意义务；（5）英皇公司在被控侵权行为发生之前已经向时越公司发送了《律师告知函》，其中虽然没有明确的URL地址，但时越公司怠于行使删除有关侵权搜索链接的义务，放任涉案侵权结果的发生，其主观上具有过错。综上所述，时越公司的抗辩主张不能成立，本院不予支持。

搜狐公司虽抗辩称电影《证人》是网友自行上传的，其不应当承担法律责任，但本院认为：首先，涉案被控侵权行为发生的时间距离电影《证人》首映日仅仅20天时间；其次，并且搜狐公司于2009年2月20日取得了电影《证人》的信息网络传播权的授权，其更应当知道在2008年12月的时候英皇公司没有将电影《证人》的信息网络传播权授予他人；最后，英皇公司之前发送了《律师告知函》，搜狐公司应当删除有关侵权内容。综上所述，搜狐公司应当知道电影《证人》没有取得权利人的授权，主观上具有过错，其应当承担相应的法律责任。

为了便于分清各方之间的责任，本院将在两被告之间对各自承担的民事责任作一划分。搜狐公司已经取得了电影《证人》的信息网络传播权，因此判令其停止侵权已无必要。

综上所述，本院依据《中华人民共和国著作权法》第 10 条第（12）项、第 47 条第（1）项之规定，判决如下：

（1）被告北京时越网络技术有限公司自本判决生效之日起，立即停止搜索、播放电影《证人》的行为；

（2）被告北京时越网络技术有限公司自本判决生效之日起 10 日内，赔偿原告英皇影业有限公司经济损失 3.5 万元及诉讼合理费用 660 元；

（3）被告北京搜狐互联网信息服务有限公司自本判决生效之日起 10 日内，赔偿原告英皇影业有限公司经济损失 3.5 万元及诉讼合理费用 660 元；

（4）驳回原告英皇影业有限公司的其他诉讼请求。

时越公司不服原审判决，提起上诉，请求二审法院撤销原审判决，改判驳回英皇公司的诉讼请求。其主要理由是：（1）原审判决认定事实错误。时越公司在"悠视网"播放涉案电影提供的是搜索链接服务，涉案电影并非存储于时越公司的服务器；虽然涉案电影播放页面显示为"UUSee 网络电视"软件页面，但这是类似 MediaPlayer 等的通用播放器，应属网络技术支持的内容，与视频来源和权属没有必然联系，并非原审判决认为的"在 UUSee 网络电视软件的播放器中播放了该电影"；时越公司为方便网络用户对视频内容的查找，在"UUSee 网络电视"软件中设置了各种专栏，虽然客观上起到了指引用户从第三方网站上进行下载的作用，但被下载的涉案电影来源于被搜索的第三方网站，并受控于第三方网站，时越公司并未"对视频内容进行编辑、整理"；时越公司作为搜索链接服务提供者，对搜索内容的合法性不具有预见性、识别性、控制性，而且被链接网站没有采取相应的技术保护措施，意味着对该网站可以互联互通、信息共享，而并非原审判决认为的"依据常理，时越公司应当知道英皇公司在此时不可能授权他人进行互联网传播"；如果英皇公司认为时越公司提供搜索链接服务所涉及的电影侵犯了其权利，可以向时越公司提交书面通知要求断开链接，并应明确告知侵权网站的网址，但英皇公司虽然发出了律师函，但没有明确 URL 地址，未尽到法律规定的通知义务。（2）原审判决适用法律错误。在上述认定事实错误的基础上，必然导致本案适用法律错误。本案不应适用《中华人民共和国著作权法》第 10 条第（12）项、第 47 条第（1）项之规定，而应当适用《中华人民共和国信息网络传播权保护条例》第 14 条第（2）项、第 23 条之规定。

英皇公司、搜狐公司服从原审判决。

二审查明事实

二审法院认定原审法院查明的事实，另查明："悠视网"在其"广告服务"栏目中称："悠视网是一家面向全球宽带用户，提供网络电视及互动增值服务的新兴媒体。依托先进的多媒体传输技术和内容合作优势，搭建覆盖全球宽带用户的视音频内容分发和互动平台，实现跨媒体／多终端传输，致力于成为宽带互动新媒体的领先者。"在《软件概览》一文中称："UUSee2008 是一款融电视直播、视频加速、视频搜索、在线播放为一体的视频娱乐软件，您可以用 UUSee2008 直接观看来自于 Youku（优酷）、56（我乐）、ku6（酷六）、六间房、土豆网等几百家视频网站的视频，视频总数超过千万，每日更新视频数超过 10 万条。"

"悠视网"在播放"UGC 视频来源：http：//v. blog. sohu. com/ u/vw/1987014"的涉案电影《证人》"cd1 DVD"时，播放器右下角显示的视频长度分别为 7 分 09 秒、7 分 01 秒、5 分 23 秒，而在上述 UGC 来源网址，即"搜狐博客·视频"网页播放"证人 – cd1 DVD"时，显示的视频长度为 53分。"悠视网"在播放"UGC 视频来源：http：//v. blog. sohu. com/ u/vw/1987013"的涉案电影《证人》"cd2 DVD"时，播放器右下角显示的视频长度分别为 7 分 34 秒、7 分 07 秒、6 分 56 秒，而在上述 UGC 来源网址，即"搜狐博客·视频"网页播放"证人 – cd2 DVD"时，显示的视频长度为 52 分17 秒。时越公司在本案二审庭审中称，造成上述情况的原因可能是搜狐公司在存储技术上的某些特殊方式造成的。

二审审理结果

二审法院认为：英皇公司在本案被控侵权行为发生时，对涉案电影作品《证人》享有信息网络传播权，有权提起本案诉讼。

根据本院查明的事实，时越公司经营的"悠视网"提供了"UUSee 网络电视"软件，网络用户通过该软件，能够搜索并通过该软件的播放器直接在线播放来源于"搜狐网"的电影《证人》。虽然上述播放功能是在"悠视网"页面上实现，并未跳转到"搜狐网"相应网页，但从上述网页显示来看，播放的视频内容系存储于搜狐公司的服务器，故时越公司提供的仍为搜索链接服务。对此，英皇公司亦无异议。

《中华人民共和国信息网络传播权保护条例》规定：网络服务提供者为服务对象提供搜索或者链接服务，在接到权利人的通知书后，根据本条例规定断开与侵权作品、表演、录音录像制品的链接后，不承担赔偿责任；但是明知或者应知所链接的作品、表演、录音录像制品侵权的，应当承担共同侵权责任。本案中，"悠视网"是一家规模较大的提供网络电视服务的媒体，时越公司作为该网站的经营者，主动设置了各种专栏，并对提供的大量内容进行了具体的分类、列表，可见其具有较强的专业性，有能力对提供的内容是否存在侵权作出应有的判断；而且作为视频搜索的结果是以截图的形式进行显示，有的还在搜索结果的说明中显示了视频的主演等信息，这也使其对特定作品是否侵权进行判断可以实现。电影《证人》是在电影院线公映的电影作品，具有一定的市场影响，"悠视网"作为专门提供视频内容服务的网站，其经营者时越公司应对此类电影的公映以及是否能够在互联网上进行传播等问题有应有的警觉；况且英皇公司在电影《证人》公映前即已向时越公司发出了《律师告知函》，故时越公司更应对该片的搜索结果予以注意，避免侵权视频的进一步传播，而"悠视网"上却仍能搜索并播放电影《证人》，说明时越公司放任了侵权行为的发生，主观过错应属明显。同时，根据本院查明的事实，在播放电影《证人》时，"悠视网"和"搜狐博客·视频"所显示的每节视频长度有所不同，对该差别的发生原因，时越公司并未提出令本院信服的理由，故可以推定，"UUSee网络电视"软件从技术层面讲，可以对搜索到的视频进行控制。此外，时越公司提供的"UUsee网络电视"软件不仅具有搜索和链接功能，而且还能通过其播放器播放涉案电影《证人》，虽然所播放的内容并不存储在时越公司的服务器，播放器下端和该软件界面也显示了所播放内容的来源，但从"悠视网"自身的宣传以及一般网络用户的观感来看，其已与"悠视网"自身播放基本无异。既然时越公司提供的该软件已经实现了这一较强的播放功能，其就必须尽到相应的较高注意义务，通过对软件的控制而加强对内容的控制，不能仅以涉案软件属于网络技术支持而规避应尽的注意义务，否则势必造成侵权内容的更大范围的传播。据此，依据相关法律规定，时越公司对涉案电影作品《证人》是否侵权应负有注意义务，而其却未尽到上述注意义务，放任了侵权结果的发生，具有主观过错，故应当承担相应的侵权责任，其行为不符合《信息网络传播权保护条例》规定的关于网络服务提供者为服务对象提供搜索或者链接服务规定的免责情况，原审法院依法认定其具有主观过错并判令其承担相应的民事责任是正确的。

综上所述，时越公司的上诉理由不能成立，对其上诉请求本院不予支持。原审判决认定事实清楚，适用法律正确，依法应予维持。本院依据《中华人民共和国民事诉讼法》第 153 条第 1 款第（1）项之规定，判决如下：

驳回上诉，维持原判。

一审案件受理费 3 620元，由英皇公司负担 620 元，由时越公司负担 1 500 元，由搜狐公司负担 1 500元；二审案件受理费 675 元，由时越公司负担。